Alles so schön still hier

Nils Wortmann

Alles so schön still hier

100 Ambient-Alben, die man gehört haben sollte

wolke

Wolke Verlag, Hofheim
Printed in Germany
Typesetting in Simoncini Garamond
Cover design: Friedwalt Donner, Alonissos
Cover photo: William Thomas Long
ISBN 978-3-95593-256-5

www.wolke-verlag.de

„Ambient is never only music. It is a confluence of sound, situation and listenership; moreover it's an unspoken contract between the creator, listener and place, seeking to achieve a specific type of musical experience."

(Lawrence English)

„If something is boring after two minutes, try it for four. If still boring, then eight. Then sixteen. Then thirty-two. Eventually one discovers that it is not boring at all."

(John Cage)

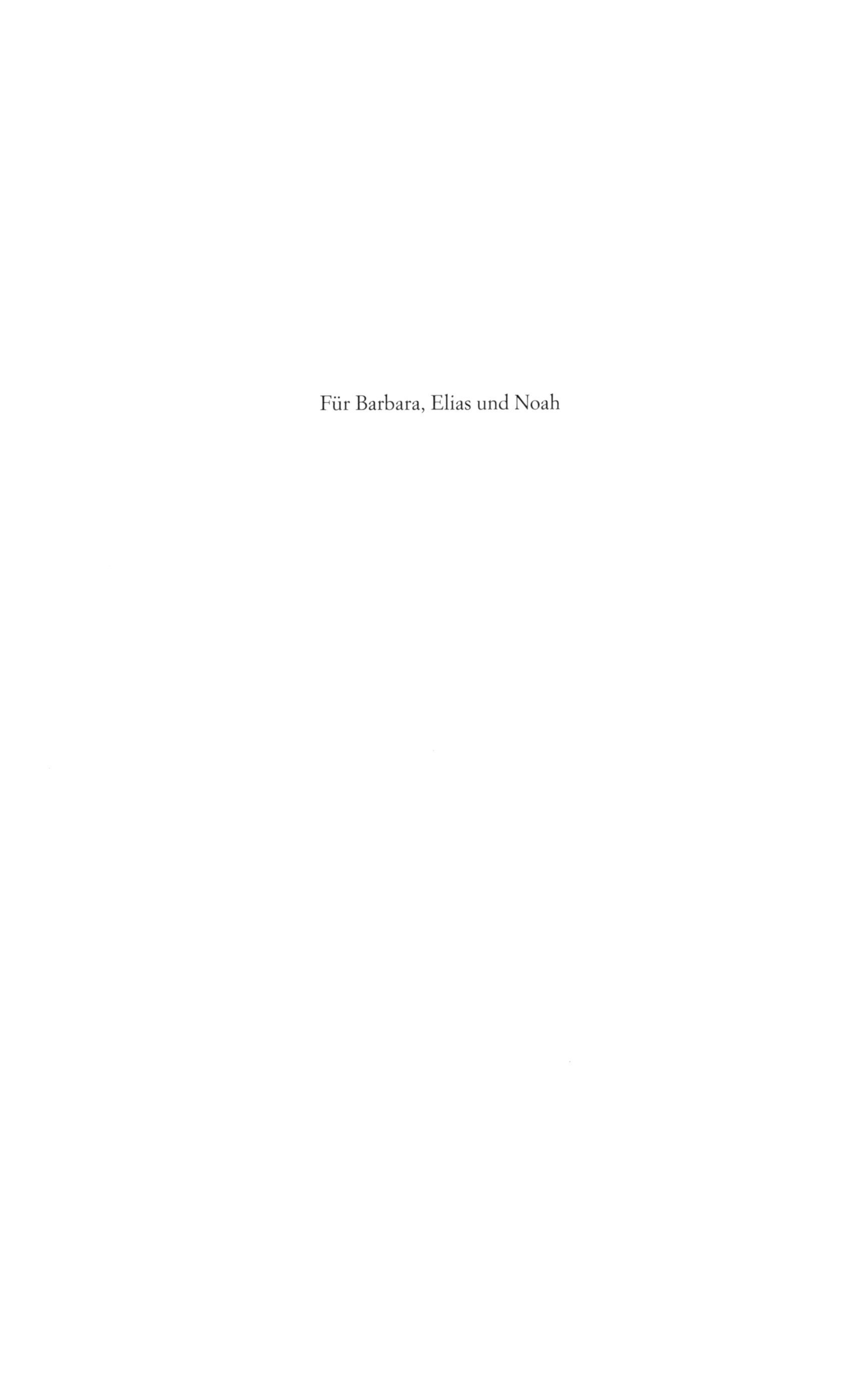

Für Barbara, Elias und Noah

Inhaltsverzeichnis

Einleitung
oder:
Warum (nur) 100 Ambient-Alben?

Wir sind die Generation Distraction. Ob im beruflichen oder im privaten Leben – uns ereilt tagtäglich ein Benachrichtigungs-Terror, der uns suggeriert, immer instant verfügbar sein zu müssen. Nebenbei beantworten wir E-Mails auf mindestens vier Devices gleichzeitig und üben uns im hektischen Multitasking. Auch der Konsum von Musik folgt dem Prinzip der Trimedialität. Ob beim Joggen, in der Badewanne, beim Einkaufen, in der Straßenbahn oder auf dem Sofa, beim Autofahren, im Kino, im Lokal oder am Arbeitsplatz – Musik kann uns eigentlich dank Streamingdiensten wie Spotify überall erreichen und ist zu einer mechanischen und konditionierten Kulisse geworden, die wir gar nicht mehr bewusst wahrnehmen. Schreit die omnipräsente Musik auf der einen Seite laut nach unserer Aufmerksamkeit, gibt es aber auch eine andere Seite.

Wenn Sie, sei es bewusst oder intuitiv, nach diesem Buch gegriffen haben, sind Sie vielleicht auch der Auffassung, dass auch die leisen Dinge des Lebens, die sich ganz allmählich ins Bewusstsein einschleichen, unsere Sichtweise nachhaltig verändern können. Oder ist die Musik bereits integraler Bestandteil Ihres Lebens und Sie lassen sich von ihr von Zeit zu Zeit tragen? Dann sind Sie nicht alleine. Die Musikdatenbank Discogs listet für das Ambient-Genre in den 1970er Jahren nur um die 5.000 Alben. In den 2010er Jahren sind es bereits weltweit knapp 140.000 Alben, die unter diesem Begriff katalogisiert wurden. Ähnliche Beobachtungen lassen sich bei dem Streamingdienst Spotify anstellen. Neben Playlisten mit Sommerregen, Gewitter, Vogelgezwitscher, weißem Rauschen, Ozeangeräuschen oder Regenplätschern, die man sich ins Wohnzimmer, ins Auto oder ins Büro holen kann, gibt es verschiedene Ambient-Playlisten, die jeweils von Millionen an Hörern verfolgt werden.

Doch was ist eigentlich Ambient?

Entgegen der Vorurteile, es handele sich dabei um belanglose Synthies, die ihre Berechtigung höchstens noch in der Beschallung von esoterisch angehauchten Teeläden finden (New Age ist nicht Ambient!), verbindet man mit dem Begriff viel eher jene unaufdringlichen wie hörintensiven Klänge und Klangfolgen, die sich vor genau 45 Jahren in der populären Musik etabliert haben. Die Erfindung des Konzepts und Prägung des Begriffs „Ambient" wird von Brian Eno beansprucht. „So ignorierbar wie es interessant ist", das ist die allgegenwärtige Definition von Ambient Music, die Eno 1978 in den Linernotes seines bahnbrechenden Albums *Ambient 1: Music for Airports* formulierte. Das Genre hatte er drei Jahre zuvor mit seinem Album *Discreet Music* gewissermaßen erfunden und als Erster dem Genre einen konzeptionellen Rahmen verpasst. Grundidee des Ambient ist die Anpassung der Musik an die jeweilige Umgebung als Hintergrundmusik, die sich im Idealfall an der Hörbarkeitsschwelle befindet, um sich ins Bewusstsein des Hörers einzuschleichen. Der von Eno definierte Musikbereich als Klangtapete wurde jedoch über die vergangenen Jahrzehnte um zahlreiche spannende Subgenres erweitert, die zum Teil beruhigend, traurig, eindringlich, tanzbar oder auch bedrohlich wirken können.

Die vorliegende Ambient-Basisbibliothek ist die erste ihrer Art in deutscher Sprache und erhebt nicht den Anspruch, das facettenreiche Genre vollständig zu erfassen. Vielmehr soll sie dazu einladen, in einer sich immer schneller werdenden Welt auch einmal den Stecker zu ziehen und in neue musikalische Welten einzutauchen. Die getroffene Auswahl an Alben soll aufzeigen, wie tief und divers die Tradition von Ambient heute im besten Fall ausgelegt werden kann und führt essenzielle Genre-Klassiker auf, bei denen die Innovation und Abenteuerlust im Vordergrund standen. Das Buch ist das Ergebnis meiner nunmehr fast 20 Jahre anhaltenden Hörleidenschaft. Und wie bei allen Versuchen, bestimmte Musikgenres auf eine Top Ten der wichtigsten Alben zu reduzieren, so kann auch ich bei meinem Versuch, die spannende 45-jährige Geschichte von Ambient anhand von 100 Alben nachzuzeichnen, nur scheitern. Meiner Meinung nach bräuchte es tatsächlich mindestens doppelt, ja, wenn nicht sogar dreimal so viele Alben.

Auf eine erschöpfende Geschichtsschreibung samt musiktheoretischem Diskurs wurde bewusst verzichtet. Durch das 45. Jubiläum der Ambient Music wurde ein chronologischer Ansatz gewählt, zeigen die unterschiedlichen Dekaden auch jeweils einen Kulturkontext, der ansonsten vielleicht verloren ginge. Manchmal ist weniger mehr. Neben dem Schwergewicht Brian Eno, ist von jedem Musiker daher mit Absicht nur ein Album gewählt worden, welches die Besonderheit des Künstlers exemplarisch verkörpern soll. Das stellte eine große Herausforderung für den Autor dar bei der Betrachtung von Künstlern wie Hans-Joachim Roedelius, Celer, Alio Die oder Mathias Grassow etc., die in einer Warholschen Produktivität ein mehrere Dekaden opulent umfassendes Œuvre geschaffen haben. Am Ende jeder Plattenbesprechung sind daher Tipps zum Weiterhören vorzufinden, um weitere akustische Entdeckungen unternehmen zu können.

Die hier vorgestellten Alben wollen aufgeschlossenen Lesern, die sich mit dem Genre eingehender vertraut machen wollen, empfehlenswerte Ausgangspunkte für neue Hörerfahrungen liefern. Wenn die einzelnen Rezensionen ihren Beitrag leisten, bei Ihnen die suggestive Kraft der musikalischen Schwingungen freizusetzen und sich dabei in dieser hektischen Welt einfach auch einmal zu verlieren, hat das Buch sein Ziel erreicht.

Dieburg, April 2021
Nils Wortmann

Brian Eno – Discreet Music

Stunde Null. 1975. Der Zufall ist die in Schleier gehüllte Notwendigkeit, heißt es. Vielleicht musste es so kommen, dass Brian Eno in diesem Jahr erst von einem Auto angefahren wurde, um dem Kind einen Namen zu geben. Bewegungsunfähig lag der junge Musiker im Krankenhaus und lauschte den Klängen eines Albums mit Harfenmusik aus dem 18. Jahrhundert, welches ihm seine Besucherin Judy Nylon auflegte, bevor sie sich aus dem Krankenzimmer verabschiedete. Das Album lief auf sehr geringer Lautstärke, doch der Lautstärkeregler war für ihn unerreichbar. Und so lag Eno dort, lauschte den Harfenklängen, die sich mit dem Geräusch der vor den Fenstern fallenden Regentropfen vermischten. Hieraus entstand der Anstoß zu *Discreet Music* und damit das vielleicht wichtigste Album seiner Karriere und die Geburtsstunde von Ambient. Sicherlich gab es zuvor bereits elektronische Alben (insbesondere von deutschen Künstlern und Bands wie Klaus Schulze, Tangerine Dream, Cluster, Popol Vuh etc.), Eno verstand es jedoch als Erster, die Textur des Genres für sich und die Welt zu individualisieren und drei Jahre später in fast schon wissenschaftlicher Manier in *Music For Airports* zu konzeptualisieren. Das halbstündige Titel- und Eröffnungsstück nimmt gewissermaßen die Rolle des Prototyps ein. Brian Peter George St. John le Baptiste de la Salle Eno, wie der Spross eines französischen Adelsgeschlechts tatsächlich mit vollem Namen heißt, arbeitete lediglich mit einem EMS-Synthesizer und Tape Delays, also Verzögerungseffekten, um mit Überblendungen seine beeindruckende Klanglandschaft zu erzeugen. Zwei Melodielinien verweben und entwickeln sich dadurch mit minimalem Input. Das Ergebnis: eines der großartigsten einzelnen Ambient-Stücke, die Eno je produziert hat. Auf der zweiten Seite der LP sind die Synthesizer außen vor und es spielt ein Orchester die von Gavin Bryars arrangierten und dirigierten verfremdeten Variationen des Barock-Komponisten Johann Pachelbel. Brian Eno sieht das Werk als Teil seines „Music for thinking“-Projekts. Das passt hervorragend, driftet der Zuhörer doch direkt nach wenigen Augenblicken in den eno-esken Bewusstseinsstrom ab und ist geneigt, nach 57 Minuten vom Sofa aufzustehen und das ganze Meisterwerk erneut anzuhören. Die perfekte Einstiegsdroge für noch Ungläubige.

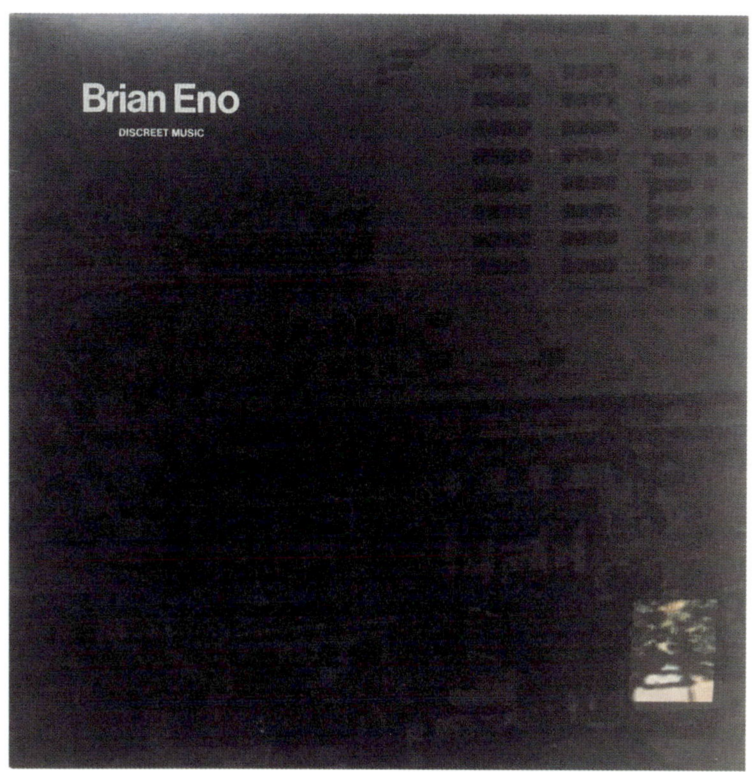

Album: Brian Eno – Discreet Music
Erscheinungsjahr: 1975
Label: Editions EG
Spielzeit: 00:54:07

Weiterhören:
Music For Films (1976);
Ambient 1 (Music For Airports) (1978);
Harold Budd / Brian Eno – Ambient 2 (The Plateaux Of Mirror) (1980);
Ambient 4 (On Land) (1982);
Harold Budd / Brian Eno With Daniel Lanois – The Pearl (1984)

Edgar Froese – Ypsilon In Malaysian Pale

Über die legendäre Band Tangerine Dream ist schon so viel geschrieben worden, dass man dem kaum noch etwas Substanzielles hinzufügen könnte. Die wichtigste Errungenschaft von Bands wie Tangerine Dream oder Ashra Tempel war ohne Zweifel die Demontage der Strukturen traditioneller Popmusik und der darin enthaltenen Klischees. Davon zeugen Nachtkonzerte im Berliner Club Zodiak, Auftritte für den Aktionskünstler Joseph Beuys und eine Serie von Privatkonzerten in Salvador Dalís Villa und ähnliche Sonderveranstaltungen. Das Solowerk des Gründungsmitglieds Edgar Froese ist hingegen leider weniger bekannt. Neben Klaus Schulze gilt er als zentraler Protagonist der sogenannten Berlin School. Als Ableger des Krautrock ging diese als Stilrichtung der elektronischen Musik in die Geschichte ein, die in den 1970er Jahren entstand und als Ambient- und New Age-Vorläufer bezeichnet werden kann. Froese nahm in nur drei Tagen sein zweites Album *Ypsilon In Malaysian Pale* auf, nachdem er 1975 von der Australien-Tournee mit Tangerine Dream zurückgekehrt war. Nach eigenen Aussagen spiegelt die Musik seine Eindrücke von Südostasien und Australien wider. Ihm zufolge bezeichnet „Ypsilon" das Synonym für einen Menschen, der vollständig von seiner Umgebung umhüllt ist, und „Pale" steht für die allgegenwärtige schwere Feuchtigkeit. Damit wäre auch gleich der rätselhafte und mystische Titel, der auf dem von seiner Frau Monika erstellten Cover prangt, geklärt. Das auf dem legendären Brain Label erschienene Album darf mit einer Spielzeit von nur 34 Minuten als Mini-LP bezeichnet werden. Trotz der Kürze hat es in der Künstlerschaft tiefe Spuren hinterlassen, so nennen unter anderem David Bowie als auch Björk *Ypsilon In Malaysian Pale* als wichtige Inspirationsquelle. Das Album teilen sich zwei Songs mit einer Spielzeit von jeweils 17 Minuten, die den Hörer mit den für dieses Album typischen Sequencer-Mellotron-Strukturen, den lyrischen Mellotron-Flöten, den zerbrechlichen Mellotron-Streichern und kurzzeitig auch durch Wellenrauschen oder Tiergeräusche in einen gefühlt unberührten Urwald führen. Auf *Ypsilon In Malaysian Pale* erschafft Froese aus Naturklängen, organischen Instrumenten und dem Einsatz des besagten Mellotrons und VCS 3-Synthesizers einen spannenden ästhetischen Zusammenhang, der auch nach über 40 Jahren immer noch fesselt.

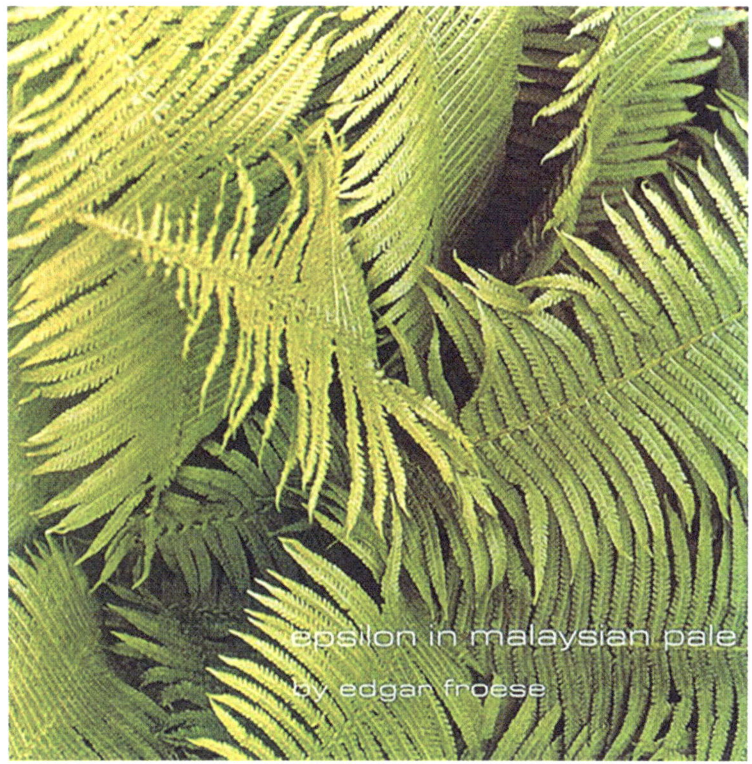

Album: Edgar Froese – Ypsilon In Malaysian Pale
Erscheinungsjahr: 1975
Label: Brain
Spielzeit: 00:34:14

Weiterhören:
Aqua (1974);
Ages (1978)

Manuel Göttsching / Ash Ra Tempel – New Age Of Earth

Die Krautrock-Ikonen Ash Ra Tempel waren Anfang der 1970er Jahre bereits integraler Bestandteil der Berliner Underground-Szene. Das Trio Hartmut Enke, Manuel Göttsching und Klaus Schulze entschied sich früh, die konventionelle Komposition zugunsten der freien Improvisation und der Entwicklung einer neuen musikalischen Sprache aufzugeben, zu Beginn der 1970er Jahre noch ganz den Gitarrenklängen verpflichtet, mit elektro-akustischen Experimenten, aber noch ohne Synthesizer. Nach Schulzes Entscheidung, eine Solokarriere einzuschlagen produzierten Enke und Göttsching zwei weitere Ash Ra Tempel Alben: Schwingungen und Seven Up (eine Zusammenarbeit mit Timothy Leary), beide 1972. Hartmut Enke beendete 1973 seine Musikerkarriere leider endgültig. So kam es, dass Manuel Göttsching sich auf *New Age Of Earth* als alleiniger Komponist der einzelnen Lieder auszeichnet und das spätere Pseudonym Ashra hier nichts anderes als das Solo-Projekt eines der begnadetsten Gitarristen geworden ist. Anders als auf dem zwei Jahre zuvor erschienenen *Inventions For Electric Guitar* steht jedoch auf diesem frühen Ambient-Klassiker nicht (nur) die Gibson-SG-Gitarre im Vordergrund, sondern es dominieren viel eher die Farfisa-Synthesizersounds. Das stimmungsvolle „Sunrain“ besticht durch immer abwechselnde Akkorde, die Göttsching auch später für sein bahnbrechendes *E2-E4* verwendet hat. Die Folgestücke fallen wiederum deutlich ruhiger als der Opener aus. Unbestrittenes Highlight ist das letzte und mit knapp 22 Minuten Spielzeit das mit Abstand längste Stück „Nightdust“, dessen Gitarrensolo das Album in beeindruckender Manier ausklingen lässt. Mit *New Age Of Earth* wurde kein Sound im gemächlichen Trott der Mainstream-Konventionen geschaffen, sondern ein Grundstein für eine gewaltige technologische Verschiebung in der Musik gelegt.

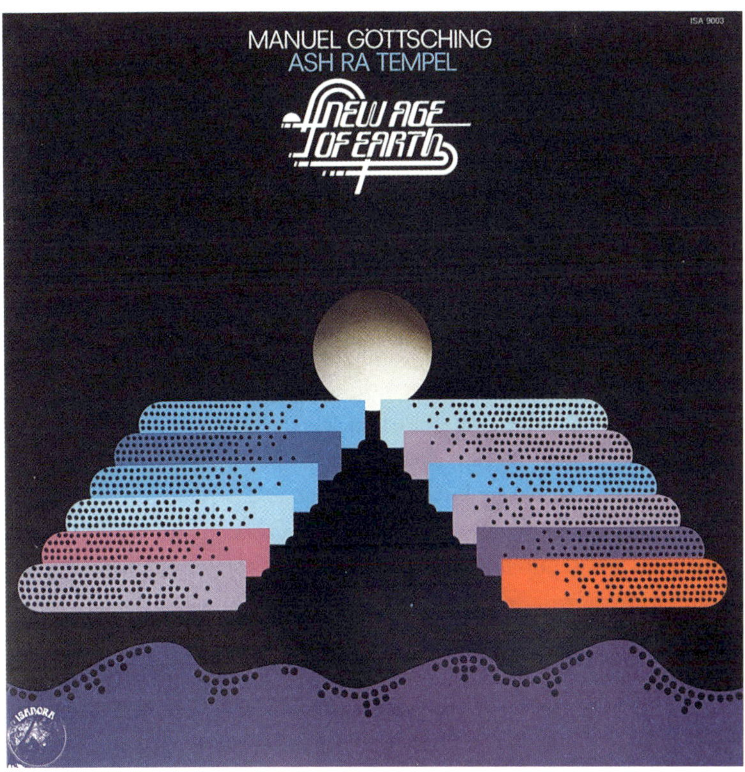

Album: Manuel Göttsching / Ash Ra Tempel – New Age Of Earth
Erscheinungsjahr: 1976
Label: Isadora
Spielzeit: 00:47:53

Weiterhören:
E2-E4 (1981)

Cluster – Sowieso

Der alte Weserhof des kleinen Dörfchens Forst im Weserbergland liegt direkt an der Weser, fernab der Autobahn. Umgeben von weiten Naturschutzgebieten und stiller landschaftlicher Idylle lebte und arbeitete hier das durch den Weggang von Conrad Schnitzler zusammengeschrumpfte kongeniale Duo Hans-Joachim Roedelius und Dieter Moebius alias Cluster in den 1970er Jahren und werkelte an den wichtigsten Alben der Cluster-Ära. Der Ort hat sicherlich inspirierend auf die Musik von Cluster eingewirkt. Die beiden Seiten der LP-Hülle vermitteln dabei einen Eindruck von dem Ort, an dem Roedelius und Moebius ihre Philosophie in Tönen und Klangkino entwarfen. Michael Rother, Gründer der überaus erfolgreichen Gruppe NEU! stattete den beiden einen Besuch ab, um kurzerhand unter dem Namen *Harmonia* im provisorisch eingerichteten Behelfsstudio drei bahnbrechende Alben aufzunehmen. Der Rückzug aufs Land und die Kreation neuer Klanglandschaften ließ auch Brian Eno aufhorchen. Insgesamt blieb Eno elf Tage in Forst und nahm mit Cluster drei Bänder auf, bevor er wieder aufbrach, um an David Bowies Album *Low* und seiner *Berlin Trilogie* zu arbeiten. Wie kein anderes Cluster-Album stehen die 7 Stücke auf *Sowieso* für die minimalistische, aber nie formelhafte Musik von Roedelius und Moebius, und sind konsequentes Ergebnis ihrer Arbeit an einer neuen musikalischen Formsprache. Es beeindruckt ungemein, dass dem Duo als spärliches Equipment lediglich eine vierspurige Bandmaschine, zwei Revox-Stereo-Tonbandgeräte und ein kleines achtkanaliges Mischpult zur Verfügung stand, um diese Soundlandschaft zu kreieren. Die beste Musik führt in andere Welten – und dies ist unabhängig davon zu betrachten, ob sie religiös motiviert ist oder nicht. Die fesselnde freie Kraft der nächtlichen Improvisationen auf *Sowieso* spürt man beim ersten Hören und vermutlich auch beim zweihundertsiebzigsten Mal immer noch. Als Rezipient ist es sicherlich ratsam, sich die nötige Zeit zu nehmen, damit sich einem der Inhalt des Horchtheaters in seiner vollen Pracht erschließt. Die Band mag vielleicht nicht so viele Exemplare zu der damaligen Zeit verkauft haben, durch die Pionierarbeit von Cluster wurde das Tor in ein neues musikalisches Universum (Industrial Music, Synthiepop, Techno, New Age, Ambient) jedoch weit aufgestoßen, durch welches unzählige Menschen durchgehen sollten.

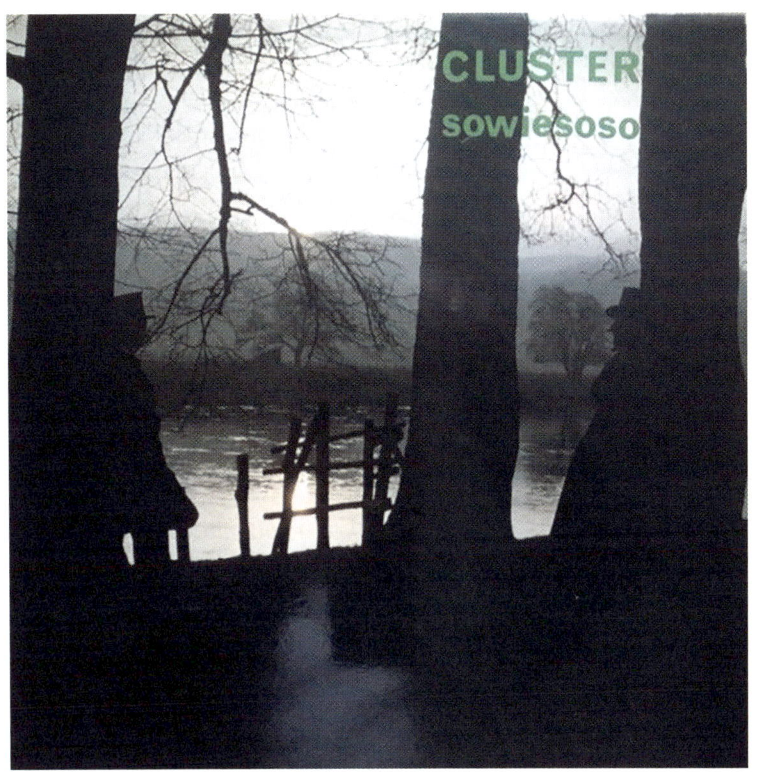

Album: Cluster – Sowieso
Erscheinungsjahr: 1976
Label: Sky Records
Spielzeit: 00:37:35

Weiterhören:
Cluster II (1972);
Zuckerzeit (1973);
Cluster & Eno (1977)

Ragnar Grippe – Sand

Als der Maler Viswanadhan Velu, der im Sand die „Dichotomie zwischen Materie und dem Sinn des Seins“ sah, an seinen Sandbildern arbeitete, wollte es das Schicksal, dass der indische Künstler auf den jungen schwedischen Komponisten Ragnar Grippe trifft. Grippe studierte „Musique Concrète“ bei Pierre Schaeffer an der Pariser Groupe de Recherches Musicales. Für die Präsentation der Sandbilder von Velu in der Galerie Shandar (Heimat des gleichnamigen Plattenlabels, welches zahlreiche minimalistische Alben von Künstlern wie Terry Riley und La Monte Young veröffentlicht hat) wurde Grippe gebeten, ein Stück zu schreiben, das die Ausstellung begleiten sollte. Das 1977 beim Plattenlabel Shandar erschienene Debutalbum *Sand* avancierte über die Jahrzehnte zu einer Art Kultklassiker des Minimalismus. Egal ob Orgel, Harmonika, elektrische Gitarre, Glocken oder Maracas – Grippe spielt auf *Sand* alles in Eigenregie ein und zusammen mit diversen Overdubs und Effektverfremdungen entstand daraus eine beeindruckende zweiteilige unbetitelte Elektroniksuite. Sand eröffnet zögerlich mit einem mechanisiert klingenden Tonrhythmus und einer ganzen Reihe von Geräuschen wie sanftem Pfeifen, kratzigem Klebeband, Glocken und sparsam verwendeten Einsätzen der E-Gitarre. Es dauert mehrere Minuten, bis sich endlich eine Melodie durch das sanfte Chaos schiebt. Kein leichter Einstieg, doch ein wenig Geduld zahlt sich aus. Ab der elften Minute schweben die minimalistisch-repetitiven, dabei aber sehr abwechslungsreichen und warmen Töne durch den Raum und die Musik klingt alles andere als kopflastig und kompliziert. Im Gegenteil, Grippe nähert sich dem Klang mit einem warmen Gefühl der Neugier und verleiht auch im zweiten Stück der Musik eine starke Menschlichkeit. Elektroakustische Experimente müssen nicht zwingend schön sein, um den Zuhörer zu fesseln, aber mit *Sand* hat er genau das geschafft und ein Werk vorgelegt, das ohne Übertreibungspathos auf Augenhöhe mit damals wesentlich etablierteren Künstlern wie Brian Eno rangiert und auch heute noch frisch und unverbraucht klingt. Sweden: Douze Points!

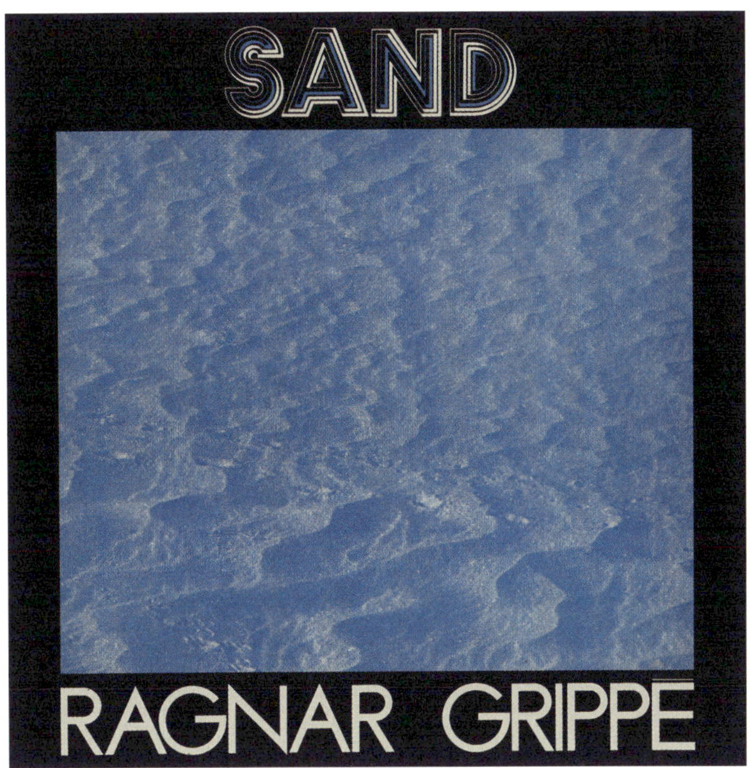

Album: Ragnar Grippe – Sand
Erscheinungsjahr: 1978
Label: Shandar
Spielzeit: 00:48:55

Weiterhören:
Ten Temperaments (1982)

Harold Budd – The Pavilion Of Dreams

Wo Brian Eno drauf steht, muss auch Brian Eno drin sein? Nein! Zwar ziert Enos Name als Produzent das Cover, was vielleicht initial geholfen haben mag, die Verkaufszahlen nach oben zu schrauben, im Mittelpunkt steht aber der 2020 verstorbene Komponist Harold Budd. Anders als auf seinen zahlreichen Soloplatten oder diversen Kollaborationen steht der für ihn typischen Soft-Pedal-Piano-Stil bei *Pavilion Of Dreams* nicht im Vordergrund. Im Gegenteil. Inspiriert durch die Haltung von John Cage zu den Künsten studierte Budd zuvor Komposition, verlor sich in der Minimal Music und irgendwann verließ ihn dann auch augenscheinlich das Interesse am kompositorischen Prozess. Doch dann kehrte er 1978 mit diesem Album, einer Sammlung von Aufnahmen zwischen 1972 und 1976, auf die Bildfläche zurück. Und wie! Sein zweites Album teilt zwar viele Aspekte der Ambient-Musik, Budd identifiziert sich jedoch insbesonders mit den Einflüssen aus Minimalismus, Neoklassizismus und schließlich Avantgarde-Jazz. Geboren 1936 in Los Angeles, spielte er schon als Jugendlicher in der freien Improvisation Schlagzeug, unter anderem mit Albert Ayler, und tingelte durch die Jazz Clubs South Centrals. Das prägte. Auf dem komplexen und ambitionierten ersten Stück, dem fast 20-minütigen Opener „Bismillahi 'Rrahmani 'Rrahim“, scheint Budd die Liebe zum Jazz frei auszuleben. Und das mit einem beeindruckenden Line-up: allen voran Marion Brown, Michael Nyman, Gavin Bryars und Budd natürlich selbst. Und so kommt es, dass der Anfang durch eine eigentümliche Jazz-Instrumentierung geprägt ist, der Sound sich dennoch oft distanziert und transzendent anfühlt. Durch die Vielzahl an eigenwillig kombinierten und sanft eingesetzten Marimbas, Vibraphonen und dem Chorgesang wird die schiere Liebe zum Detail in der Komposition von Budd deutlich. Mit *Pavilion Of Dreams* zeigt er uns einmal mehr, dass an den Kreuzwegen von Genres oft die tollsten Klänge entstehen. Zu Ambient gibt es dementsprechend mehrere Zugänge. Das mag vielleicht wie eine triviale Binse klingen, doch es ist wahr genug. Das Album gehört zu Recht in den Ambient-Kanon und in jede Plattensammlung.

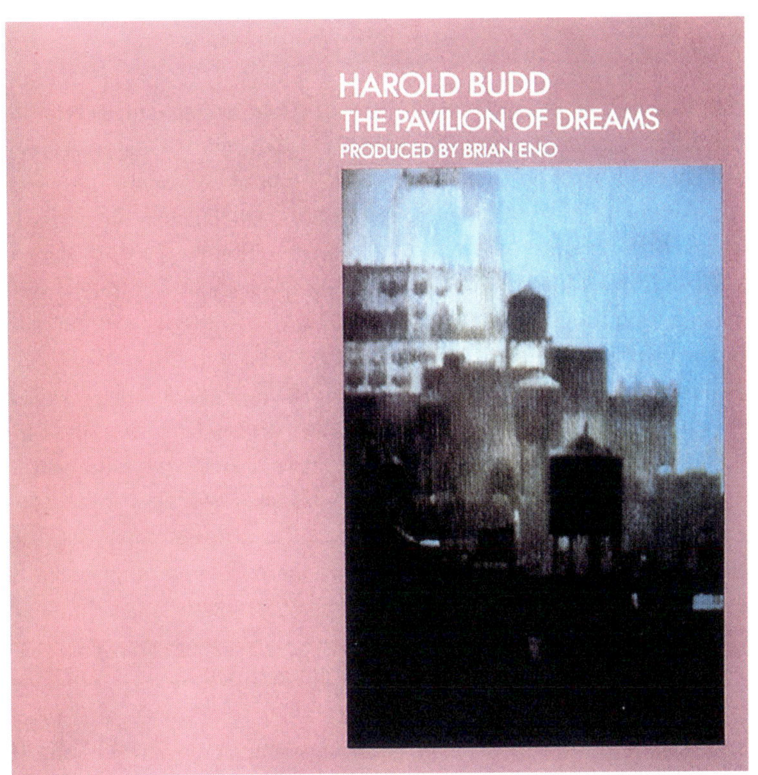

Album: Harold Budd – The Pavilion Of Dreams
Erscheinungsjahr: 1978
Label: Obscure Records Ltd.
Spielzeit: 00:47:28

Weiterhören:
Harold Budd / Brian Eno – Ambient 2 (The Plateaux Of Mirror) (1980);
Harold Budd / Brian Eno With Daniel Lanois – The Pearl (1984)

Brian Eno – Music for Airports

Britischer Musiker, Rockstar, Star-Produzent, Akademiker, Tüftler, Denker, Erfinder der Windows-95-Startmelodie, Software-Entwickler, Kurator, Honorarprofessor, bildender Künstler, Musiktheoretiker, Autor und nebenbei unbestrittener (konzeptioneller) Erfinder des Ambient, der die elektronische Musik nachhaltig revolutioniert hat: Das ist Brian Eno. Als Künstler vertonte er Filme, Räume, sein Leben, ganze Galaxien und neben unzählbaren Auszeichnungen wurde anlässlich des 50. Jahrestags der Mondlandung 2018 sogar ein Asteorid nach ihm benannt. Mehr Superlative gehen nicht. Bereits mit 20 gründete das Multi-Mastermind seine erste Band – Roxy Music –, trennte sich jedoch von Leadsänger Bryan Ferry, da Eno schnell bemerkte, dass er eher Soundtüftler denn klassischer Studiomusiker ist. Mit *Discreet Music* schuf er ein neues Genre, verfeinerte drei Jahre später seine Ambient-Theorie in den Linernotes seines Opus Magnum *Music for Airports* und steht wie kein anderer damals für die intellektuelle Seite der U-Musik. Eno legte das Album als sich ständig wiederholende Klanginstallation an, welche die angespannte, hektische Atmosphäre eines Flughafenterminals angenehmer machen sollte. Während er den Flughafen Köln/Bonn modern und großartig fand, ärgerte er sich über die gewöhnliche und in seinen Ohren unpassende Soundatmosphäre des hiesigen Terminals. Noch während seines mehrstündigen Zwangsaufenthalts begann er mit der Konzeption des Albums, das, anders als gewöhnliche Hintergrundmusik, die entweder aufheiternd oder atmosphärisch untermalend wirkt, beruhigen und einen Platz zum Denken schaffen soll. Das Album besteht aus vier formlosen Versatzstücken, die es langsam und geisterhaft durchziehen. Doch trotz seiner scheinbar fehlenden Struktur werden die Stücke nie langweilig, sondern manifestieren sich bereits beim erstmaligen Hören durch die atemberaubende Tonalität in unserem Bewusstsein. Zeitgleich schafft es die Musik, kontrastierende Vorstellungen von Zeit zu vereinen. Auf der einen Seite ständige Bewegung – Passagiere, die einen Flug erwischen wollen, startende Flugzeuge, Menschenschlangen und Förderbänder, die sich vorwärtsbewegen. Auf der anderen Seite ruhige, anhaltende Tönen, die Stille vermitteln. Das war zu viel für die Kritiker damals, und auch Chartplatzierungen blieben aus. Den Ehrenplatz im Pop-Pantheon sollte der Ausnahmekünstler Eno mit diesem Meisterwerk erst später erhalten und mit seinem gewaltigen, heterogenen Œuvre die Popmusik der folgenden Jahre entscheidend prägen.

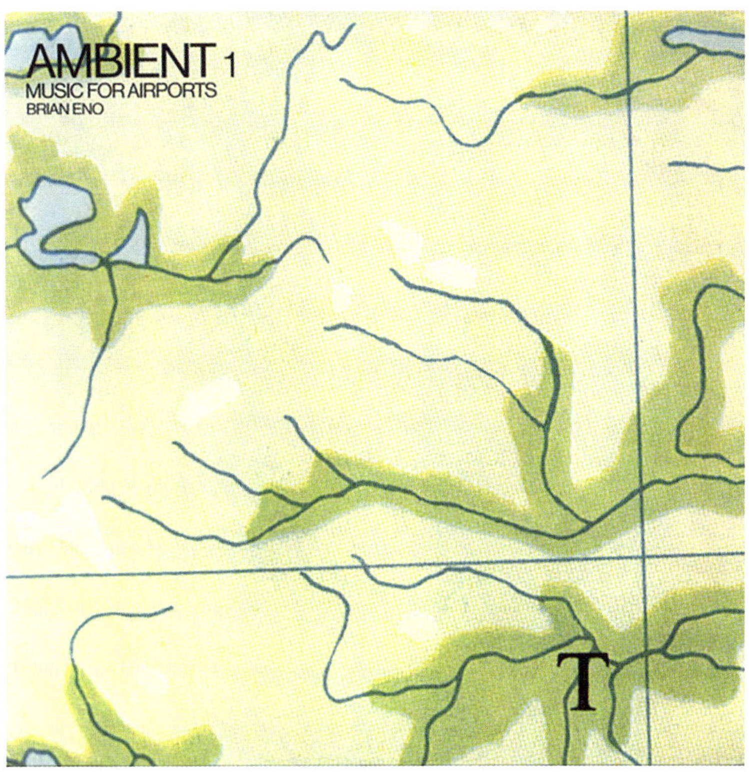

Album: Brian Eno – Music For Airports
Erscheinungsjahr: 1978
Label: Editions EG
Spielzeit: 00:48:32

Weiterhören:
Apollo – Atmospheres & Soundtracks (1983);
Neroli (1993);
Reflection (2017);
Music For Installations (2018)

Roedelius – Jardin Au Fou

Roedelius, Jahrgang 1934, ist vieles. UFA-Kinderstar, Mitglied der Freien Deutschen Jugend, zwangsrekrutierter Soldat in der Nationalen Volksarmee der DDR, Knecht bei einem Großbauern, Lehrling in einer Talmischschmuckfabrik, Kriegs- und Boykotthetzer, von der Stasi gequälter Gefangener, Krankenpfleger, Sterbebegleiter, Physiotherapeut, Chauffeur, Dachdecker, Flugbegleiter, Animateur, Wanderarbeiter, Kosmopolit, Kulturarbeiter und Pionier. Was für eine Biographie! Über die Verdienste des Jahrhunderttalents Hans-Joachim Roedelius für die instrumentale Musik muss eigentlich nicht mehr viel geschrieben werden. Der Mitbegründer der Krautrock-Bands Cluster (mit Dieter Moebius und Conrad Schnitzler) und Harmonia (mit Michael Rother von Kraftwerk, Neu!) gilt als Wegbereiter der modernen innovativen elektronischen Musik und hat sich seinen Platz im Pantheon des Pop längst verdient. Nach vielen erfolgreichen Kollaborationen in den 1970er Jahren unter anderem mit dem Ambient Godfather Brian Eno oder auch Holger Czukay (Can) hat Roedelius später eine Reihe von Soloalben veröffentlicht, die es allesamt verdient hätten, an dieser Stelle genannt zu werden. Seit ein paar Jahren sind nahezu 40 Platten von Roedelius dank des Hamburger Plattenlabels Bureau B wieder einer breiten Öffentlichkeit zugänglich. *Jardin Au Fou*, welches vom Ex-Tangerine-Dream-Mitglied Peter Baumann in dessen Paragon-Studio aufgenommen wurde, ist eines davon und lebt wie auch viele seiner anderen Werke von der minimalen Variation ostinater Figuren und Iteration. Beides Elemente, die heutzutage in der Ambient-Musik zum Einmaleins gehören, und die Roedelius bereits damals mustergültig zelebrierte. Wiederholungen kann und darf man selbstverständlich sterbenslangweilig finden. Wer jedoch den Fehler macht, bereits nach wenigen Minuten auszusteigen, verpasst sphärische Piano-Klanglandschaften wie auf „Balsam" oder das bunte Treiben auf einem Jahrmarkt mit irrwitzigen Fahrgeschäften und bunter Zuckerwatte. Die musikalische Begleitung zu diesem Ausflug klingt dabei immer wieder überraschend divers und versiert. Mit Werken wie *Jardin Au Fou* vermag es der Elder Statesman der besseren Musik aus Deutschland, sowohl Ruhe und als auch Dringlichkeit zugleich zu schaffen und hat somit schon früh ein Genre zukunftssicher gemacht. Am Ende bleibt tatsächlich nur ein Kritikpunkt: Mit 33 Minuten ist das Album leider viel zur kurz. Auch mit seinen späteren Kollaborationen wie mit Tim Story oder Lloyd Cole zeigt der Ausnahmekünstler Roedelius, dass er neben seinen Schriftstellertätigkeiten und Projekten im Bereich bildender Kunst, Fotografie und Film auch musikalisch immer wieder ein Ass aus dem Ärmel zaubern kann.

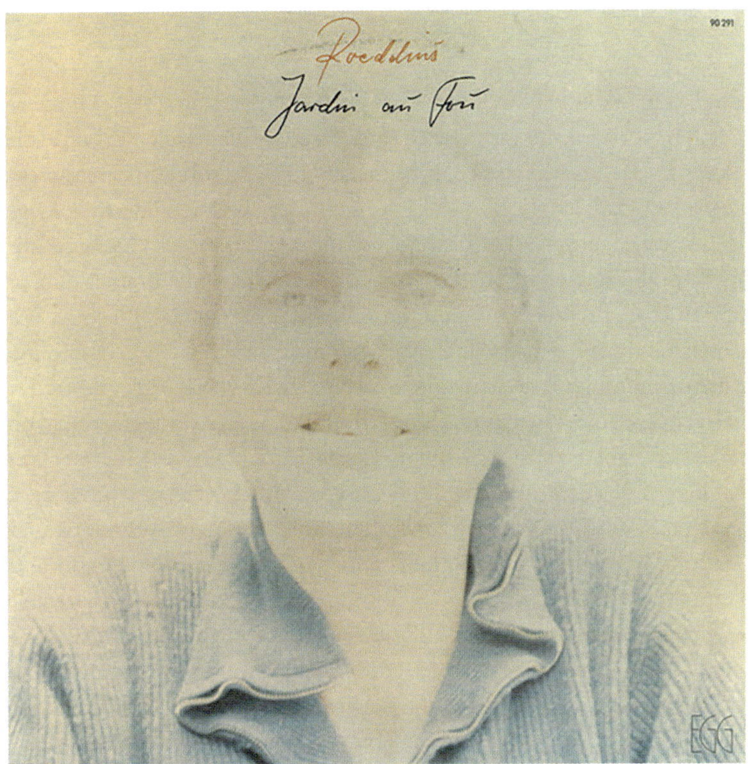

Album: Roedelius – Jardin Au Fou
Erscheinungsjahr: 1979
Label: Egg
Spielzeit: 00:33:35

Weiterhören:
Selbstportrait I (1979);
Selbstportrait II (1980);
Selbstportrait III (1980);
Wenn Der Südwind Weht (1981);
Wie das Wispern des Windes (1986)

Steve Hillage – Rainbow Dome Musick

Das Paradies ist die Vorstellung des Ortes, an dem die Menschen zu Anfang ihrer Existenz gelebt haben, bis sie wegen ihres Sündenfalls daraus verbannt wurden. Steve Hillage, der insbesondere bis Mitte der 1970er Jahre als Gitarrist der Progressive-Band Gong in der Musikwelt aktenkundig wurde, lieferte 1979 gemeinsam mit seiner Lebensgefährtin Miquette Giraudy die perfekte Soundkulisse für das Paradies ab. Das erste Stück heißt passenderweise dann auch „Garden Of Paradise" und setzt mit dem Geräusch einer plätschernden Wasserquelle ein, dazu klingen E-Piano und sanfte Glockenschläge. Im weiteren Verlauf treten schwebende Synthie-Klänge und schließlich die spacige E-Gitarre des Gitarrengottes Hillage dazu. Letztere wurde so stark verfremdet, dass sie fast wie ein Synthesizer klingt. Für die Laufzeit von 23 Minuten gelingt dem Duo das scheinbar Unmögliche, da fallen Sehnsucht und Erfüllung zusammen. Das zweite Stück „Four Ever Rainbow" fährt hingegen im gleichen Fahrwasser wie die „kosmische Musik" von Klaus Schulze, der ebenso in epischer Länge immer neue Räume und Landschaften zu entfalten wusste. Das Album wurde für das Mind Body Spirit Festival produziert, eine Art Messe für Meditation, Yoga und Hippiekultur. Dort gab es einen sog. „meditation dome" und Hillage wurde beauftragt, genau dafür ein komplettes Album einzuspielen. Die Frage, welche Drogen bei der Produktion konsumiert wurden, bleibt zweitrangig. *Rainbow Dome Musick* mit den jeweils eine LP-Seite langen Tracks nahm den Ambient-Techno, der zum Soundtrack der Post-Rave-Chill-Out-Kultur in den frühen 1990er Jahren werden sollte, vorweg und gilt zurecht unter den Kritikern als Ambient-Meilenstein. Eine Lehrstunde für all die Nachgekommenen. Diese Liebe ging übrigens weiter. Hillage und Giraudy bilden seit 1990 den Kern der Ambient-Band System 7 und haben mit bedeutenden Künstlern wie Derrick May, Alex Paterson (von The Orb), Carl Craig und Laurent Garnier zusammengearbeitet.

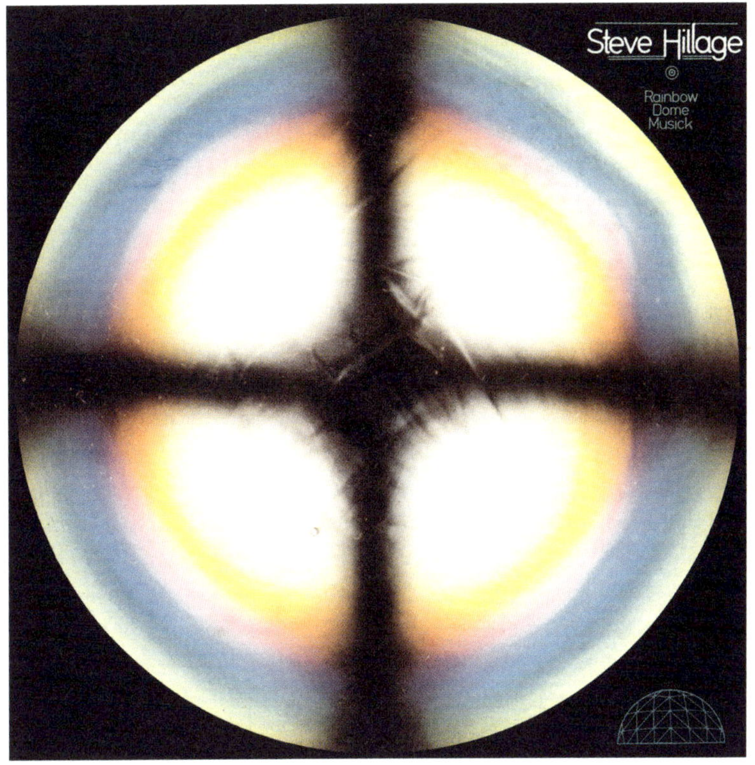

Album: Steve Hillage – Rainbow Dome Musick
Erscheinungsjahr: 1979
Label: Virgin
Spielzeit: 00:43:45

Peter Michael Hamel – Colours of Time

Der Münchner Komponist Peter Michael Hamel spielt und komponiert eine von ihm selber als „integrativ“ bezeichnete Musik, die ihre Wurzeln in der Interkulturalität hat und alle Fremdeinflüsse auf dem Weg der Anverwandlung mit dem Eigenen zu einer unauflöslichen Verbindung gelangen lässt. Erklärtes Ziel ist es, aus allen Musiktraditionen zu lernen, vergessene Hintergründe aufzuspüren und die ursprüngliche Funktion der Musik, ihre Bindung an tiefste menschliche Erfahrungen, wieder in den Mittelpunkt zu stellen. Auf seinem hervorragenden vierten Album *Colours of Time* gelingt diese Suche durch den Einsatz von repetitiven Mustern, die er durch seine Teilnahme an Seminaren von Karlheinz Stockhausen und seinen vorherigen Arbeiten mit den Minimalisten John Cage, Morton Feldman und Terry Riley verinnerlichte. Stand sein vorheriges Album *Nada* eher in der Tradition von Klaus Schulzes und Tangerine Dreams „kosmischer Musik“, ist der Geist der Musik auf *Colours of Time* östlich geprägt und spiegelt Hamels jahrelange Reisen durch Indien und Asien wider. Die beiden nahezu gleich langen Stücke, die jeweils eine Seite der Original-LP ausfüllen, bestehen aus einheitlichen Synthesizer-, Sequenzer- und Orgelimprovisationen, die wie ein Gebirgsbach über die insgesamt vierzig Minuten fließen: an der Oberfläche plätschert es wild, aber unter der Wasseroberfläche ist der Bach ruhig und tiefer, als es auf den ersten Blick den Anschein hat. Ein tiefer Unterton ist permanent präsent, ähnlich der tibetischen Mönchsgesänge hoch im Himalaya, und hält die sich wandelnde Klangwelt fest zusammen. Das Klangbild von *Colours of Time* schafft Ruhe und Dringlichkeit zugleich, ist in seiner Integrität wahrlich beispiellos und ein toller Auftakt für die aufkommenden 1980er Jahre. Über drei Jahrzehnte später hat das Ambient-Label Astral Industries die ursprüngliche Vision von Hamel mit Remixen von zwei zeitgenössischen Schwergewichten – Wolfgang Voigt und Rod Modell (aka Deepchord) – neu interpretiert und dem Klassiker ein spätes Denkmal gesetzt.

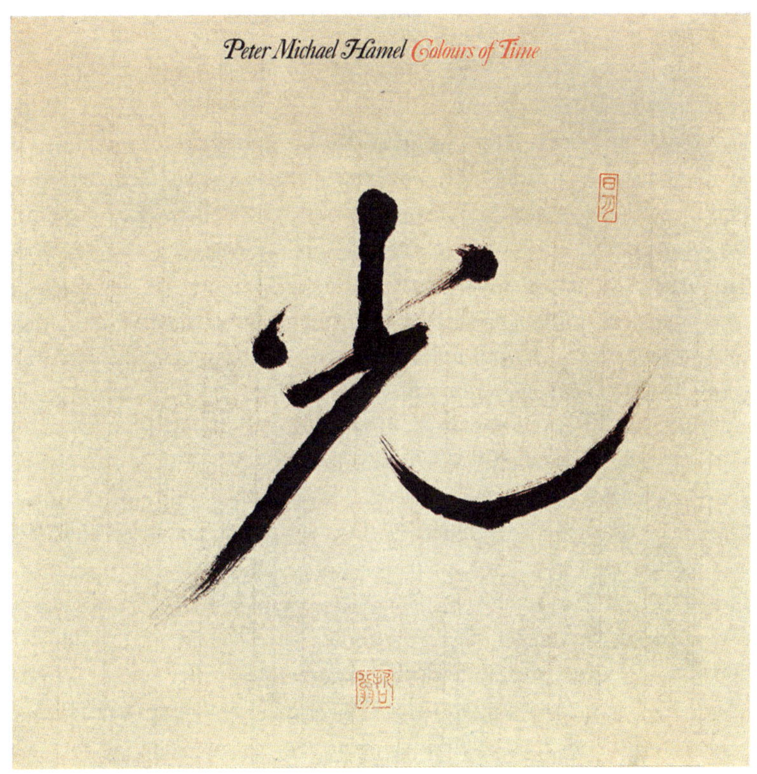

Album: Peter Michael Hamel – Colours of Time
Erscheinungsjahr: 1980
Label: Kuckuck Schallplatten
Spielzeit: 00:40:10

Weiterhören:
Nada (1977);
Bardo (1981);
Wolfgang Voigt & Deepchord Present Peter Michael Hamel – Colours Of Time (Re-Interpreted) (2016)

Marc Barreca – Twilight

Barreca war Ende der 1970er und Anfang der 1980er Jahre integraler Bestandteil der Elektronik- und Avantgarde-Szene in den USA. Inspiriert von Künstlern wie Cluster oder Iannis Xenakis begann Barreca während dieser Zeit mit Sounds zu experimentieren. Zusammen mit James Husted und Roland Barker gründete er 1978 die wegweisenden Young Scientist, die mit Synthesizern und Tapeloops auf reiner Improvisationsbasis Musik machten. Vor allem an den Tapeloops schien Barreca besonderen Gefallen gefunden zu haben, brachte er doch Anfang der Achtziger seine ersten Ambient-Soloaufnahmen bei K. Leimer's Label Palace of Lights heraus. Auf *Twilight* vermischt Marc Barreca eine Vielzahl von Techniken und Audioquellen, die von Feldaufnahmen und akustischen Instrumenten bis hin zu digitalen Loops und MAX/MSP-Verarbeitung reichen. Seine Formel: aus scheinbar genrefremde Klangquellen gelungene Minimal und Ambient Music zu machen. Ähnlich dem Überraschungswert einer Sneak-Preview im Kino weiß man nicht, was auf einen akustisch zukommen könnte. Im Ergebnis sind es surrealistische Klanglandschaften, die oft zu komplex sind, um sie einfach nur als Ambient-Musik zu kategorisieren. Lediglich auf Stücken wie „Memory Paths" oder „The Dream Time" wird offenkundig, dass die Berliner Schule (insbesondere die Berliner Band Tangerine Dream) den Nährboden der Soundlandschaften bilden. Jedoch setzte Barreca die Bausteine immer wieder so zusammen, dass sie nicht nostalgisch, sondern auch heute noch lebendig klingen. Mitte der Achtziger folgte noch das Album *The Sleeper Wakes*, danach widmete Barreca sich wieder seiner Laufbahn als Jurist. Barreca ist heute Richter in Seattle, veröffentlicht aber seit den 2000er Jahren wieder regelmäßig Musik auf dem bereits erwähnten reaktivierten Palace of Lights-Label. Das zeitlose *Twilight* ist eines der besten Ambient-Alben der frühen 1980er Jahre. Kein Einspruch, Euer Ehren!

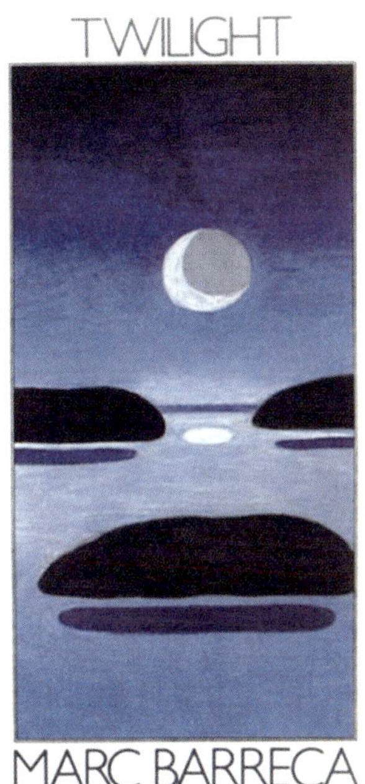

Album: Marc Barreca – Twilight
Erscheinungsjahr: 1980
Label: Palace Of Lights
Spielzeit: 00:42:45

Weiterhören:
Music Works for Industry (1983);
The Sleeper Wakes (1986);
Premap (2014)

Michael Stearns – Planetary Unfolding

Das der Zeitlupe zugrunde liegende Prinzip ging auf die Erfindung eines gewissen August Musgers aus dem Jahre 1904 zurück. Das erste Gerät zur Herstellung von Zeitlupenaufnahmen wurde dann schließlich 1916 von der Dresdner Firma Ernemann der Öffentlichkeit vorgestellt. Das jahrelang unterschätzte Album *Planetary Unfolding* des Komponisten Michael Stearns hätte die passende Musik zur Slow Motion liefern können, ist jedoch erst 1981 erschienen. Aufgewachsen in Tucson, Arizona, begann Stearns bereits in frühen Jahren seine ersten musikalischen Gehversuche auf der Gitarre. Nach Stationen in einer Surf-Band und später in Acid-Rock-Bands widmete er sich jedoch in den frühen 1970er Jahren dem Studium elektronischer Musik und baute sich peu à peu sein eigenes Studio auf. Waren es anfangs noch Jingles-Produktionen oder Musik für Werbung, Radio und TV, die Stearns als Auftragnehmer produzierte, gründete er nach einer spirituellen Krise kurzum sein eigenes Label Continuum Montage, um seine kosmische Musik in Eigenregie zu vertreiben. Er veröffentlichte 1977 sein erstes Album auf Kassette, bevor er in dieser prägenden Zeit schließlich sieben Alben aufnehmen sollte. Damals noch Nischenmusik und zu Unrecht als New-Age-Musik kategorisiert, sah Stearns zu der damaligen Zeit keinen anderen Ausweg, als tatsächlich höchstpersönlich seine Kassetten auf New-Age- und Wellness-Messen zu verkaufen. Mit therapeutischer Seelenmusik bei der sich einem die Zehennägel hochrollen hat *Planetary Unfolding* herzlich wenig zu tun. Basierend auf der Idee, dass das Universum aus Klang besteht, der durch Resonanz zusammengehalten wird, entwirft Stearns seinen eigenen atemberaubenden Klangraum, in dem Atome, Zellen, Pflanzen, Tiere und Menschen alle Teil einer komplexen Orchestrierung sind – der Erde als Klangwesen. Aufgenommen auf seinem geliebten Serge-Modular-Synthesizer sind Teile dieses in sechs „Movements“ (drei Songs auf jeder Seite) aufgeteilten Opus in den letzten Jahren bereits auf Compilations aufgetaucht. Das gesamte Album erfuhr glücklicherweise 2019 durch eine längst überfällige Reissue-Kampagne des UK Labels Emotional Rescue endlich die gebührende Aufmerksamkeit. Lieber spät als nie.

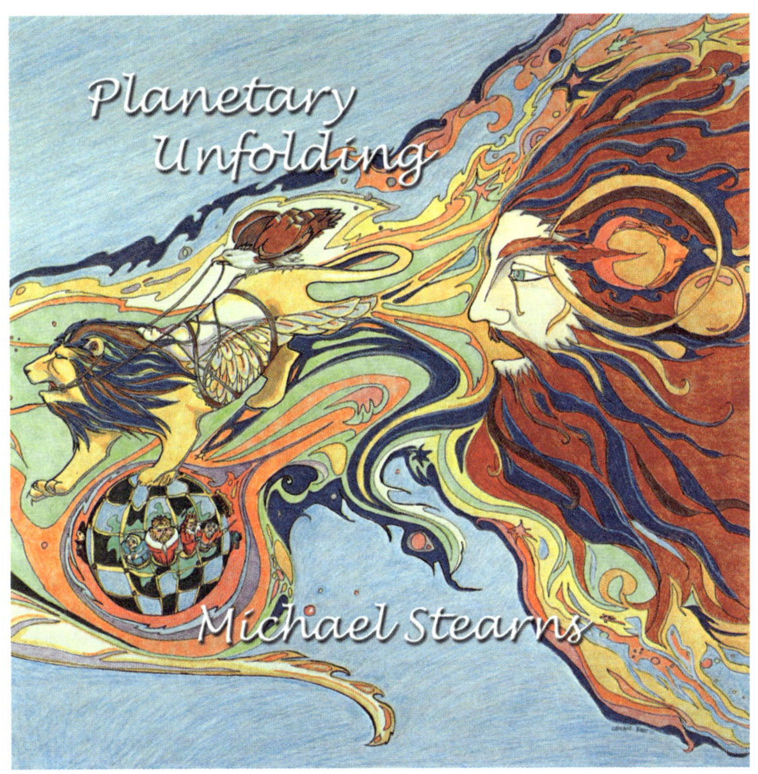

Album: Michael Stearns – Planetary Unfolding
Erscheinungsjahr: 1981
Label: Continuum Montage
Spielzeit: 00:45:23

Weiterhören:
Encounter (A Journey In The Key Of Space) (1988)

Craig Leon – Nommos

Wäre der US-Amerikaner Craig Leon ein Tier, dann wäre er bestimmt ein Chamäleon. In den späten 1970er Jahren produzierte das Studiogenie Craig Leon bahnbrechende Alben, welche die Punk- und New-Wave-Landschaft für zukünftige Generationen definieren sollten. Neben den Ramones, Richard Hell und Suicide verhalf er auch der Band Blondie oder den Talking Heads zu Erfolg und produzierte in dieser spannenden Zeit bis in die 1990er Jahre an die 150 Alben. Auf seinem eigenen Debütalbum *Nommos*, das 1981 auf John Faheys Takoma-Label veröffentlicht wurde, kann man sehr schön hören, wie die Punks damals auf ihn abfärbten, obgleich er sich weniger für punkige Gitarrenriffs als mehr für außerweltliche Synthesizerklänge interessiert. Dieses ruhige und faszinierende Erstlingswerk besitzt durch die raffinierte Verknüpfung von kosmischen Ambient-Soundlandschaften mit tribalistischer elektronischer Perkussion einen Reifegrad, der bis heute unerreicht ist. Nur in Sternstunden entsteht solch ein Mix. Zugleich ist das Album Ausdruck der kreativen elektronischen Energie, die ab Mitte der 1970er Jahre und Anfang bis Mitte der 1980er Jahre die Musikwelt prägte. Das ikonografische Cover von *Nommos* zeigt, wie stark sich Leon von den malischen Skulpturen des Dogon-Volkes inspirieren ließ, die Besucher aus dem All darstellen sollten. Das nicht minder beeindruckende zweite Album *Visiting,* welches Leon ein Jahr später auf seinem eigenen Label Arbitor veröffentlichte, setzt das Konzept konsequent fort und erweitert die Soundpalette um eindeutige Krautrock-Anleihen, die herrlich fremdartig, auch heute ihrer Zeit voraus klingen und beide als Vorläufer für spätere Erkundungen in den Bereichen Industrial-Musik, New Age und Ambient Techno fungieren. Beide Alben wurden zusammen unter *Anthology of Interplanetary Folk Music* neu veröffentlicht und sollten in keiner Sammlung fehlen. Seit 1998 hatte Leon ausschließlich Klassik-Projekte u. a. für Luciano Pavarotti, Andreas Scholl, Joshua Bell, The Royal Philharmonic Orchestra etc. produziert, orchestriert und aufgenommen.

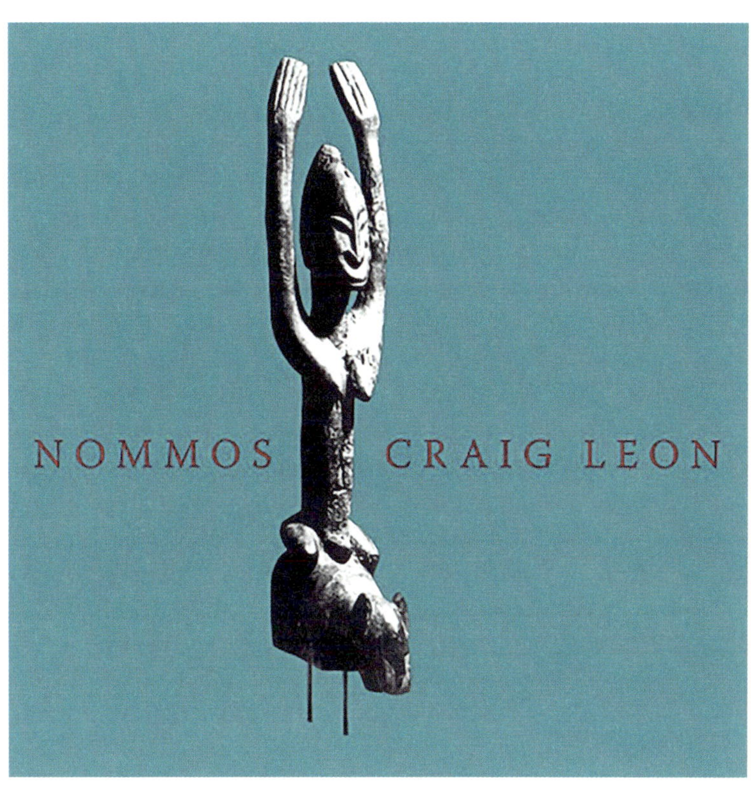

Album: Craig Leon – Nommos
Erscheinungsjahr: 1981
Label: Takoma Records
Spielzeit: 00:36:24

Weiterhören:
Visiting (1982);
Anthology of Interplanetary Folk Music, Vol.1. (2014);
The Canon – Anthology Of Interplanetary Folk Music Vol. 2 (2019)

Joanna Brouk – The Space Between

Häufig wird New-Age-Musik mit kitschiger Esoterik in Verbindung gebracht und gleichzeitig vergessen, dass sich dieses mit Ambient artverwandte Genre seiner stilistischen Exaktheit widersetzt und es per se keine musikalische Eindeutigkeit gibt. Lediglich über die Herkunft kann man konstatieren, dass sich New-Age im Kreis eines überschaubaren Künstlerzirkels an der US-amerikanischen Westküste in den späten 1960ern und frühen 1970ern entwickelte, wobei die Musiker sich mit Meditation und anderen diversen Formen der Spiritualität und progressiven Lebensstilen auseinandersetzten. Neben den üblichen Verdächtigen – Künstlern wie Laraaji oder Iasos – gibt es aber auch andere spannende kreative Köpfe zu entdecken, die nichts mit dem New-Age-Kommerzkitsch zu tun haben. Die 2017 verstorbene US-Amerikanerin Joanna Brouk gehört ohne Zweifel dazu. Bereits während ihres Literaturstudiums in Berkeley interessierte sie sich für die harmonische Verbindung zwischen Klang und Poesie und begann mit Synthesizern und Feldaufnahmen zu experimentieren. Zwischen 1981 und 1985 veröffentlichte sie in Eigenregie auf dem Hummingbird Productions Label eine Reihe von Kassetten – darunter auch das wunderschöne *The Space Between* –, die nach und nach auf dem Reissue-Label Numero Group wiederveröffentlicht werden. Das Label glänzt mit tollen Covergestaltungen und fundierten Liner-Notes. Und mit der Bergung von teilweise obskuren und längst vergessenen Platten wie eben dieser schreibt Numero Group eine alternative Musikgeschichte, die noch nicht in den Büchern steht. In einem Interview sagte Brouk über ihre Herangehensweise an die Musik: „Es ist der Raum zwischen den Noten, in dem die Dinge anfingen zu geschehen." Sie verstand es insbesondere, die Resonanz und Stille zu verfeinern und Körperbewusstsein in Ruhe, Gelassenheit und höchste Schönheit zu übersetzen. Das trifft im Kern natürlich auf *The Space Between* zu, das durch seine zart aufeinander abgestimmten Improvisationen von Pianotupfern, Synthesizer und Glockenspiel sanft dahinfließt. Nach ihren Aufnahmen in den 1980er Jahren wandte sich Joanna Brouk von der Musik ab, um eine Karriere als Schriftstellerin zu verfolgen. Ihre wundervolle Musik bleibt für immer. Durch ihr scheinbar intuitives Verständnis für den emotionalen Gehalt ihrer Soundcollagen schuf sie das exakte Gegenteil des handelsüblichen New-Age-Naturkitsches, nämlich eine reiche Klangwelt mit erstaunlicher Tiefenschärfe.

Album: Joanna Brouk – The Space Between*
Erscheinungsjahr: 1981
Label: Hummingbird Productions
Spielzeit: 00:39:40

Weiterhören:
Sounds Of The Sea (1981);
Healing Music (1981)

* Das Bild zeigt das Cover der Reissue-Ausgabe aus dem Jahr 2018 von Numero Group.

JD Emmanuel – Wizards

Die Karriere von John Daniel Emmanuel gleicht einem Märchen, das nach Irrungen und Wirrungen doch noch einen guten Ausgang genommen hat. Es ist die Geschichte des texanischen Soundpioniers, dessen Musik vielleicht für immer verloren gegangen wäre, wenn es nicht einen kleinen, aber entscheidenden Zufall und eine neue Generation von Vintage-Elektronik-Enthusiasten und -Sammlern gegeben hätte. 2005 findet Douglas McGowan (Musikjournalist, Sammler und heutiger A&R Manager beim Reissue Label Numero Group) in einem Discount-Buch- und -Plattenladen in Texas in verstaubten Kisten zwei Vinyl-Alben von JD Emmanuel – jeweils mehrere hundert Exemplare davon, alle noch versiegelt. Er kaufte 50 Exemplare und brachte sie an die Westküste, wo sie über einen E-Mail-Newsletter einen rasenden Absatz fanden. Dies setzte eine Kette von Ereignissen in Gang, die zu einer Reihe von gefeierten Neuveröffentlichungen von Alben und, im Jahr 2010, JD Emmanuel dazu bewegten, neue Aufnahmen und Auftritte anzustoßen. *Wizards*, das 1982 in kleiner Auflage im Eigenverlag auf seinem Label North Star Productions erschien, ist das Opus Magnum und wird auf JD Emmanuels eigener Homepage als sein bestes Werk bezeichnet. Als Hauptinspirationsquelle gelten die klassischen Minimalisten Steve Reich und Terry Riley, deren Einfluss sich in den endlos wiederholenden Orgelmustern, sonoren Synthesizerwogen und allerlei weiteren Ornamenten wie Fiepen, Zirpen und Blubbern auszeichnet. Die Minimalisten hört man besonders deutlich im repetitiv wabernden dritten Teil „Focusing within" sowie in „Movement III". *Wizards* setzt jedoch auch die Technologieerforschungen der kosmischen Krautrockmusik der 1970er Jahre fort und gibt ihren Ideen freien Lauf. Die Stücke „Expanding into the universe" und „At-one-ment" haben auch etwas Übernatürliches an sich und bilden den idealen Soundtrack der Erich-von-Däniken-Ära mit seiner These von prähistorischen Astronauten und den damit verbundenen Mysterien unserer Erde. Da passt es dann auch ins Bild, dass JD Emmanuel von seiner eigenen Musik als „Time Traveler Music" spricht. Kult.

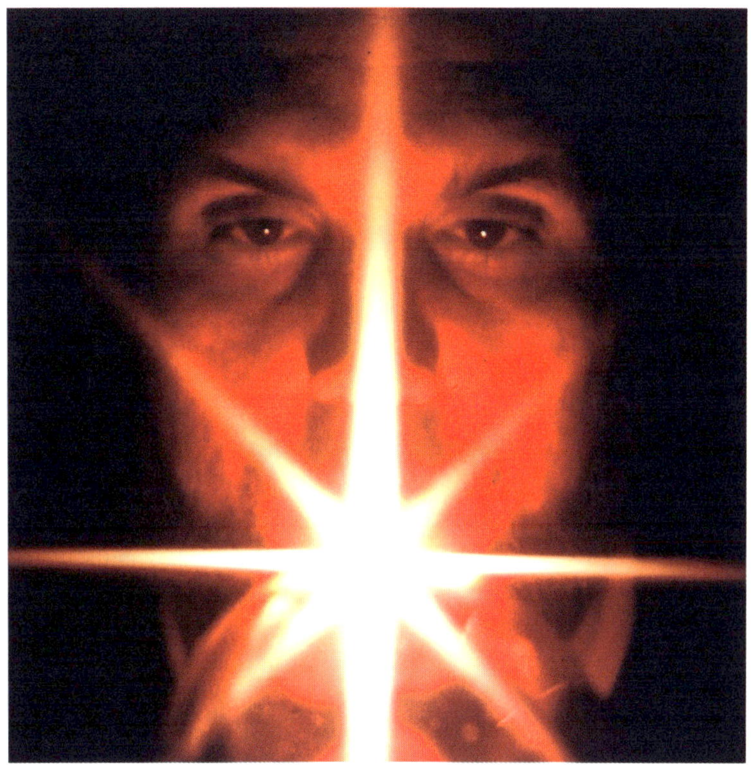

Album: JD Emmanuel – Wizards*
Erscheinungsjahr: 1982
Label: North Star Productions
Spielzeit: 00:36:22

Weiterhören:
Echoes From Ancient Caves (1981);
Rain Forest Music (1981);
Trance-Formations I: Ancient Minimal Meditations (1986)

* Das Bild zeigt das Cover der 2010 Reissue-Ausgabe von Important Records.

K. Leimer – Music For Land And Water

Wie kann es eigentlich sein, dass in Europa kaum jemand einen der Pioniere der Ambient-Musik, Kerry Leimer, kennt? Nun, Grund dafür dürfte sein, dass er keine Konzerte gab und hauptberuflich als Designer gearbeitet hatte. Zudem war er Teilhaber einer Agentur mit vollen Auftragsbüchern und plante keine musikalische Karriere wie andere seiner Zeitgenossen. Seine Nicht-Karriere begann Ende der 1970er Jahre in Seattle. Dort studierte er an der Kunsthochschule und begann Mitte des Jahrzehnts mit der eigenen Produktion von Ambient und experimenteller Elektronik-Musik. Wichtige Einflüsse waren hierbei einerseits die Solowerke von Brian Eno sowie andererseits Cluster mit ihren bahnbrechenden Tape-Loop-Experimenten, die ihn eine neue Art des Hörens lehrten. Dabei waren es nach eigenen Aussagen immer konzeptionelle Ansätze, die auf mechanischen oder organischen Systemen basierten wie Field Recordings, Musique Concrète oder Klangerzeugung, die einen großen Reiz auf ihn ausübten. Ab 1979 veröffentlichte Leimer zahlreiche Platten auf seinem eigenen Label Palace of Lights. Das 1983 erschienene Album *Music For Land And Water* wiederum zählt zu den Veröffentlichungen, die speziell für Aufführungen und Installationen produziert wurden, und war damals nur als Musikkassette erhältlich. Der fast 30-minütige Opener „Art And Science“ ist ein Auszug aus einer einwöchigen Klanginstallation. Die Instrumentierung der leider insgesamt nur drei Stücke beschränkte sich auf einen Moog- und einen Sequential-Circuits-Synthesizer sowie ein E-Piano. Die zart hingetupften Klaviernoten und warmen Synthesizer-Texturen auf *Music For Land And Water* sind vollkommen trendresistent, gehirnstimulierend und ein Pflaster, das alle Wunden zur rechten Zeit zu heilen vermag. Eine Platte, mit der man für lange Zeit alleine sein kann.

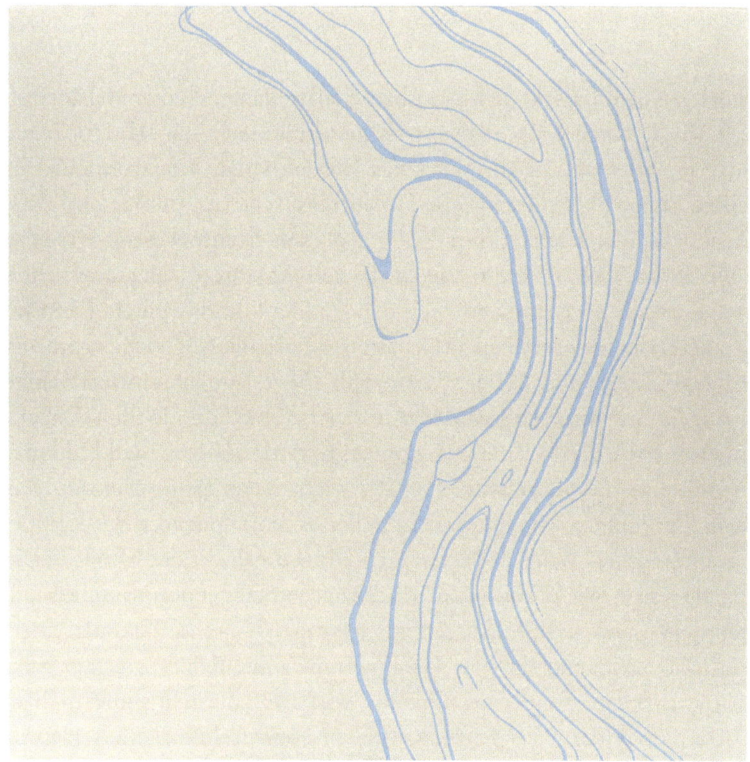

Album: K. Leimer – Music For Land And Water*
Erscheinungsjahr: 1983
Label: North Star Productions
Spielzeit: 00:47:40

Weiterhören:
Imposed Order (1983);
Land Of Look Behind (2016);
K. Leimer & Marc Barreca – Chains Of Being (2019)

* Das Bild zeigt das Cover der 2018 Reissue-Ausgabe von Les Giants.

Midori Takada – Through The Looking Glass

Es gehört zu den Rätseln des Musikgeschäfts, dass ein Zen-Meisterwerk wie *Through The Looking Glass* der japanischen Perkussionistin Midori Takada für 34 Jahre vergriffen war, man in Sammlerkreisen lange Zeit astronomische, fast vierstellige Preise über die virtuelle Ladentheke schieben musste und dieses Album dennoch nicht schon früher wieder aus dem Archiven ausgegraben wurde. Denn mit ihrem Debut-Album hat die damals 32-jährige Takada mit ihrem akkurat vorgetragenen Percussionspiel einen Ambient- und Minimal-Klassiker und einen transzendenten Hörgenuss geschaffen, der auch heute noch die Sinneswahrnehmung des Rezipienten auf die Probe stellt, ihn jedoch mit sanften Klängen mit jedem Augenblick dieses fesselnden Albums belohnt. Zu einem gewissen Grad haben wir es nach den Wiederauflagen von Künstlern wie Yasuaki Shimizu, Hiroshi Yoshimura und Mariah mit einer Renaissance des japanischen Ambients der frühen 1980er Jahre zu tun, einer Zeit, in der es nach Aussagen der Komponistin einen unersättlichen Wunsch nach neuen Dingen gab. In der Musik eines jeden damaligen Genres gab es eine neue Toleranz gegenüber experimentellen und neuen Strömungen und man blickte damals optimistisch in die Zukunft. Das Cover zeigt ein Bild von Yoko Ochida. Im Zusammenspiel mit dem ersten Stück des Albums, „Mr. Henri Rousseau's Dream", wirft dieses einen direkten Bezug zu den Dschungel-Bildern des postindustriellen Meisters. Anders als Henri Rousseau, der in seinem Leben dem Lockruf des Dschungels nie folgte, hat die Japanerin jedoch mit einer Reihe von afrikanischen Künstlern aus Ghana, Senegal und Burkina Faso zusammengearbeitet und die Länder intensiv bereist. Die Einflüsse dieser persönlichen Eindrücke durchziehen das gesamte Album. Von den sanften und behutsamen Gongschlägen über die Flöteneinsätze, die Vogelstimmen als transzendentem Element im besagten Opener, die repetitiven Marimba-Klänge in „Crossing" bis zu dem sich steigernden tribalistischen Trommelklimax des letzten Stücks „Catastrophe Σ" hat Midori Takada mit ihrem unglaublichen Klangspektrum einen Sound geschaffen, der niemanden indifferent hinterlässt. *Through The Looking Glass* zeigt einmal mehr, dass Ambient dann besonders gut gelingt, wenn er im Spannungsfeld von Natur und Kultur, kompositorischer Freiheit und konzeptuellen Vorgaben, Zufall und Plan, Feldaufnahme und gespielter Musik spielt. Ein Geniestreich.

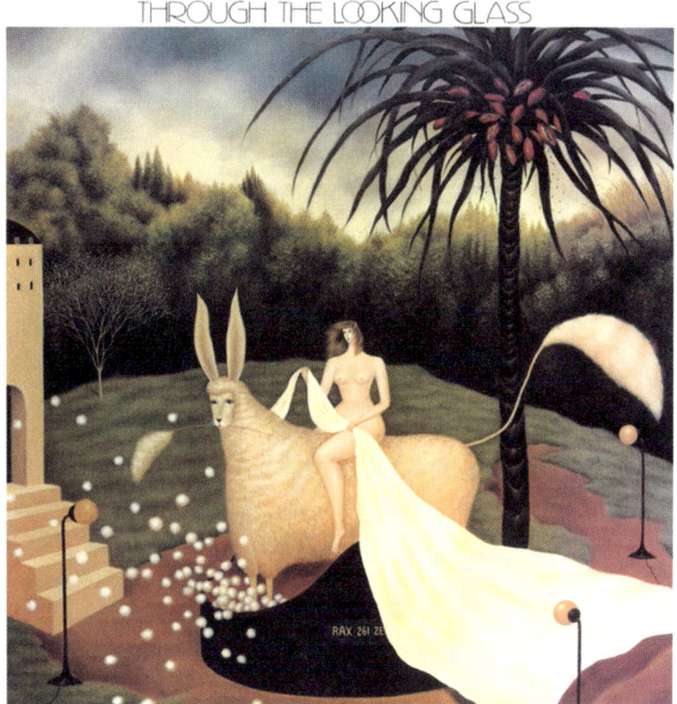

Album: Midori Takada – Through The Looking Glass*
Erscheinungsjahr: 1983
Label: RCA Red Seal
Spielzeit: 00:41:20

Weiterhören:
Nebula (1987)

* Das Bild zeigt das Cover der Reissue-Ausgabe aus dem Jahr 2017 des Schweizer Labels We Release Whatever The Fuck We Want Records in Kooperation mit Palto Flats.

Steve Roach – Structures From Silence

Der in Kalifornien geborene Steve Roach war in den frühen 1970er Jahren als professioneller Motocross-Fahrer aktiv, ehe er sich, beeinflusst von Tangerine Dream, Popol Vuh und weiteren Vertretern der kosmischen Krautrockmusik, schließlich den elektronischen Klangbasteleien zuwandte. Während es den ersten beiden Alben noch an Substanz und musikalischer Reife mangelte, schuf er bereits mit seinem dritten Album *Structures From Silence* im Alter von 22 Jahren einen wahren Ambient-Meilenstein. Das 1984 auf Fortuna Records erschienene Album ist geheimnisvoll und anmutig und besitzt eine Tiefe, von der so manche der in den 1980ern erschienenen New-Age-Platten nur träumen konnten. Die drei weit ausgedehnten Tracks, die Roach auf seinem Oberheim-OB8-Synthesizer kreierte, strahlen eine derartige Ruhe aus, dass der Hörer keine andere Wahl hat, als sich geborgen zu fühlen. Das etwa 30-minütige titelgebende Stück ist der Höhepunkt auf einer insgesamt knapp einstündigen Reise durch die endlosen Sphären des Weltraums, in welcher der Hörer durch die sanften melodischen Passagen mitgetragen wird. Zyklische Elemente sind rar, vielmehr schimmern und verklingen die fließenden hohen Töne immer wieder aufs Neue. Kaum zu glauben, dass Roach dieses ruhige Album in den belebten L.A.-Nächten nahe der MGM Film Studios in einem kleinen Bungalow aufgenommen hat. Vielleicht als Bollwerk gegen das Hollywood-Tohuwabohu? In den 1980er Jahren waren die Ambient-Alben von Steve Roach zwar zahlenmäßig bescheiden, aber von gleichbleibend hoher Qualität. Die 1990er Jahre und darüber hinaus sind eine andere Geschichte, da die Arbeitsgeschwindigkeit des Komponisten enorm zugenommen hat und Roach eine riesige Anzahl von Solo- und Gemeinschaftswerken hervorbrachte. Auch Jahrzehnte später bleibt *Structures From Silence* ein Maßstab für tonale, harmonische, minimalistische Ambient-Musik und klingt bis heute alles andere als abgestanden. Ganz im Gegenteil: Das Album sollte neben den Meisterwerken der Beatles oder Rolling Stones stehen und ergo in keiner Plattensammlung fehlen.

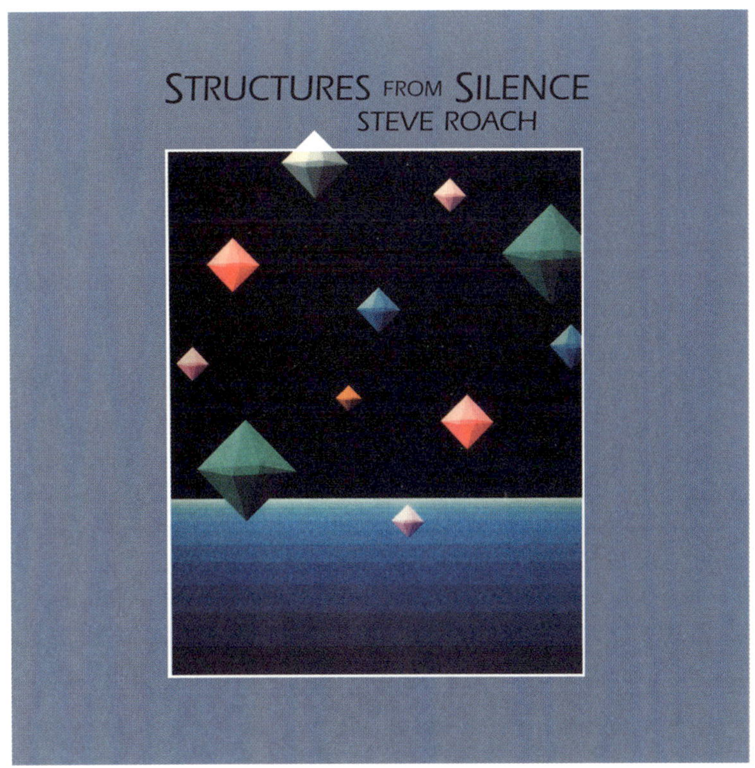

Album: Steve Roach – Structures From Silence
Erscheinungsjahr: 1984
Label: Fortuna Records
Spielzeit: 00:58:14

Weiterhören:
Quiet Music (1986);
Dreamtime Return (1988)

Robert Rich – Trances / Drones

Dass Kinder durch Schlaflieder gut in das Land der Träume abdriften können, ist kein Geheimnis. Raymond Scotts *Soothing Sounds for Baby*-Alben aus den 1960er Jahren beweisen dies eindrücklich und haben schon so manchen kleinen Menschen durch ihre ruhigen Töne in einen langen, tiefen Schlaf begleitet. Nun, was für Kinder gut ist, kann für Erwachsene nicht schlecht sein, mag sich auch Robert Rich gedacht haben. Er war von der Idee fasziniert, Musik für tranceauslösende Zwecke einzusetzen. Seine Absicht war es jedoch nicht, Musik zu machen, um tiefer schlafen zu können, sondern um die Grenzen des Schlafs zu erweitern und das Bewusstsein in den einzelnen Phasen des Schlafs zu erforschen. Das Konzept, welches Robert Rich nach einer Experimentierphase mit zarten 19 Lenzen im Jahr 1982 ins Leben rief, klingt erstmal seltsam: Er organisierte Veranstaltungen, die erst am späten Abend begannen und die sich über etwa zehn Stunden erstreckten. Die Anwesenden brachten Schlafsäcke und Decken mit und schlummerten zu den atmosphärischen Drone- und Ambient-Sounds des unermüdlichen Klangforschers ein. Seine ersten Schlafkonzerte gab Rich am Campus der Stanford University vor etwa jeweils 20 Studierenden. Da seine Musik sich sehr langsam bewegt und fließend ist, er aber trotzdem die volle Aufmerksamkeit seines Publikums erreichen wollte, bot es sich an, seinen Gästen zu erlauben, während des Konzertes auch einschlafen zu dürfen. Seine ersten drei Alben entstanden aus dieser Erfahrung. *Trances / Drones* verbindet sein zweites und drittes Album – beide 1984 auf Soundscape veröffentlicht –, enthält aber auch einen Titel aus seinem Debütalbum *Sunyata* von 1982. Wie der Titel insinuiert, geht es bei *Trances / Drones* in erster Linie um weite Drones-Soundflächen, die den Hörer in einen tranceartigen Zustand versetzen können. Die fast zweieinhalb Stunden sind dabei immer Menschenmusik und nicht Maschinenmusik und die narkotisierenden Zeitlupen-Sounds zeitlos. Diese Musik hätte auch dieses Jahr erschienen sein können. Für sein legendäres Konzept als auch für *Trances / Drones* gilt gleichermaßen, sich von der Musik an einen Ort des Unwissens befördern zu lassen, sich dazu zu bewegen, sich von einer Welt voll unendlicher Möglichkeiten, Ablenkungen, der Informations- und medialen Reizüberflutung zu distanzieren, nicht aufzupassen und sich einfach fallen zu lassen. Perfekt zum Komplettdurchhören und/oder Einschlafen und eine essentielle Seelenmassage.

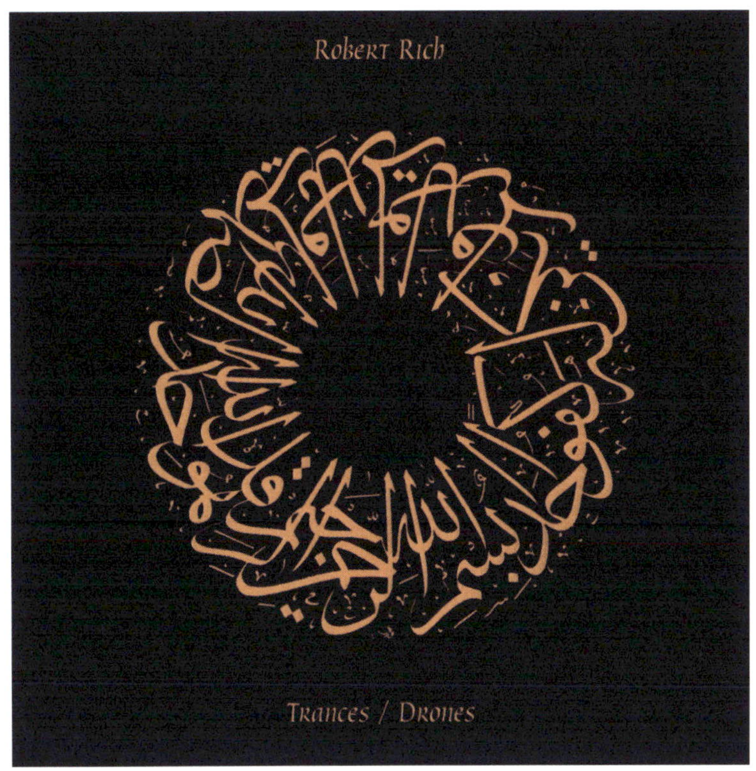

Album: Robert Rich – Trances / Drones*
Erscheinungsjahr: 1984
Label: Soundscape
Spielzeit: 02:22:11

Weiterhören:
Rainforest (1989);
Liquid Planet – Loops For Acid (1999);
Echo Of Small Things (2005);
Premonitions 1980-1985 (2014)

* Das Bild zeigt das Cover der Reissue-Ausgabe aus dem Jahr 1994 des Labels Extreme Records.

Manuel Göttsching – E2-E4

Ist das jetzt noch Krautrock, Soft-Techno oder Ambient? Egal! Der Mitbegründer und Gitarrist der Krautrock-Ikonen Ash Ra Tempel hat mit seinem zweiten Solowerk *E2-E4* ein Album aufgenommen, welches sich drastisch von der Rock-orientierten opulent-sphärischen Musik seiner Band unterscheidet und die gesamte elektronische Musik Mitte der 1980er Jahre nachhaltig verändern sollte. Kurz vor Weihnachten 1981 nahm der Berliner Multiinstrumentalist in seiner Wohnung das Album live an einem Stück und ohne nachträgliche Bearbeitung auf. Anstatt das Album in einzelne Titel zu gliedern, hat er *E2-E4* einfach in verschiedene Phasen eingeteilt, die allesamt auf das gleiche Motiv rekurrieren und nur mit ganz subtilen Variationen spielen. Der Albumtitel spielt dabei auf die klassische Eröffnung beim Schach an, bei welcher der Königsbauer zwei Schritte ins Feld zieht. Manuel Göttsching übernimmt dieses Prinzip und spielt die zwei verwendeten Akkorde über knapp eine Stunde mit Gitarre und Synthesizer und teilt sie in Stufen ein, die den 9 Stücken auf *E2-E4* entsprechen. Wir dürfen uns glücklich schätzen, überhaupt in den Bann gezogen werden zu dürfen, denn ursprünglich war das Album gar nicht für eine reguläre Veröffentlichung vorhergesehen. Nachdem es schließlich drei Jahre später doch noch erschien und von den deutschen Kritikern zerrissen wurde, war es schließlich der US-amerikanische DJ-Pionier und Musikproduzent Larry Levan, der das Potenzial des Albums erkannte und das Stück in voller Länge bei seinen Sets aufzulegen pflegte. Der Rest ist dann Geschichte. Das Album wurde unzählige Male gesampelt und gilt als Inspiration für die erste Generation von Detroit-Techno-Größen wie Derrick May, Jeff Mills oder Kevin Saunderson. Mit den sich nur langsam verändernden Soundstrukturen steht Manuel Göttsching in der Tradition der größten minimalistischen Komponisten wie Philipp Glass oder Steve Reich. Es ist ein schönes Gefühl zu wissen, dass Göttsching mit diesem Geniestreich einen großen kulturellen Beitrag zur Entwicklung der elektronischen Musik geleistet hat. Move D meint gar, das Album sei „ein absoluter Meilenstein und Klassiker, quasi in einer Linie mit Bach, Chopin und Satie“. Dem ist nichts hinzuzufügen.

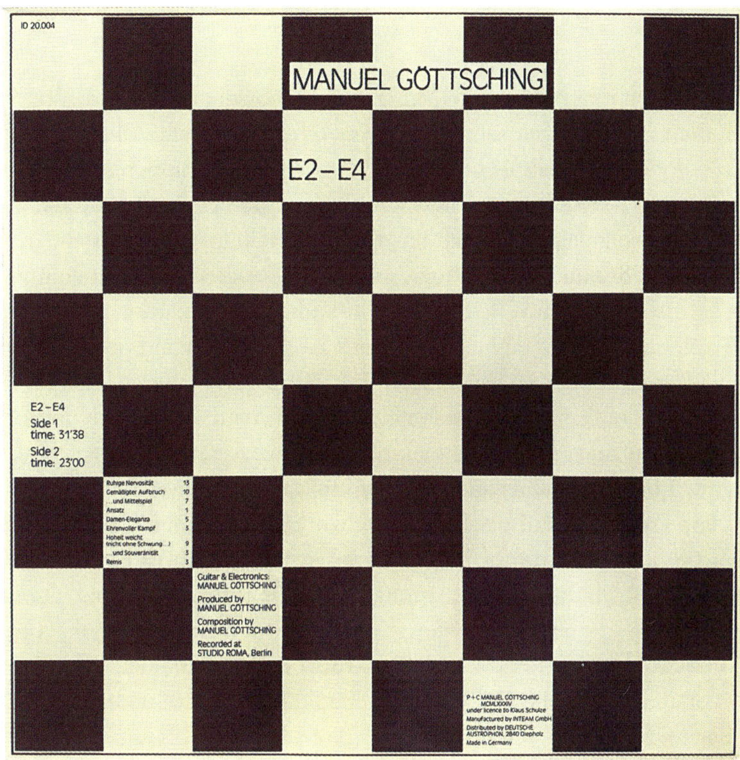

Album: Manuel Göttsching – E2-E4
Erscheinungsjahr: 1984
Label: Inteam GmbH
Spielzeit: 00:54:00

Weiterhören:
Inventions For Electric Guitar (1975)

Jeff Greinke – Cities In Fog

Jeff Greinke ist ein Avantgarde-Musiker und Forschungsreisender in Sachen Sounds, der es vermag, mit seinen Kreationen besonders tiefwirkende Erlebnisse hervorzurufen und Musik ohne vorgefertigte Form zu komponieren. Starke Alben im Bereich Ambient waren im Jahr 1985 spärlich gesät, dafür haute der aus Pennsylvania stammende Greinke mit *Cities in Fog* einen Meilenstein des Dark Ambient raus, ein Sub Genre, welches sich insbesondere durch einen unheilvollen, bedrohlichen und zuweilen auch unharmonischen Unterton auszeichnet und seine Wurzeln im Industrial hat. Erschienen ist das Album auf dem von Rob Angus und Jeff Greinke selbst gegründeten Label Intrepid Records und mutet in der Tat sehr düster an. Diese Platte ist langsam, bedrückend, bedrohlich und rundum unbequem. Und mit seiner absorbierenden Schwärze unverzichtbar. Man spürt gewissermaßen die bezwingende Wirkung eines Horrorfilms von John Carpenter: Es ist schön gruselig – und gerade deshalb will man bis zum letzten Moment hinschauen. Bei den Aufnahmen dieses Albums scheint es so, als hätte Greinke die Mikrofone direkt in die eklig-schlammigen Abwässer einer alten verlassenen Industriestadt getaucht und eine düstere Unterwasserwelt aufgenommen. Gleich mit dem ersten Stück „Moving Through Fog“ führt er den Hörer auf eine Exkursion durch post-apokalyptische Unterwasserwelten und baut eine bedrohliche Kulisse auf, die beim Schließen der Augen den Untergang der Welt hervorruft und uns gleich darauf in „Urban Pasture“ rätseln lässt, welchem Wesen die jammernde Stimme gehören mag und welche Maschinen diese bedrohlichen Töne produzieren. Auch die folgenden Stücke rumpeln leise und düster bis zum Ende des Albums vor sich hin. Gewiss, *Cities In Fog* mag zu den wenigen Alben in diesem Buch gehören, die ein gewisses Maß an Einfühlungsvermögen brauchen. Man sollte beim Hören der Platte schon in einer gewissen Gemütslage sein und nicht gerade am Strand in der brütenden Hitze liegen. Wärme und Milde sucht man hier nämlich vergeblich, und während der gesamten Laufzeit werden die Rollläden keinen Spalt geöffnet, um etwas mehr Sonne in die scheinbare Düsterwelt zu bringen. Jeff Greinke erschuf hier erbarmungslosen Dark Ambient par excellence, den man besser nicht alleine im Dunkeln hören sollte. Und es ist genau diese Kraft einer Vision, die dem Album einen Platz ganz oben auf der Bestenliste aller Ambientwerke verschaffen hat. Eine Klasse für sich und unverzichtbar.

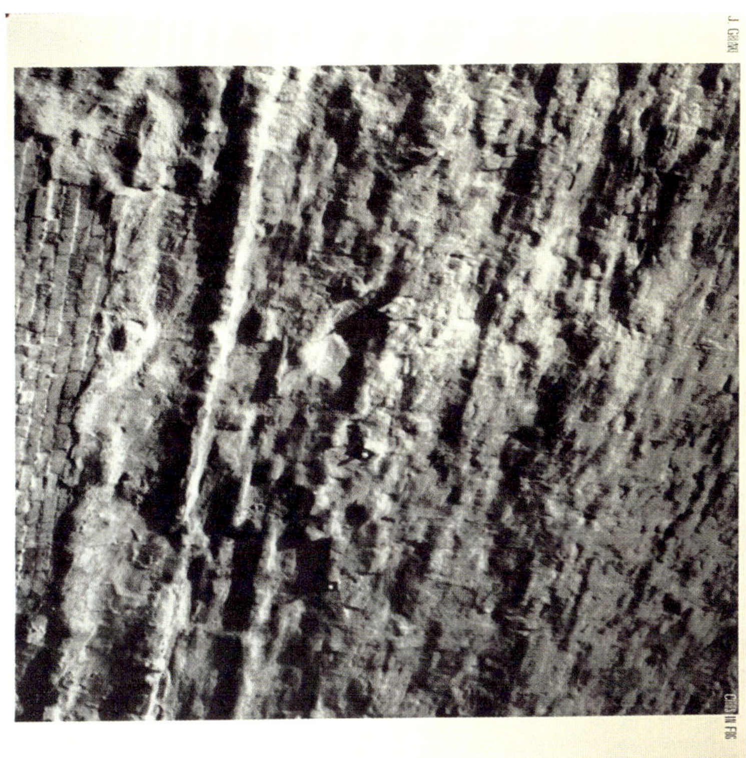

Album: Jeff Greinke – Cities In Fog
Erscheinungsjahr: 1985
Label: Intrepid
Spielzeit: 00:40:57

Weiterhören:
Before The Storm (1984)

Hiroshi Yoshimura – Green

Wo sich der Lauf der Dinge beschleunigt und immer lauter wird, kann Ambient-Musik in gewisser Weise ein Gegengewicht darstellen. Leise Musik wird lauter geschaltet, um den Lärm der Welt zu übertönen? Moment, das kennt man schon von der von Erik Satie für das Genre so prägenden *Musique d'ameublement*, die bereits in den 1920er Jahren den Zweck hatte, andere Geräusche durch Repetitionen auszublenden. Eine hyperreale Funktion, die Ambient auch heute noch erfüllt: Sie simuliert etwas, das eigentlich nicht da ist, und überschreibt damit das Vorhandene. Das Reale verschwindet dabei. Als Stimulationsmusik wurde Ambient natürlich auch in Japan populär. Dort wurde Ambient als „kankyō ongaku" bezeichnet. Hiroshi Yoshimura hat 1986 mit dem Kleinod *Green* einen wahren Meilenstein hervorgebracht. Japan wurde erst jüngst durch das Reissue-Label Light In The Attic noch stärker auf dem Musikmarkt in Szene gesetzt. Dank des mysteriösen Empfehlungsalgorithmus von YouTube wurden in den letzten 5 Jahren diverse Uploads von Yoshimura-, Yasuaki-Shimizu- oder Midori-Takada-Alben wieder und wieder in die Sidebars von Musikliebhabern geschaufelt. Seitdem haben wir es der Reissue-Industrie zu verdanken, dass kaum ein Monat vergeht, in dem nicht ein spannendes Reissue von der Insel auf den Markt kommt. Entstanden sind die acht Stücke von *Green* im Winter 1985/1986 in Yoshimuras Studio an einem Yamaha DX7-Synthesizer, der eigentlich für seinen artifiziellen Klang bekannt und auch teilweise verschrien ist. Die Stücke beinhalten gleichermaßen westliche Ambient-Referenzen wie Anleihen bei Brian Eno, John Cage oder anderen Meistern der stilvollen Stille. Yoshimura wollte dabei seine Stücke aber explizit nicht als Simulation von etwas real Existentem, sondern eher als Szenario des natürlichen Kreislaufes dessen, was *Green* bedeuten kann, verstanden wissen: ein autonomes und an sich vollständig für sich stehendes Klangwerk. Yoshimura, der bereits über 42 Jahre alt war, als sein Erstlingswerk *Music For Nine Post Cards* erschien, ließ sich auf *Green* von der Natur inspirieren, um mit hochtechnologischen Mitteln ihre Bewegungen nachzuahmen und sie wiederum in die Umwelt zu integrieren – um diese zu verbessern oder zu verstärken. Auf *Green* gibt es keine Rosinen zu picken, ganz einfach, weil jedes Stück funktioniert und zu tieftauchenden Erkundungen verführt. Brillant.

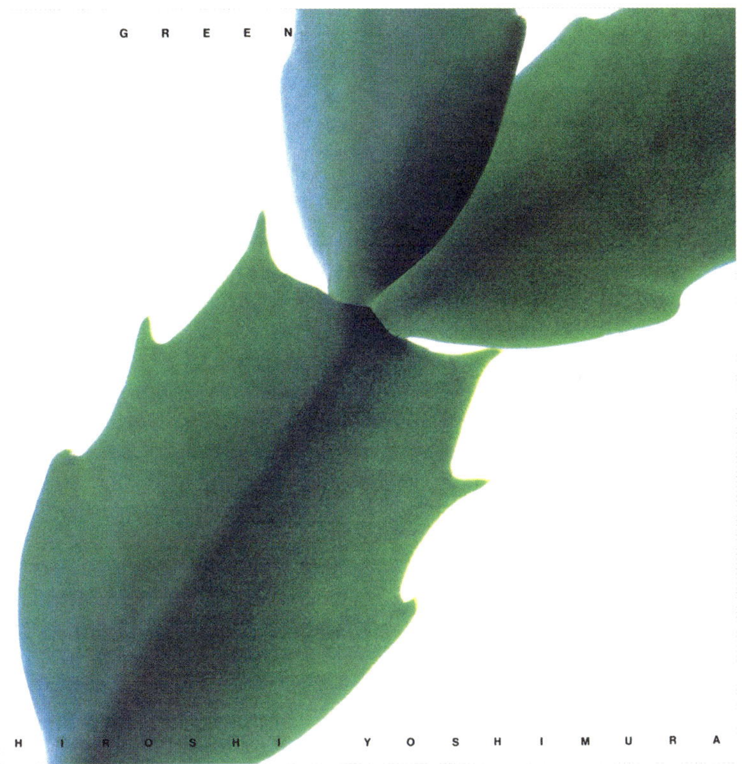

Album: Hiroshi Yoshimura – Green
Erscheinungsjahr: 1986
Label: AIR Records Inc.
Spielzeit: 00:42:05

Weiterhören:
Music For Nine Post Cards (1982);
Pier & Loft (1983)

Miguel A. Ruiz – Climatery

Miguel Ángel Ruiz ist ohne Zweifel einer der etabliertesten und wichtigsten elektronischen Musiker Spaniens. Er hat seit den 1980ern unter einer Vielzahl von Alias gearbeitet und sich mit Projekten wie Técnica Material, Orfeón Gargarín, Codachrom oder Dekatron II an einer breiten Palette von elektronischen Liebhabereien ausgetobt. Auch mit Blick auf die Alben seines eigenen Labels kann man auf eine spannende Zeit zurückblicken, als Ambient sich facettenreich in diverse Subgenres spaltete, als noch keine festen Formeln festgelegt und die Schubladen noch nicht gefüllt waren. Alles erschien möglich. Unter seinem bürgerlichen Namen veröffentlichte Miguel Ángel Ruiz 1986 eine Kassette auf dem Label Proceso Uvegraf und schuf einen Ambient-Klassiker. *Climatery*, so der Titel seines zweiten Albums, ist eigentlich sowohl zeitlos als auch genau die richtige Platte zur richtigen Zeit. Wenn das Wort „eigentlich“ nicht wäre. Denn im Gegensatz zu den Alben anderer Ambient-Künstler der 1980er galt das Album lange Zeit als Geheimtipp und hat erst 2019 durch eine Wiederveröffentlichung eine breitere Anerkennung erfahren. Auf *Climatery* zeigt sich Ruiz facettenreich und schafft es spätestens mit „Trivandrum“, einem Stück, das sich aus ethnischen Tribals, Industrial-Sounds und futuristischen Klanglandschaften zusammensetzt, den Hörer in eine wundersame avantgardistische Welt zu führen. Verblüffend ist dabei immer, dass die aberwitzigen Kreuzungen reibungslos funktionieren und nie aufgesetzt wirken. Die hier gezeichnete Welt erinnert insbesondere beim titelgebenden Song etwas an das Vierte-Welt-Konzept von Jon Hassell, welches ein System beschreibt, in dem sich für die Balance zwischen uralter Weisheit und neuesten Technologien organische Formen finden lassen. Die auf *Climatery* geschaffene suggestive Kraft zieht den Hörer auch bei „Bac Lieu“ weiter in seinen Bann und begleitet ihn auf einer Klangreise durch exotische Landschaften. Das vorherrschende Instrumentarium bei allen sechs Stücken ist der Synthesizer Korg Polysix und mantramäßig sich wiederholende, minimalistische, rhythmische Strukturen und Loops. Das ist alles äußerst solide und beeindruckend. Ein mehr als versatiler Wurf.

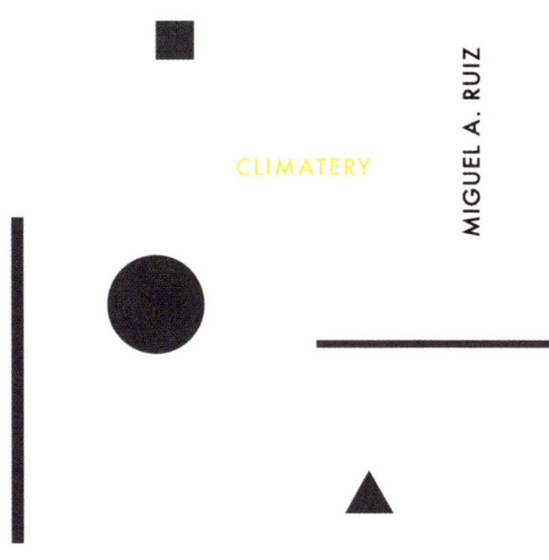

Album: Miguel A. Ruiz – Climatery*
Erscheinungsjahr: 1986
Label: Cassettes Proceso Uvegraf
Spielzeit: 00:36:40

Weiterhören:
Voces Y Formas Del Mas Allá (1982-1983) (2018)

* Das Bild zeigt das Cover der Reissue-Ausgabe des Labels Abstrakce Records aus dem Jahr 2019.

Eblen Macari – Música Para Planetarios

Darf man eine Plattenbesprechung einfach mit „Wow“ anfangen? Eine rhetorische Frage, zu spät. Jetzt ist es bereits geschehen. Das von Eblen Macari ursprünglich als Auftragsarbeit für eine Performance im Erro-Planetarium seiner Heimatstadt Mexiko-Stadt produzierte Album *Música Para Planetarios* mauserte sich über die Jahre zu einer der rarsten und gesuchtesten Musikscheiben und gilt als Meilenstein der mexikanischen elektronisch-minimalistischen Musik. Paradoxerweise ist Macari in den USA oder Europa bekannter als in seinem Heimatland. Ein Grund dafür, dass die mexikanische gegenkulturelle Musik der 1970er und 1980er Jahre so unbekannt blieb, liegt darin, dass sie wirklich im Untergrund angesiedelt war und viele Künstler nur kleine Auflagen von Aufnahmen privat veröffentlichen konnten. Glücklicherweise schafften es einige LPs und Kassetten, Wege jenseits der Grenzen Mexikos zu finden, was zu ihrer (Wieder-)Belebung beitrug. Für die 1987 geschriebene Musik verwendete der Gitarrist und Komponist einen Synthesizer Ensoniq ESQ-1 und einen Korg Poly 800, zwei Gitarren, eine Okarina sowie ein barockes Cembalo, welches von seiner Frau gespielt wurde. Zuvor veröffentlichte der Mexikaner ein paar Folk-Platten und erst nach seinem dritten Album, *Glaciares,* dominiert der Einsatz von Synthesizern in seinen Klanggemälden. Mit seinem vierten Album vereint Macari auf faszinierende und kreative Weise Ambient mit Elementen der antiken mexikanischen Volkstraditionen und nimmt den Hörer für etwas mehr als eine halbe Stunde mit in eine völlig eigenständige Klangwelt. Kunst in seiner reinsten Form, die den Hörer beginnend mit der elfminütigen „Planetarios Suite“ fesselt und sich auch bei den folgenden Stücken keine Ausfälle leistet. Sie alle haben ihren ganz eigenen Charme und sind wunderbare kosmische Unikate. Wenn man das Album kritisieren möchte, dann nur dafür, dass das Album so kurz geraten ist. Aber man soll ja bekanntermaßen aufhören, wenn es am schönsten ist. Prädikat: wertvoll.

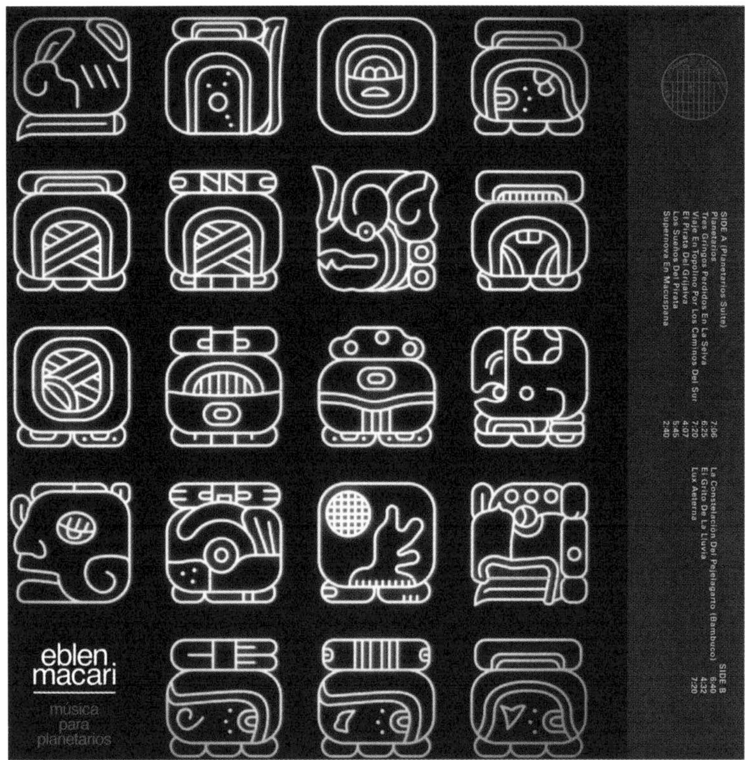

Album: Eblen Macari – Música Para Planetarios*
Erscheinungsjahr: 1987
Label: DAKTA
Spielzeit: 00:31:54

Weiterhören:
Glaciares (1984);
Cartas De Navegación (1989)

* Das Cover zeigt die 2018 erschienene Reissue-Ausgabe von Séance Centre.

Warren Sampson – Traveller

Draußen suppt die frühe Winterdunkelheit ums Haus und auf dem Plattenteller liegt *Traveller* von Warren Sampson. Gleich fühlt sich die Kälte nicht mehr ganz so unangenehm an. Das Debut-Album des US-Amerikaners galt über Jahrzehnte als verschwunden. Nicht verschwunden im übertragenen Sinne wie ignoriert oder schnell vergessen, sondern buchstäblich verschwunden, da Sampson den größten Teil der Originalpressung von 1987 auf eine Mülldeponie warf. Wir haben also Glück, dass das in Chicago ansässige Label Love All Day im Jahr 2018 eine propere Neuauflage dieses verloren geglaubten Ambient-Schatzes auf den Markt gebracht hat. *Traveller* wurde von Ende der 1970er bis Mitte der 1980er Jahre auf einem vierspurigen TEAC-Reel-to-Reel aufgenommen und verspricht mit jedem einzelnen Kleinod, was man sich von einer Langspielplatte nur wünschen kann: eine Freundschaft fürs Leben und eine willkommene akustische Alternative im hektischen Alltag. Bereits mit dem ersten Ton des Eröffnungsstücks „La Bella Donna" entsteht ein eigener Soundkosmos und eine Atmosphäre, wie man sie so einvernehmend und erdig auf wenigen Ambient-Alben bislang selten gehört hat. Aufbauend auf sich wiederholenden Gitarren- und Synthesizer-Mustern, die sich langsam über 46 Minuten hinweg entfalten, ist *Traveller* eine Reise durch den langen Winter des Mittleren Westens der USA, in der auch Warren Sampson beheimatet ist (er stammt aus Minnesota). Seine Musik dockt am ehesten bei der Krautrock-Elektronik der frühen Cluster- oder Harmonia-Werke an. Hört man Post-Rock-Künstlern wie Explosions In The Sky zu, erahnt man, dass die sich wohl von Sampson haben beeinflussen lassen. „Drifts" bringt die Schönheit dieser LP in ihrer einfachen Erdigkeit auf den Punkt, und aber auch die restlichen Tracks sind keineswegs Füllmaterial. Es ist schon bemerkenswert, dass Sampson es vermag, lediglich mit einem Yamaha DX-7 Synthesizer und seiner Gitarre cineastische Passagen zu entwerfen, welche das Kopfkino zu Höchstleistungen anregen. Nach dem Durchhören des Albums erscheint die Natur gar nicht mehr so rau. Mit *Traveller* ist ihm ein Debüt gelungen, welches sich in der kühleren Jahreszeit und in leicht melancholischer Stimmung am wohlsten fühlt.

Album: Warren Sampson – Traveller*
Erscheinungsjahr: 1987
Label: Big Road Music
Spielzeit: 00:46:27

* Das Bild zeigt das Cover der 2018er Reissue-Ausgabe von Love All Day.

Klaus Wiese – Qumra II

Es ist ein offenes Geheimnis: Seit Jahrhunderten wird die heilende Kraft der Musik gepriesen. Heute befinden wir uns in einem Zeitalter, in welchem die Musik der verschiedensten Kulturen, Traditionen und Ausführungen mehr Menschen denn je zugänglich ist. Wer sich nun davon noch frei macht, a) Musik nur als Konsumgut zu verstehen und diese Kraft in seine Lebensweise integriert und b) jetzt nicht die Augen rollt und dies als esoterisches Brimborium belächelt, der könnte mit dem Gesamtwerk von Klaus Wiese (um die 50 Studioalben) bis an sein Lebensende für immer glücklich und zufrieden leben. Sein musikalisches Schaffen begann der Münchner in den 1970er Jahren zunächst als Mitglied der Krautrockgruppe Popol Vuh. Er kehrte dem Krautrock jedoch relativ schnell den Rücken und wandelte von nun auf Solopfaden. Wieses Herangehensweise an seine Ambient-Musik ist angelehnt an das der minimalistischen Komponisten wie John Cage oder Steve Reich. So schuf er 1987 mit dem auf dem Aquamarin Verlag veröffentlichten *Qumra II* zwei wunderschöne, statisch verharrende und raumflutende Drone-Stücke, auf denen jeweils ein Stück auf eine Kassettenseite passte. Als Autodidakt hat der Multiinstrumentalist natürlich für „The Eternal Melody" und „The Hidden Treasure" neben der Zither auch die tibetischen Klangschalen, Trommeln und Tambura selbst eingespielt. Für den 2009 von uns gegangenen Ausnahmekünstler waren spezifische mystische Elemente immer ein wesentlicher Bestandteil seines Schaffens und betonte spirituelle, therapeutische und heilende Motive in seiner Musik. Mehrfache Reisen in den Orient brachten Wiese insbesondere mit den Lehren des Sufis Hazrat Inayat Khan in Verbindung, die sich in seiner Musik und Covergestaltung niederschlugen. Auf *Qumra II* lädt er uns auch zu einer imaginativen Reise ein, auf der die Seele tanzt und wo die Musik alles Gewicht aus den Köpfen zieht. Wen das nicht berührt, der hat kein Herz. Klaus Wiese hat im Laufe seiner Karriere neben seinen vielen Solo-Produktionen etliche Gemeinschaftsprojekte mit stilistisch nahverwandten Künstlern wie Gianluigi Gasparetti (Oöphoi), Jim Cole, Saam Schlamminger und Al Gromer Khan veröffentlicht. Das Album *El-Hadra – The Mystik Dance,* welches er zusammen mit Mathias Grassow und Ted de Jong produzierte, verkaufte sich weltweit und damit machte er sich in diesem Genre einen bleibenden Namen.

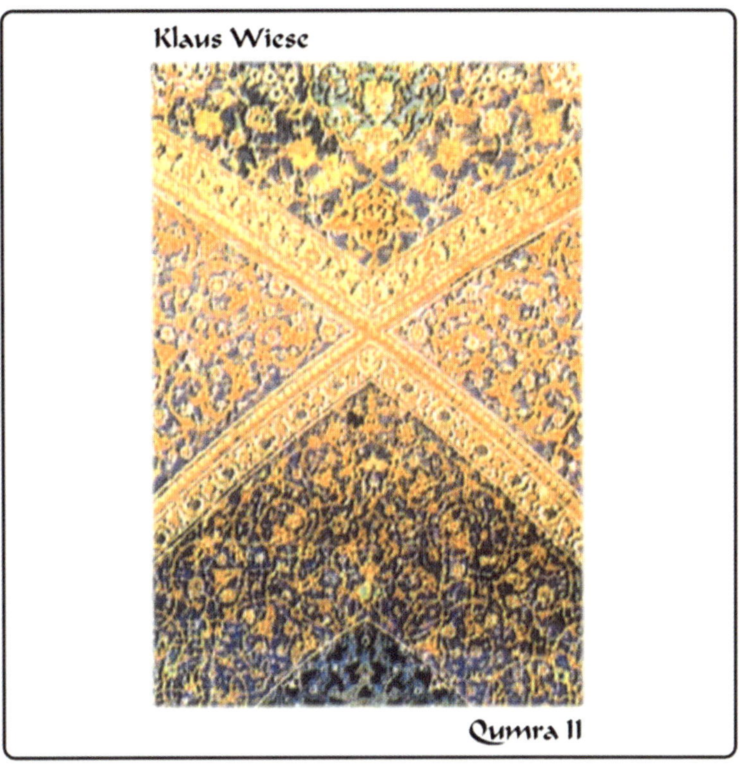

Album: Klaus Wiese – Qumra II
Erscheinungsjahr: 1987
Label: Aquamarin Verlag
Spielzeit: 01:00:59

Weiterhören:
Secret Doctrine (1985);
Kalengra (1987);
The Healing Touch Of Tambura I (1991)

David Sylvian & Holger Czukay – Plight & Premonition

Was passiert, wenn sich ein Soundtüftler, Karlheinz-Stockhausen-Schüler und Krautrocklegende mit einem kreativen und zugleich schwermütigen Kopf einer der erfolgreichsten New-Wave-Bands der 1980er zusammentut, um Musik zu machen? Richtig, sie schreiben Musikgeschichte. Holger Czukay (Gründungsmitglied der Gruppe Can) und David Sylvian (Kopf der Band Japan) entstammen zwar recht unterschiedlichen musikalischen Welten, was die beiden jedoch eint, ist das Interesse an der von Brian Eno entwickelten Ambient Music. 1983 lernten sich die Musiker bei Sylvians erstem Soloalbum *Brilliant Trees* kennen. Drei Jahre später trafen sie sich im Kölner Can-Studio wieder, wo Sylvian ein gesteigertes Interesse an Czukays Harmonium zeigte, während Czukay dazu die Sounds und Geräusche loopte. Czukay galt bereits zuvor als einer der ersten Rockmusiker, die mit Samples arbeiteten. Die gemeinsame Kollaboration *Plight & Premonition* erschien schließlich 1988 auf dem Venture Label und enthält lediglich zwei überlange Stücke. „Plight" ist ein langgezogenes Drone-Stück, welches mit gelegentlichen Flöteneinsprengseln, Klaviertönen, elektronischen Klangbögen und Ausschnitten aus Radiosendungen besticht. „Premonition" geht dann direkt dort weiter, wo „Plight" aufgehört hat. Der Übergang ist nahezu nicht wahrnehmbar. Die Radioschnipsel sind hier – angereichert mit Sendepausezeichen – von Anfang an vorhanden und beenden nach weiteren 16 Minuten das leider viel zu kurz geratene Album. Kleine Entschädigung: Nur ein Jahr später erschien das Nachfolgealbum *Flux & Mutability*, für welches Czukay seine Can-Kollegen, den Drummer Jaki Liebezeit und den Gitarristen Michael Karoli, sowie Marcus Stockhausen samt Flügelhorn ins Studio holte. Beide Alben glänzen durch gleitende Synthesizer Sounds, versehen mit der damals noch neuen Samplingtechnik, verfremdete Radiobeiträge und sanft eingesetzte Piano-Anschläge einzubauen, und gelten als Klassiker ihres Genres. Musik für die Ewigkeit.

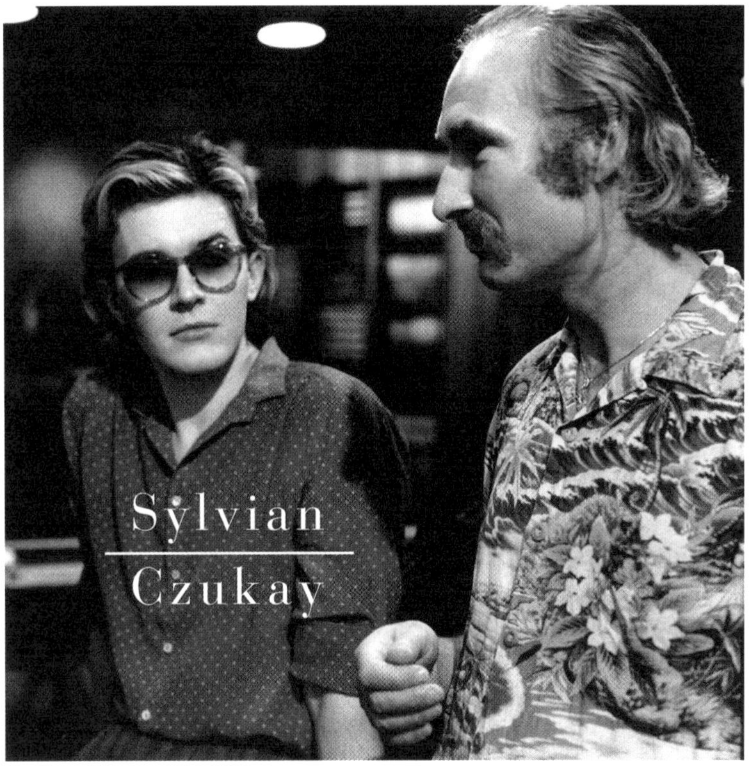

Album: David Sylvian & Holger Czukay – Plight & Premonition*
Erscheinungsjahr: 1988
Label: Venture
Spielzeit: 00:34:51

Weiterhören:
Canaxis 5 (1968);
Brilliant Trees (1984),
Alchemy – An Index of Possibilities (1985);
Flux & Mutability (1989)

* Das Bild zeigt das Cover der Reissue-Ausgabe aus dem Jahr 2018 des von Herbert Grönemeyer gegründeten Grönland Labels, auf dem zudem noch Flux & Mutability vertreten ist.

Yoshio Ojima – Une Collection Des Chaînons I: Music For Spiral

Im Prinzip haben wir es auch dem Revival der guten, alten Schallplatte zu verdanken, dass dieses unterschätzte Meisterwerk des sympathischen Japaners Yoshio Ojima 30 Jahre nach seiner Erstveröffentlichung im Jahr 2018 einem breiteren Publikum zugänglich gemacht wurde. Das von Olivier Ducret und Stéphane Armleder gegründete Genfer Plattenlabel We Release Whatever The Fuck We Want Records macht seinem Namen alle Ehre und veröffentlicht vergessene Klassiker unterschiedlicher Genres neu. Darunter auch *Une Collection Des Chaînons I: Music For Spiral.* Mit den Wiederveröffentlichungen von japanischem Ambient aus den Achtzigern ist das Label jedoch nicht alleine. Längst vergessene Werke wurden in den vergangenen Jahren aus der Versenkung geholt, auf YouTube hochgeladen und unfreiwillig zu Kultklassikern gemacht. Viele dieser Künstler, die zur Zeit ihrer Entstehung nicht die gebührende Anerkennung für ihre Werke erhalten haben, erleben nun ihren goldenen Herbst. Ojima, der die Stücke des Albums 1988 geschrieben hat, vermerkt in den zugehörigen Liner-Notes: „Bitte hör dir dieses Album in der gleichen Lautstärke an wie alltägliche Klänge", und führt Klimaanlage und Kühlschrank als Beispiele an. Anders als das Konzept einer Klangtapete praktiziert Ojima hier seinen Ambient-Entwurf als eine Möglichkeit, physische Orte zu Räumen der Ruhe und Stille zu ergänzen oder zu verändern. *Une Collection des Chaînons I* (zusammen mit seinem komplementären Nachfolger) wurde für das Sounddesign des Wacoal Art Center in Aoyama konzipiert und produziert, das auch als Spirale bekannt ist und als Drehscheibe für ein breites Spektrum anspruchsvoller bildender Kunst, Theater, Design und Musik gilt. Was zunächst am Anfang des Albums klanglich erst einmal ein wenig subtil, wenn auch wunderschön wirken mag, ist doch detailstark und profund. Ojima vermag es, mit organischer Wärme und mikrotonaler Präzision eine sakrale Ruhe und einen cineastischen Raum zu schaffen, der in puncto Atmosphäre keine Wünsche offenlässt.

Yoshio Ojima

Une Collection des Chaînons I
Music for Spiral

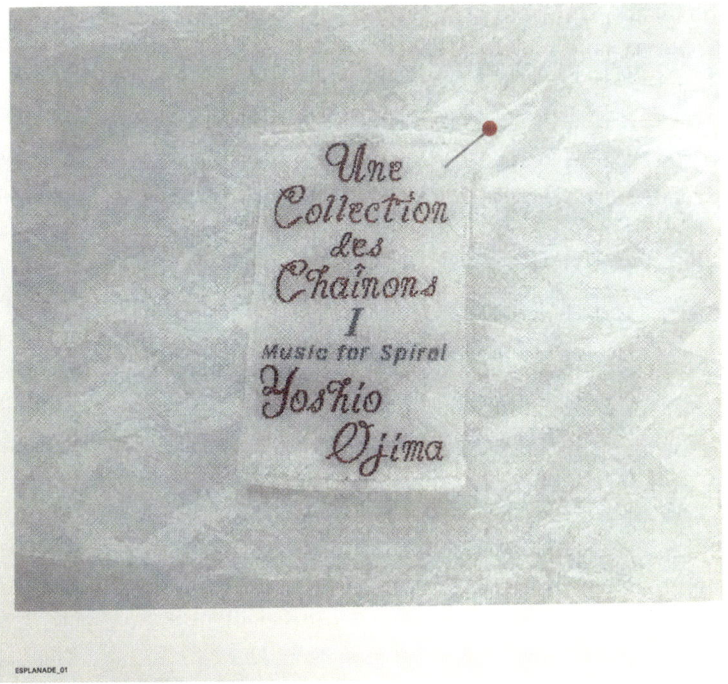

Album: Yoshio Ojima – Une Collection Des Chaînons I: Music For Spiral
Erscheinungsjahr: 1988
Label: Wacoal Art Center, Newsic
Spielzeit: 01:12:06

Weiterhören:
Une Collection Des Chaînons II: Music For Spiral (1988)

Pauline Oliveros / Stuart Dempster / Panaiotis – Deep Listening

Deep Listening ist mehr als ein Musik-Album. Es ist das Lebenswerk der 2016 im Alter von 84 Jahren verstorbenen Komponistin Pauline Oliveros. Die in Texas aufgewachsene Akkordeonistin und Komponistin begann bereits im frühen Alter mit dem Akkordeonspiel und liebäugelte in ihren Teenagerjahren mit der Idee, Komponistin zu werden. Gesagt, getan. Oliveros war schnell an der Speerspitze der experimentellen Elektronik, arbeitete mit den frühen Bandmaschinen und war eine der Gründerinnen des San Francisco Tape Music Center, wo sie mit niemand Geringerem als dem Minimalisten Terry Riley (sie spielte in der Uraufführung von Rileys „In C" mit) zusammenarbeitete. Es folgten Kollaborationen mit weiteren elektronischen Pionieren wie Morton Subotnick oder Steve Reich, zudem schloss sie mit John Cage Freundschaft. 1988 gründete Oliveros zusammen mit dem Posaunisten Stuart Dempster und dem Klangkünstler Panaiotis die Deep Listening Band. Im Folgejahr erschien das Debutalbum, das vier Meter unter der Erde in einer stillgelegten Zisterne nahe Washington aufgenommen wurde. Durch den verzögerten Widerhall der Klänge wurde die Zisterne selbst zu einem beeindruckenden Instrument. Als sich das Trio mit seinen Instrumenten durch eine nur mannsgroße Öffnung in die unterirdische Zisterne zwängte, hatte keiner von ihnen einen Plan, geschweige denn eine schriftliche Partitur, um *Deep Listening* aufzunehmen. Das Ergebnis: pure Improvisation. Der Name des Albums hat sich danach zu einer ästhetischen Bewegung entwickelt, die auf der Praxis der Verbesserung unserer Hörfähigkeiten und Reaktion auf unsere Umweltbedingungen und Klänge beruht. Oliveros gründete in der Folge ein eigenes Institut, wurde Buch-Autorin und hielt Kurse und Workshops ab über die Idee des Zuhörens als Ritual, Heilung und Meditation. Zuhören ist etwas Aktives, es verlangt Kontemplation in hohem Maße. Zur Musik gehört dabei immer ein Moment der Reflexion. Während wir Musik hören, fließt meist automatisch all das ein, was wir über ein bestimmtes Musikgenre zu wissen meinen. Wer es schafft, sich davon frei zu machen und Abstand zu gewinnen, wird das „Unerhörte" wahrnehmen und mit *Deep Listening* eine neue spannende Erfahrung machen.

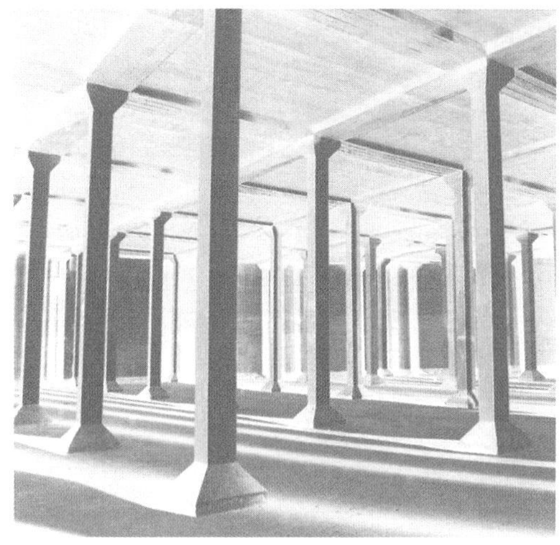

Album: Pauline Oliveros / Stuart Dempster / Panaiotis – Deep Listening*
Erscheinungsjahr: 1989
Label: New Albion
Spielzeit: 01:02:45

Weiterhören:
Tara's Room (1987);
The Roots Of The Moment (1988)

* Das Bild zeigt das Cover der 2020er Reissue-Ausgabe von Important Records.

The KLF – Chill Out

In meiner Schule gab es im Jahr 1990 ganz klare musikalische Gruppierungen mit Grenzen, die eigentlich nie überschritten wurden. Ganz unvorstellbar, dass man einen eklektischen Musikgeschmack hatte! Die Kids hörten entweder Pop wie bspw. *Violator* von Depeche Mode. Die langhaarigen Indie-Kids schworen auf die Gitarrenklänge von den Pixies oder Sonic Youth. Oder man steckte in breiten Baggy Pants und hörte Public Enemy oder A Tribe Called Quest. *Chill Out*, das Album des genialen Duos Jimmy Cauty und Bill Drummond – KLF –, war dabei nicht auf unserem Musikradar, da wir erstens mit 13 Jahren einfach zu jung für Rave, Techno und somit drogenschwangeren Nächten waren und sich zweitens das Album so schlecht verkaufte, dass man in Zeiten ohne Internet noch nicht einmal von dessen Existenz wusste. KLF schufen mit dem Album jedoch eine neue Musikrichtung – Ambient House – und lieferten mit der kompletten Reduzierung einen Gegenentwurf zu der tanzwütigen Technomeute. Ausschlaggebend für die Ambient-Renaissance war die Bekanntschaft zwischen Jimmy Cauty und Alex Paterson im legendären London-Tanztempel The Land Of Oz. Cauty legte dort als DJ im Chill Out Room auf und Paterson arbeitete bei EG Records, einem Label, das einen Großteil von Brian Enos Platten vertrieb. Zwei Tage arbeiteten dann Cauty und Drummond an ihren Aufnahmen, fingen immer wieder von neuem an, bis sie mit dem Ergebnis zufrieden waren. *Chill Out* ist eine 44-minütige live eingespielte Bastelarbeit, die im Trancentral-Studio nur unter Zuhilfenahme zweier DAT-Recorder entstand. Der Leitgedanke stellt eine nächtliche Fahrt entlang der Golfküste der USA – von der mexikanisch-texanischen Grenze nach Louisiana – dar. Die Eisenbahnromantik eines auf Schienen rumpelnden Zuges zieht sich als roter Faden durch das gesamte Album und verbindet rudimentäre Oberheim-Synthesizer-Motive und Steel-Gitarren-Klänge mit einem Meer an Samples wie Vogelgezwitscher, mähenden Schafen, spielenden Kindern, grunzenden Schweinen, dem Kehlgesang tuwinischer Mönche und Elvis Presleys „In the Ghetto". Anders als in einem ICE, der mit 350 km/h das Land durchquert, sitzen wir beim Hören von *Chill Out* noch in einer dieser alten Regionalbahnen. Das Fenster kann man manuell öffnen, den Kopf herausstrecken und die langsam vorbeiziehende Landschaft beobachten. Wahrlich ein Meilenstein der avantgardistischen elektronischen Musik.

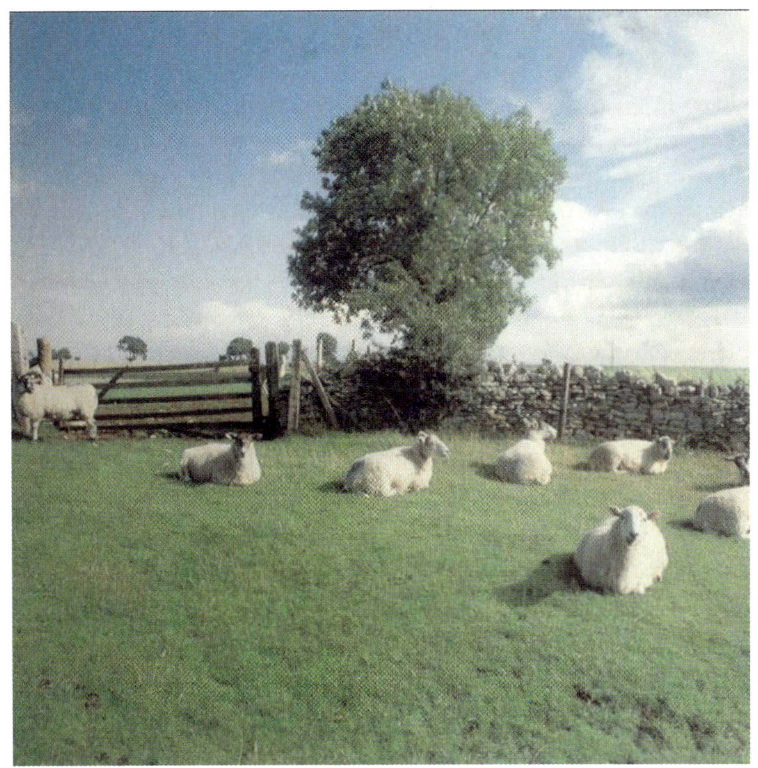

Album: KLF – Chill Out
Erscheinungsjahr: 1990
Label: KLF Communications
Spielzeit: 01:44:14

Weiterhören:
Jimmy Cauty – Space (1990)

Terrace Of Memories – Terrace Of Memories

Hinter dem Projektnamen *Terrace Of Memories* steckt der US-Amerikaner Sam Rosenthal, Gründer des Labels Projekt Records, und der Belgier Dirk Serries, der sich in Ambient-Kreisen vor allem unter dem Pseudonym Vidna Obmana einen Namen gemacht hat. Herausgekommen bei dieser einmaligen Zusammenarbeit sind fünf Stücke eindringlicher Ambient-Kompositionen, die auf dem selbstbetitelten Album eine perfekte Symbiose aus den Dark Wave Sounds von Rosenthals *Black Tape For A Blue Girl* und der kühlen Schönheit der frühen Werke von Vidna Obmana ergeben. Mit Worten wie Düsterkeit oder Hauntology kann man behelfsweise versuchen, sich den Kompositionen auf *Terrace Of Memories* zu nähern, trifft es damit allerdings nicht wirklich. Besser man staunt einfach darüber, wie das Album gleich zu Beginn mit „These Ancient Halls“ mit so wenig Zutaten eine so verzaubernd-verstörende Kraft entfaltet. Ein schöner Start in dieses zeitlose Album, welches nach Aussagen von Rosenthal eine recht lange Entstehungszeit benötigte. So war es wohl Serries, der Rosenthal ein paar Aufnahmen auf Tape schickte, und Rosenthal wiederum derjenige, der an den Aufnahmen am 8-Spur-Gerät weiterarbeitete. Da der weitere Austausch der Tapes vor Zeiten des Internets geschah und auf dem postalischen Wege erfolgte, wurde das Album durch die längeren Wartezeiten schließlich erst 1992 fertiggestellt. Das Warten hat sich wahrlich gelohnt. Auch die folgenden Stücke bestechen durch warme, futuristische und eben auch sanft-düstere Töne. Das Album kulminiert in dem 17-minutigen „Of Silent Crossings“ in einem finalen ausladenden Klanggemälde, an dem man sich gar nicht satthören kann. Ist das jetzt meditationsfördernd? Vielleicht. Trotzdem ist es für Yoga-Kurse denkbar ungeeignet, weil die Musik zu einer emotionalen Klangreise einlädt. Zu einer weiteren Zusammenarbeit wird es augenscheinlich nicht mehr so schnell kommen. Serries, der über Industrial zur Ambient Music fand, ist nämlich mittlerweile im Free Jazz angekommen und betreibt sein eigenes Jazz Label. Auch Rosenthal ist in seinen diversen Bandprojekten und seinem Label eingebunden. Was bleibt, ist dieses zeitlose Album.

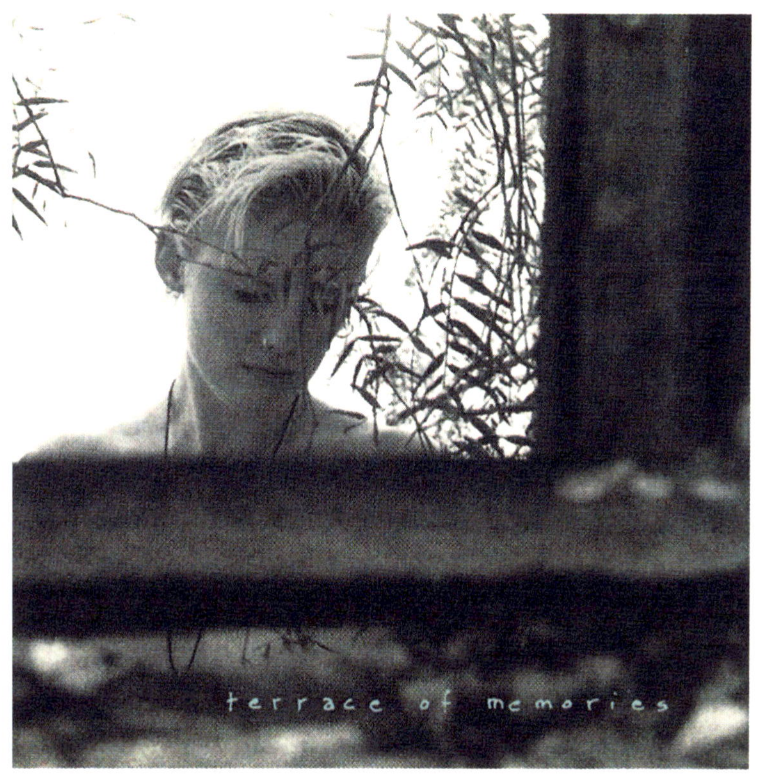

Album: Terrace Of Memories – Terrace Of Memories
Erscheinungsjahr: 1992
Label: Projekt
Spielzeit: 00:42:29

Weiterhören:
Vidna Obmana – Gathering in Frozen Beauty (1989);
Vidna Obmana – Echoing Delight (1993);
Steve Roach & Vidna Obmana – Well of Souls (1995)

Mathias Grassow – Psychic Dome

Neueren Berechnungen zufolge ist der uns bekannte Kosmos ungefähr 13,7 Milliarden Jahre alt. Mathias Grassow, einer der Pioniere und herausragenden Vertreter des Drone-Ambient, macht seit über vier Jahrzehnten Musik, was in Zeiträumen irdischer Ambient-Musik gemessen, dem schon ziemlich nahekommt. Würde man dem ersten optischen Eindruck seines 1992 erschienenen *Psychic Dome* folgen, mag ein mancher hier ein Def-Leppard-Hard-Rock-Album aus den 1980er Jahren vermuten. Man soll jedoch weder Bücher noch Platten nach dem Cover beurteilen. Was sich tatsächlich dahinter verbirgt, ist ein Ambient-Meisterwerk mit unfassbarer Konsistenz, welches man im gleichen Atemzug mit den großen Werken nennen muss. Natürlich haftet dem Veteranen-Stempel immer ein wenig Staub an. Grassow ruhte sich aber nie auf den Lorbeeren aus, sondern gilt als einer der umtriebigsten und genialsten Ambient-Künstler, der es auch heute noch vermag seinen Werken Qualität, Persönlichkeit, Charakter, Seele, Tiefe und Ambivalenz zu verleihen. Seine Vision von Ambient ist so ausgeklügelt, dass man in seinem Sound stundenlang wegtauchen kann. Sein musikalischer Fokus liegt in seiner beeindruckenden Diskografie auf ausdrucksstarken, oft auch dunkel anmutenden minimalistischen Klanglandschaften von beeindruckender spiritueller Intensität. Zu letzterer kam der Wiesbadener bereits in den späten 1970er Jahren durch seine Liebe zur Ambient-Musik und nennt in den Linernotes von *Psychic Dome* Klaus Wiese (von der Münchner Krautrock-Band Popol Vuh) und den Komponisten Peter Michael Hamel als maßgebliche Vorbilder. Sie waren ausschlaggebend dafür, dass sich Grassow mehr den meditativen und auch heilenden Aspekten der Musik zuwandte. Seine Musikkunst ist teils beeinflusst von fernöstlicher Philosophie, sowie von keltischen und schamanischen, nordeuropäischen Klängen. Hierbei darf man sich aber nicht zurücklehnen und beim Hören des Albums eine entspannte New-Age-Teelichter-Massage-Wohlfühl-Estoterik-Stunde erwarten. Wie viele seiner Alben besticht *Psychic Dome* durch seine ätherischen Soundwalle, die Mystik und Klänge in ihrer Urform offenbaren und es dem Hörer erlauben, in andere Sphären einzudringen. Und so richtig wird man das Gefühl nicht los als sei dieses Album eine spirituelle Reise zum eigenen Ich.

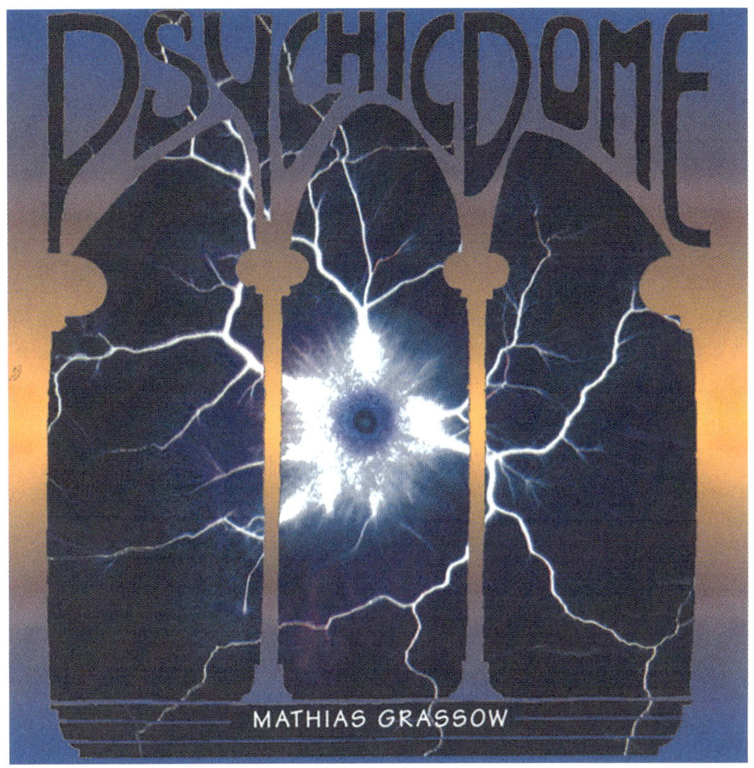

Album: Mathias Grassow – Psychic Dome
Erscheinungsjahr: 1992
Label: KoHa Music Verlag
Spielzeit: 01:14:55

Weiterhören:
El-Hadra – The Mystik Dance (1990);
Ambience (1995);
Himalaya (1999);
Dämmerung (2012);
Too Much Distance (2020)

Seefeel – Quique

Als das UK Label Warp die Band Seefeel unter Vertrag nahm, sorgte dies für großen Aufruhr, da sie die erste Band mit Gitarren auf dem bis dahin reinen Elektronik-Label war, deren Klangkosmos klar gegen die funktionsgesteuerte Technomusik lief. Anstelle der üblichen Sequenzer traten Stimme (Sarah Peacock), Gitarre und elektronische Frickeleien (Mark Clifford), Bass (Daren Seymour) und Schlagzeug (Justin Fletcher). Die Gemüter beruhigten sich jedoch schnell wieder, nachdem die Band mit Quique einen veritablen Ambient-Klassiker veröffentlichte, der am Ende des Tages den Weg dafür ebnete, dass Warp ein Indie-Mayor Label wurde. Die experimentierfreudige Band aus London fusionierte als erste Shoegaze mit ihrer persönlichen Drone-Ambient-Textur und klang wie ein Konglomerat aus Cocteau Twins, My Bloody Valentine, Slowdive und dem Ambient-Newcomer Aphex Twin. Aber auch die kosmische Synthie-Musik der 1970er, die in großem Maße eine Fortsetzung der Psychedelik und des 1960er-Gedankens, „Drogen zu nehmen, um Musik zu machen, zu der man Drogen nimmt", ist, muss als Einflussfaktor genannt werden. Das Projekt um Mark Clifford und Sarah Peacock war somit in den frühen 1990er Jahren alles andere als konform, verschaffte sich jedoch gerade durch die Absenz herkömmlicher Musikstrukturen eine solide Fangemeinde, die auch heute noch bereit ist, dreistellige Summen für deren Debutalbum über die virtuelle Ladentheke zu legen. Auf *Quique* werden Klänge auf die große Reise geschickt, um irgendwo in der Tiefe zu verstummen, bevor sie an anderer Stelle wieder an die Oberfläche wirbeln. Die Vertonung des Horchtheaters, welches stetig ohne klaren Anfang und definitives Ende changiert, erfordert die volle Aufmerksamkeit des Zuhörers und sicherlich keine flüchtige Auseinandersetzung. Mit *Quique* dekonstruierten Seefeel die zeitgenössische Rock-Musik und schufen eine Art IDM-Prototypen, bevor der Begriff überhaupt geprägt worden ist. Ein Meilenstein der elektronischen Musik, der stilistisch und dramaturgisch stets on point ist und zum Tagträumen einlädt.

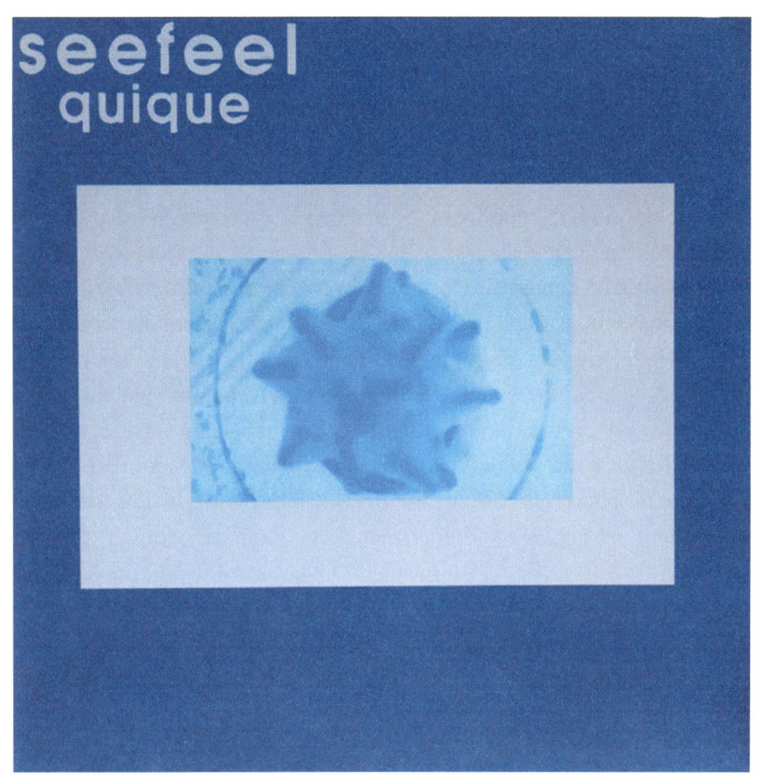

Album: Seefeel – Quique
Erscheinungsjahr: 1993
Label: Too Pure
Spielzeit: 01:03:23

Weiterhören:
Succour (1995)

Air – Air I

1992 markiert ein aus deutscher Sicht musikhistorisches wichtiges Jahr. In diesem Jahr veröffentlichte der Frankfurter Pete Namlook (Umkehrung seines bürgerlichen Namens Peter Kuhlmann) zusammen mit Dr. Atmo das Album *Silence* – und damit erschien nicht mehr und nicht weniger die erste Ambient-Techno-CD aus Deutschland. Da Namlook sich von allen Plattenlabels wie Sony, Warner und EMI anhören musste, dass seine Musik „langweilig" sei, gründete er für dieses Album kurzerhand sein eigenes Plattenlabel. Auf seinem legendären Fax Label hat er alleine im Folgejahr über 100 Alben produziert und mit Bill Laswell, Biosphere, Tetsu Inoue, Klaus Schulze und anderen Musikern aus der globalen Ambient-Szene zusammengearbeitet. In diese Zeit fällt auch der Klassiker *Air* mit welchem der im Frankfurter Club „Omen" mit Techno infizierte Namlook sich selbst den Weg, einer der bemerkenswertesten Figuren der elektronischen Musik der 1990er Jahre zu werden, ebnete. Es ist schwer vorzustellen, dass er erst 1993 die ersten Ambient-Alben aus den 70ern von Brian Eno gehört hatte. Namlook distanzierte sich jedoch mehrfach von Enos konzeptionellem Ansatz und betonte, dass er keinen intellektuellen Zugang dazu hatte und stets daran interessiert war, Musik und Natur zu kombinieren und nicht einfach nur Soundtapeten für den Hintergrund zu erzeugen, damit diese möglichst störungsfrei mitrauschen. Namlook kehrte der Großstadt den Rücken, zog sich in den pittoresken Hunsrück in die Natur zurück und verstand in der Gartenarbeit einen gesunden Ausgleich zu seinem beachtlichen musikalischen Output. Hier produzierte er ein Ambient-Album nach dem anderen. Mit *Air* wandelt Namlook wie so oft am Rande einer transzendenten Offenbarungserfahrung, spielt mit Ideen von Weltraum und der Suche nach einer Liebe. Die beeindruckende Tiefendimension sollte er auch auf seinen anderen Alben erreichen, indem er verschiedene Musikstile wie Jazz oder auch orientalische Musik mit seinen warmen elektronischen Klängen verband. Kurz nach Erscheinen von *Air* verkündete Namlook, dass die Ambient-Musik die interessanteste Musik des 20. Jahrhunderts sei und Ambient als die klassische Musik der Zukunft in die Geschichte eingehen würde. 2012 verstarb der Ausnahmekomponist Peter Kuhlmann leider viel zu früh durch einen Herzinfarkt und wird seine Prophezeiung nicht mehr miterleben und die weitere spannende Entwicklung leider nicht mehr mitgestalten können. R.I.P. Peter.

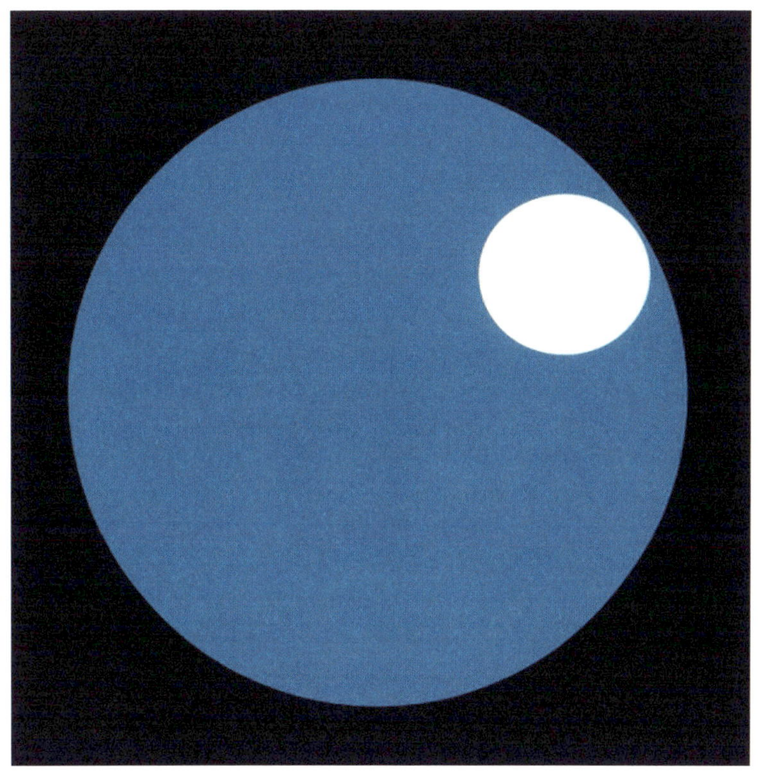

Album: Air – Air I
Erscheinungsjahr: 1993
Label: Fax +49-69/450464
Spielzeit: 01:04:00

Weiterhören:
Silence I (1992);
Silence II (1993);
Dreamfish (1993);
The Fires Of Ork (1993);
Sultan (1997)

The Irresistible Force – Global Chillage

1989 stellte nicht nur politisch, sondern auch musikalisch ein markantes Jahr dar. In seinem Buch *Generation Ecstasy* beschreibt der Kulturjournalist und Autor Simon Reynolds (unter anderem), wie um das Jahr 1989 in der Londoner Dance-Szene das Erbe der Synth-Heroen wie Klaus Schulze, Steve Hillage und Manuel Göttsching fortgesetzt wurde. Ein DJ namens Dr. Alex Paterson betrieb die bahnbrechende Chill-Out-Zone Land Of Oz in Paul Oakenfolds berühmtem Spectrum-Club, eine Zuflucht für tanzwütige Raver, die sich etwas zu viel Acid gegönnt hatten und sich hier im wahrsten Sinne des Wortes fallen lassen konnten. Schulze & Co spannten gewissermaßen die Brücke der kosmischen Musik der 1970er zur Chill-Out-Musik, die in den frühen 1990er Jahren aufblühte. Eine vollkommen neue Generation von Ambient-Künstlern erschien nun auf der Karte – Biosphere, The Future Sound Of London, Pete Namlook, The Orb und eben The Irresistible Force, das Projekt von Morris Gould alias Mixmaster Morris. Gould gilt als bekanntester Ambient-DJ, der neben zahlreichen Chillout-Compilations mit seinem 1994 auf Rising High Records erschienenen Album *Global Chillage* einen wahren Ambient-Klassiker produziert hat. Angefangen hatte er jedoch im zarten Alter von 15 Jahren in der Punkband Ripchords, deren erste EP in einer Sendung vom Radiomoderator John Peel gespielt wurde und Gould dazu veranlasste, seinen Lebensmittelpunkt ins London der New-Wave-Ära zu verschieben. In den frühen 1980ern begann er dann schließlich mit dem Plattenauflegen und fand im Chillout-Room des Clubs Heaven nicht nur ein neues Zuhause, sondern auch die vollkommene Freiheit, in seinen Acht-Stunden-Sets seine Tracks nach Belieben live zu remixen. *Global Chillage* entstand in der Hochphase dieser spannenden Zeit und lässt den Hörer etwas über eine Stunde lang erleben, was echter als echt ist. Es besitzt die Kraft, für einen kurzen Moment das Gefühl für Raum und Zeit zu verändern und wirkt als emotionale Medizin auf Geist und Körper zugleich. Diese musikhistorische Sensation gehört in jede Plattensammlung.

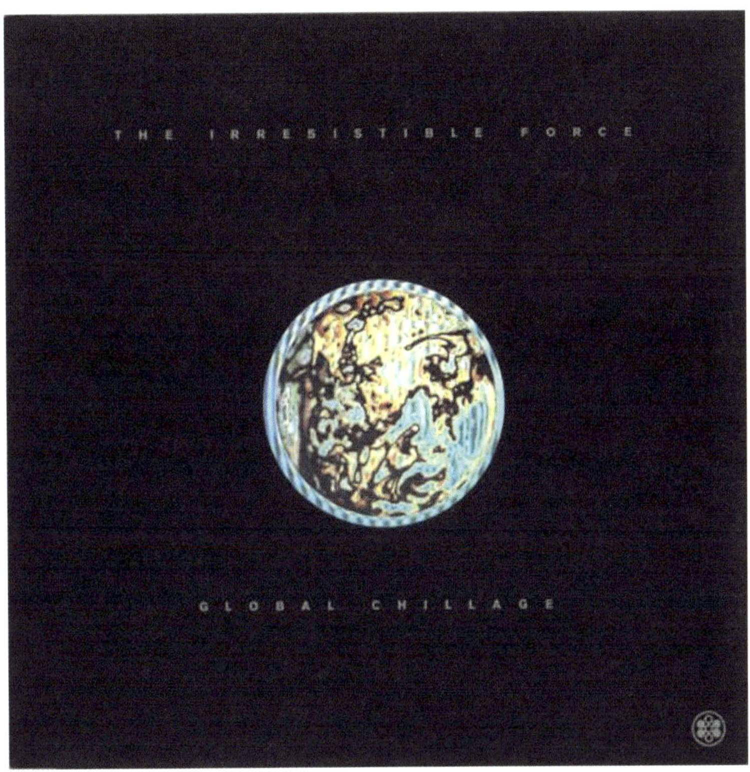

Album: The Irresistible Force – Global Chillage
Erscheinungsjahr: 1994
Label: Rising High Records
Spielzeit: 01:05:09

Weiterhören:
Flying High (1992);
It's Tomorrow Already (1998)

Tetsu Inoue – Ambiant Otaku

Die Welt ist nicht nur hart, sondern auch ziemlich ungerecht. Würde es mit (ge-) rechten Dingen zugehen, dann wäre der rätselhafte Tetsu Inoue aus Japan einer der erfolgreichsten Ambient-Künstler aller Zeiten und sein Name immer noch in aller Munde. Tatsächlich kennen seinen Namen nur hartgesottene Fans, die Inoue während seiner Produktivzeit in den 1990er bereits in die höchsten Ruhmessphären hoben. Auf Pete Namlooks legendärem Frankfurter Fax Label nahm Tetsu Inoue neben *2350 Broadway, Shades of Orion* auch das Album *Ambiant Otaku* auf und zeigte der Musikwelt mit jedem weiteren Album, dass er einer der wahren Erben des Ambient der 1970er war, indem er die Innovationskraft der Berliner Schule und von Musikern wie Brian Eno ins 21. Jahrhundert überführte. Nach einer beeindruckenden Produktionsrate in den 1990ern lieferte er mit *Inland* im Jahr 2007 noch ein weiteres Meisterwerk ab, bevor er auf mysteriöse Weise völlig von der Bildfläche verschwand. Musikerkollegen und Freunde zeigten sich besorgt und mutmaßen seitdem über den Verbleib des Ausnahmekünstlers. Die verlässlichste Geschichte, die im Netz zu lesen, aber immer noch nicht bestätigt ist, ist die, dass Tetsu Inoue aus familiären Gründen nach Japan zurückgekehrt sei und alle Verbindungen zu seinem vorherigen kreativen Leben abgebrochen hat. Andere vermuten, er sei bei dem schrecklichen Tsunami 2011 ums Leben gekommen. Eine weitere Theorie konstatiert, dass er gar keine existierende Person und der Name vielmehr ein Gemeinschaftsprojekt des Fax Labels für alle Künstler sei, die daran teilnehmen wollten. Was von ihm bleibt, ist seine hervorragende Musik und natürlich das Schweigen des Mannes selbst. Mit Alben wie *Ambiant Otaku* befreit er den Hörer aus seinen arrivierten Hörgewohnheiten, holt ihn aus dem Exil, in dem wir uns auf dieser Welt befinden, und führt uns in ein anderes Universum voll einlullender Beruhigungskraft. Dafür kann man nur dankbar sein.

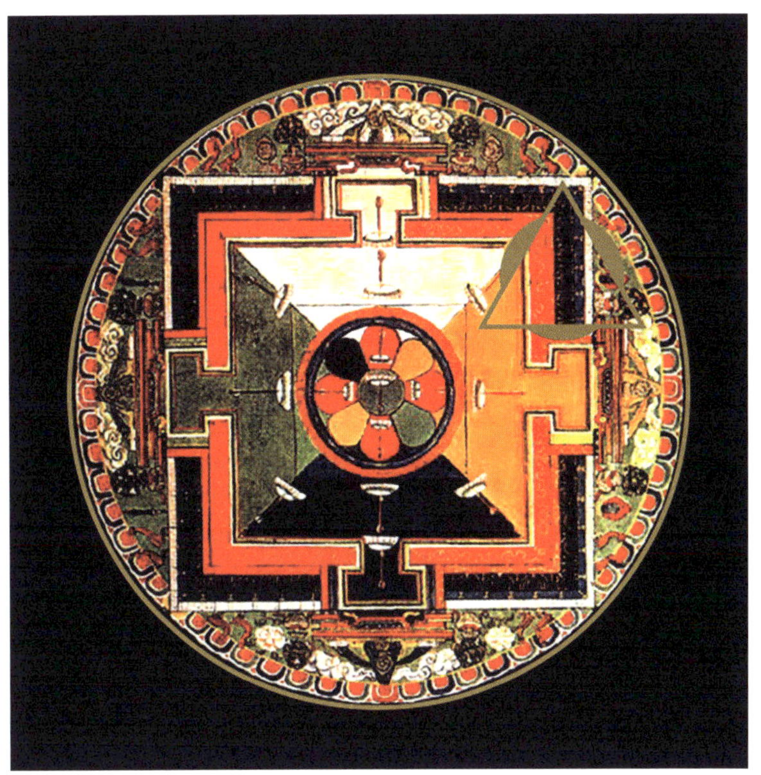

Album: Tetsu Inoue – Ambiant Otaku
Erscheinungsjahr: 1994
Label: Fax +49-69/450464
Spielzeit: 01:12:27

Weiterhören:
Masters Of Psychedelic Ambiance – Mu (1995);
2350 Broadway (1993);
Shades Of Orion (1993);
Inland (2007)

Dots – Dots

Frankfurt, Santiago de Chile. Und immer wieder im Flugzeug um die Welt. Der umtriebige Musiker und Produzent Uwe Schmidt hat seine Eigenproduktionen unter insgesamt mehr als 60 verschiedenen Pseudonymen veröffentlicht, von denen Atom Heart, Atom™, Lassigue Bendthaus, Dots und Señor Coconut zu den bekanntesten zählen dürften. Sammlerfetischisten haben es hier schwer. Dazu kommen noch zahlreiche Projektnamen bei Zusammenarbeiten mit anderen Künstlern wie Tetsu Inoue, Haruomi Hosono, Pete Namlook und Bill Laswell. Sein eigenes Label Rather Interesting gründete Schmidt 1994 und veröffentlichte darauf mal so nebenbei mit *Dots* ein Album, das die Messlatte für Ambient nachhaltig nach oben trieb und als Klassiker bezeichnet werden muss. Damals nur als CD erschienen, nahmen sich schließlich 2019 die stellaren Schatzsucher von Astral Industries dem LP-Reissue an und zeigten der Welt, dass Anfang der 1990er Jahre die Frankfurter Szene rund um Pete Namlook half, den Begriff Ambient nicht nur wieder salonfähig zu machen, sondern ihn maßgeblich neu zu definieren. Das Cover-Artwork von *Dots* wurde, wie jedes Cover des Labelkatalogs, von Theo Ellsworth entworfen und ist durch die Limitierung der Auflage schon ein kleines Kunstwerk für sich. Bei jedem neuen Release löst das Pawlowsche Reflexe bei Musiksammlern aus. Den Auftakt zu *Dots* macht „Friendly Cortex", das die Reise auf Samtpfoten einleitet und den Hörer in einen äußerst angenehmen Schwebezustand versetzt. Auf dem folgenden titelgebenden „Dots" lauscht man dann über 13 Minuten kosmischen Klängen, Melodien aus dem letzten Winkel des Alls. Insgesamt finden sich auf dem Album sieben schillernde Fantasien mit einer klanglichen Tiefenschärfe, die auch heute noch sprachlos macht. Klassiker eben. Und wer noch ein paar gute Kopfhörer sein Eigen nennt, kann sich von den Fesseln der Schwerkraft endgültig befreien. Nur drei Jahre nach dem zeitlosen *Dots* zog Schmidt nach Chile. Beeinflusst von den Rhythmen lateinamerikanischer Tänze veröffentlichte er 2000 als Señor Coconut das Album *El baile alemán*, auf welchem er Stücke von Kraftwerk als Latin-Versionen coverte.

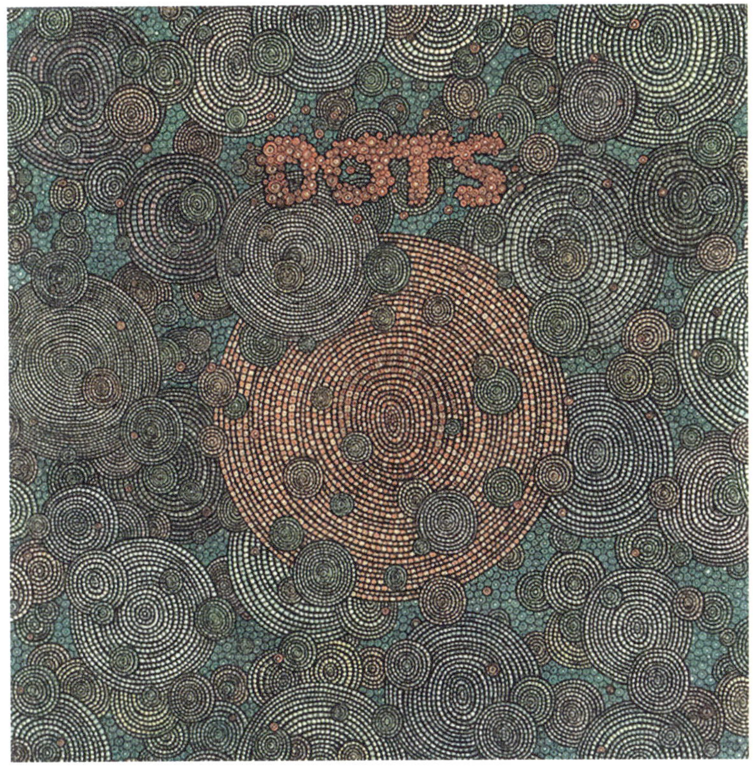

Album: Dots – Dots*
Erscheinungsjahr: 1994
Label: Rather Interesting
Spielzeit: 01:12:28

* Das Bild zeigt das Cover der Reissue-Ausgabe aus dem Jahr 2019 des Labels Astral Industries.

Global Communication – 76:14

Lange war kein Jahr so reich an essenziellen Ambient-Alben wie das Jahr 1994. Vielleicht lag es daran, dass man in den Techno-Hochzeiten einen Ausgleich, ein entschleunigendes Antidot benötigte? Anfang der 1990er lernten Tom Middleton und Mark Pritchard sich auf einer Party kennen, auf der letzterer als DJ Platten auflegte. Zu jener Zeit studierte Middleton Grafikdesign und arbeitete mit dem bis dahin nahezu völlig unbekannten Aphex Twin zusammen. Pritchard wiederum war zuvor mal Gitarrist, mal Schlagzeuger in diversen Garage-Bands. Zwischen den beiden entwickelte sich eine Freundschaft und 1994 sollte ihnen mit 76:14 der ganz große Wurf gelingen. Dabei verzichteten sie nicht nur auf einen Albumtitel (76:14 ist die Gesamtdauer der Titel), sondern auch auf die Namen aller Tracks auf der Platte (auch diese sind nur nach der Anzahl der jeweiligen Minuten benannt). Es ist daher sicherlich kein Zufall, dass auf dem Cover des Albums ein menschliches Ohr abgebildet ist. Wozu Worte verschwenden, wenn man einfach nur zuhören und seine Vorstellungskraft verwenden kann? Den Auftakt macht das kurze 4:02, das dem Roland SH-101 seinen spacigen Sound verdankt und den perfekten Start für die Erforschungsreise in die Galaxie bildet. So allgegenwärtig die Weltallmetapher im Ambient auch sein mag, so passend ist sie, was die Musik auf 76:14 betrifft. Der Track leitet smooth mit einer tickenden Uhr in 14:31 ein, ein früher Höhepunkt der Platte, den man sich auch gut und gerne auch 30 Minuten am Stück anhören könnte. Mit 9:25 folgt eigentlich ein Remix für Sun Electric, dem beide Musiker den Track überließen, als aus dem Remix ein ganz eigener Track wurde. Was auch alle weiteren Stücke dieses Albums auszeichnet, ist ein Einfalls- und Detailreichtum, der weder Selbstzweck noch Schmuck am Nachthemd sein will. Auf 0:54 machen Global Communication ihrem Namen alle Ehre und wir hören auf Deutsch, Englisch, Italienisch und Russisch das Mantra „Global Communication, communication through the medium of sound“. *76:14* ist in sich hochkonsistent und doch von einer Ideendichte erfüllt, die vielen Alben aus dem Genre abgeht, und gilt mit seiner eigentümlichen evokativen Kraft als Ambient-Meilenstein. Kaufpflicht.

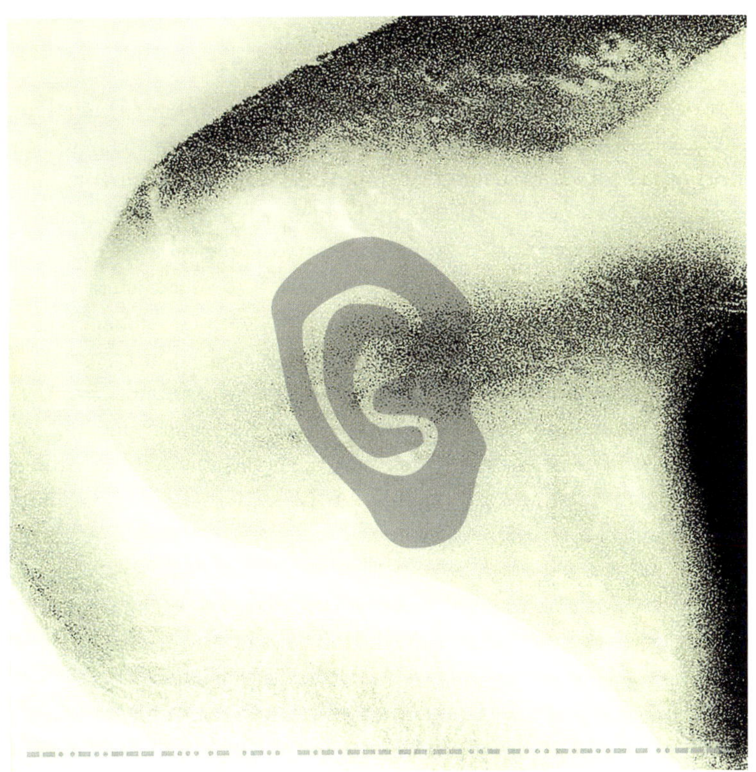

Album: Global Communication – 76:14
Erscheinungsjahr: 1994
Label: Dedicated
Spielzeit: 01:16:14

Aphex Twin – Selected Ambient Works Volume II

Mit dem Begriff „Genie“ sollte man bekanntlich nicht ohne Weiteres um sich schmeißen. Im Falle des Richard D. James aka Aphex Twin ist diese Zuschreibung jedoch gerechtfertigt, hat er doch mit seinem Ambient-Entwurf in der ersten Hälfte der 1990er Jahre maßgeblich die Renaissance des Ambient eingeläutet und mit den beiden aufeinanderfolgenden Selected-Ambient-Works-Alben Stücke produziert, die allesamt zu Standards des Ambient-Genres avanciert sind. Dies ist umso erstaunlicher, als dass viele dieser genredefinierenden Stücke in einer Zeit entstanden sind, als James noch picklig vor dem Kassettendeck gesessen haben dürfte, nämlich mit ca. 14 Jahren. Da kann man auch schon einmal mit 21 Lenzen eine Retrospektive auf das Schaffen seiner Teenagerzeit herausbringen. James, der sich in seiner Wandelbarkeit jeder Kategorie entzieht, war stets ein Außenseiter, der fernab vom Tohuwabohu der Großstadt lieber im beschaulichen Cornwall an seinen Soundcollagen und am eigenen Synthesizer tüftelte. *Selected Ambient Works Volume II* umfasst je nach Medium über zweieinhalb Stunden Hörgenuss und kommt dabei nahezu ohne Beats oder Rhythmen aus. Dennoch zieht es den Hörer innerhalb weniger Augenblicke in seinen schlaftrunkenen und zugleich mysteriösen Bann. Die Tracks auf dem Album besitzen keine Namen. Stattdessen sind diese einfach durchnummeriert und stellen damit Fans damals wie heute vor die Herausforderung, sich über einzelne Stücke auszutauschen. Zu konstatieren gilt, dass gleich mit *#1* deutlich wird, dass dieses Album etwas Besonderes ist und man wünscht, dass der erste Track niemals enden möge. Der ehemalige Elektrotechnikstudent hat sich für die insgesamt 24 Ambient-Miniaturen seine eigenen Synthies und Sounds gebastelt und nicht mehr oder weniger ein Blueprint für ein Genre geschaffen, das bis heute unzählige Nachahmer gefunden hat und immer noch findet. Ein weiteres Ambient-Album zu produzieren kam für James nicht infrage. Warum auch, wenn man ein *Kind of Blue*-Jahrhundertalbum aufgenommen hat? Die Transformation als Aphex Twin ging weiter. Die Rätselhaftigkeit und unendliche Schönheit von *Selected Ambient Works II* bleibt hingegen für immer.

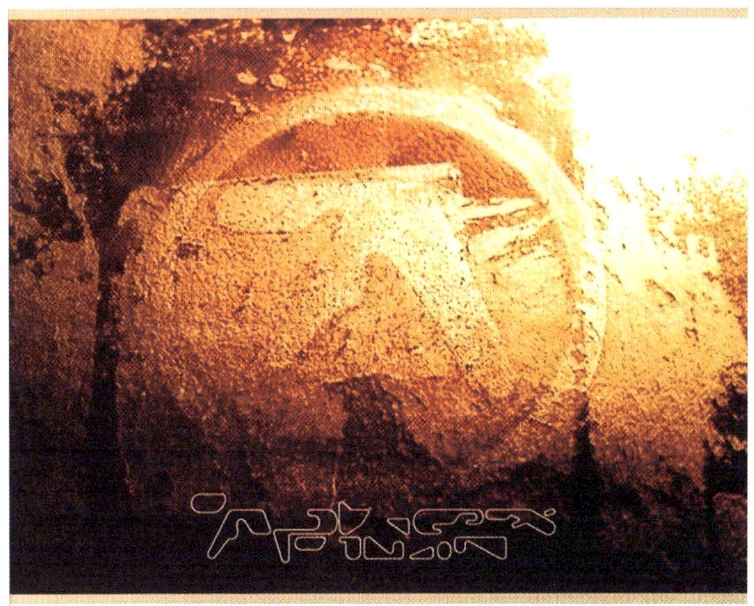

Album: Aphex Twin – Selected Ambient Works Vol II
Erscheinungsjahr: 1994
Label: Warp Records
Spielzeit: 01:56:40

Weiterhören:
Selected Ambient Works 85-92 (1992)

Syzygy – Morphic Resonance

Ein Schwarm an Klängen. Es dröhnt, rauscht, gluckert, brummelt, zischt, plätschert, klimpert, tänzelt, pumpt, summt, klappert, klingelt, knistert, klimpert, pluckert, stampft, bratzt, knurrt, knarzt, knorkt, kickt, scheppert, rollt, rumpelt, tuckert, heult, trötet, rasselt, pfeift, trommelt, stapft, knirscht, knurspelt, flupst, klackert, brummt, haucht, piepst, fiepst, zirpt, plinkert, flirrt, flittert, plockert … über eine Stunde lang an allen Ecken und Enden, und danach fühlt man sich wie nach einer wilden Achterbahnfahrt. Etwas wirr im Kopf und mit flauem Magen, aber: überglücklich. Faszinierend, wie sich aus den ganzen bunten und verspielten Einzelteilchen hier ein schlüssiges Ganzes zusammenfügt. Die Knusperelektronik des Duos Dominic Glynn und Justin Mckay erfordert Aufmerksamkeit, Geduld und Hingabe. Aber es lohnt sich! Wie brodelnde Lava pulsieren die eklektischen Tracks durch *Morphic Resonance* und sind dabei immer im Übergang, immer in Bewegung und bleiben nie bei einer bestimmten Figur stehen. Glynn lebte zunächst als Produzent von Jingles für die britische BBC-Science-Fiction-Fernsehserie „Doctor Who“ seine kreative Ader aus, bevor er Mckay Ende der 1980er Jahre kennenlernte. Angefixt vom Detroit Techno taten sie sich schnell zusammen und produzierten unter den Namen Mind Control und Zendik eine Handvoll 12“-Singles. Doch erst das unaussprechliche Syzygy-Projekt auf dem renommierten Plattenlabel Rising High verschaffte ihnen schließlich Gehör. Die beiden Engländer haben mit ihrem einzigen Ambient-Potpourri-Album *Morphic Resonance* wirklich alle Register gezogen und servierten 1994 ein echtes Chamäleon. Das experimentelle elektronische Feuerwerk zündet mit seinem Sounddesign und Beats sowohl auf der heimischen Couch als auch auf der Tanzfläche. Wie schön kann Entertainment sein, besonders wenn es gar nicht vorgibt, irgendwelche Realitäten spiegeln zu wollen, sondern sich absolut selbstreferenziell in einer polyphonischen Orgie hin und her bewegt. Grandios.

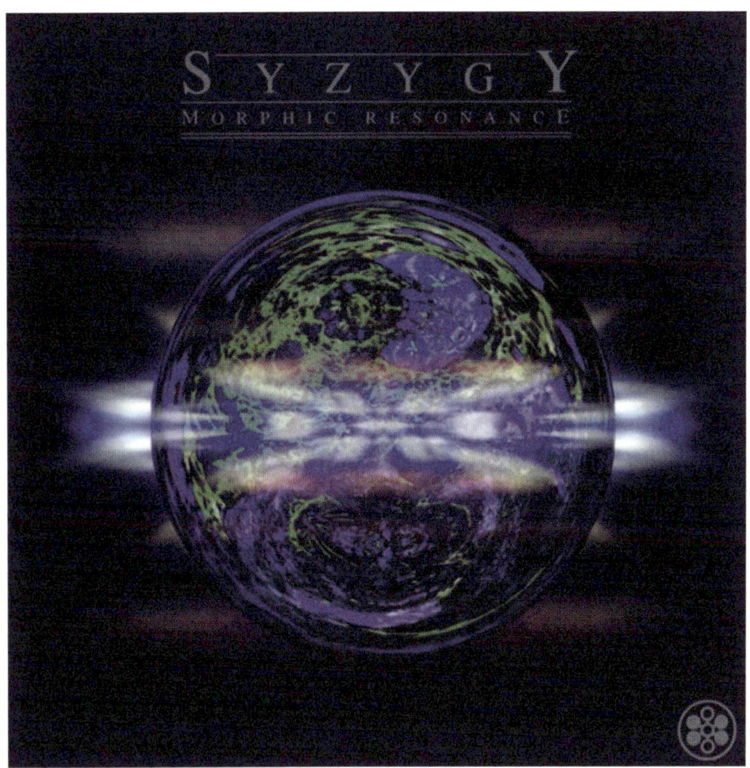

Album: Syzygy – Morphic Resonance
Erscheinungsjahr: 1994
Label: Rising High Records
Spielzeit: 01:09:47

Terre Thaemlitz – Soil

Terre Thaemlitz gehört ohne Zweifel zur Crème de la Crème der Ambient-Szene, nur leider findet sein Name eher selten Erwähnung. Zu Unrecht. Der amerikanische Konzeptkünstler, Aktivist, Ambient-Musiker, House-Produzent und Drag-DJ produziert nachdenklichen, ab und an düsteren Deep Listening Ambient der Extraklasse. Sein Werk bezieht oft kritisch sozialpolitische Themen wie Gender, Sexualität, Klassen, Ethnien und Rassen ein und spiegelt sich in den Musik-Genres wider, die der im japanischen Kawasaki lebende Künstler entschieden mitgeprägt hat. Sein drittes Album Soil müsste eigentlich mit einem Warnaufkleber versehen werden, wie es bei Hip-Hop-Alben mit expliziten Texten üblich ist. „Vorsicht, Suchtgefahr!", so könnte der Hinweis lauten. Voraussetzung dafür wäre jedoch, zunächst überhaupt das limitierte Album von Thaemlitz in die Hände zu bekommen. Wirtschaftlich betrachtet ist diese künstliche Verknappung natürlich nicht sehr vernünftig, aber genau hier liegt der besondere Reiz dieser kleinen Kunstwerke – neben der Musik, versteht sich. Und diese präsentiert sich bei *Soil* als komplex durchdachtes Hörspiel und Klangkunst, die auch mitten in der Nacht im Deutschlandfunk laufen könnte. Extrem bannend. Spätestens beim zweiten Stück „Elevatorium" lässt man alles stehen und liegen und merkt, dass die Musik treibend und dennoch beruhigend ist. Hintergrund- wie Vordergrund-Musik in einem, angereichert durch lateinamerikanische Fieldrecordings, die niemanden unberührt lassen. Beeindruckend, wie Thaemlitz die Auffassung seiner Umwelt auditiv hörbar macht und aus sich rhythmisch sich selbst wiederholenden und verlierenden Klangmodulen verklanglicht. Uplifting. „Yer Ass is Grass" hingegen klingt eher düster. In selbstvergessenen 12 Minuten driftet am Ende der epische Closer „Cycles" durch die Kopfhörer und lässt die Grenzen von Raum und Zeit völlig verschwimmen. Unglaublich, was hier alles stattfindet. Langsamkeit als Konzept, das es in dieser Form nur selten gibt.

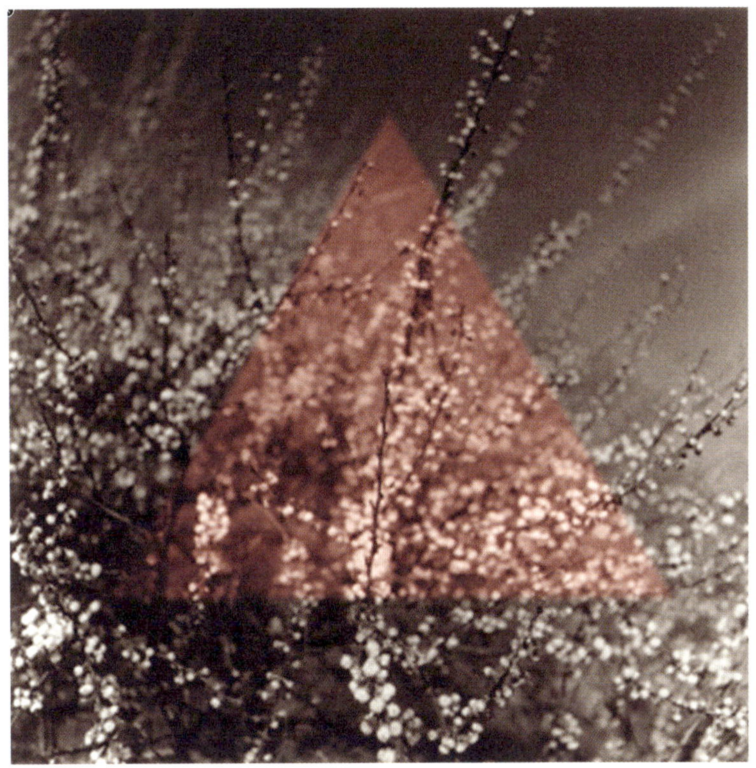

Album: Terre Thaemlitz – Soil
Erscheinungsjahr: 1995
Label: Instinct Ambient
Spielzeit: 01:08:00

Weiterhören:
Tranquilizer (1994)

Arthur Dent & Deeper Than Space – Drift

1977 hatte die US-amerikanische NASA zwei Schallplatten erstellt, die mit Naturgeräuschen, menschlichen Stimmen, klassischer Musik und Rocksongs gefüllt wurden. Anschließend wurden die beiden Platten an Bord der Voyager 1 und 2 als Grußbotschaft von der Erde ins Weltall katapultiert. Die Originalkopien schwirren nun knapp 20 Milliarden Kilometer von der Erde entfernt im interstellaren Raum und beglücken Aliens mit Bach, Mozart, Chuck Berry und Louis Armstrong. Den Forschern war wohl schon damals bewusst, dass es ziemlich unwahrscheinlich ist, dass die Golden Records jemals angehört werden und sahen in den Aufnahmen eher ein Artefakt, das „eines Tages die einzigen Spuren der menschlichen Zivilisation darstellen könnte". Hätte das Forscherteam doch die Möglichkeit gehabt das 1995 auf Silent Records erschienene *Drift* ins All zu schießen! Den Aliens hätte diese Form des spacigen Ambient der düsteren Gangart sicherlich gefallen. Arthur Dent & Deeper Than Space (eigentlich Adam Douglas) haben sich auf diesem Album zusammengetan, um mit lediglich zwei Tracks langsame und rumpelnde Drohnen zu entwerfen, welche die Begleitmusik für die Bewegung eines Gletschers oder eben einer Raumsonde, die durch das All gleitet bilden könnte. Der Album-Opener „Ur" eröffnet den mäandernden Klangteppich, der während des gesamten Albums ohne Drums auskommt. Die Stimmung ist düster. Spätestens nach dem Übergang zum 39 minutigen Titelstück „Drift" fühlt der aufmerksame Zuhörer sich bisweilen eher an eine museale Klanginstallation erinnert, als ein Teil eines auditives Klangerlebnis zu sein. Arthur Dent & Deeper Than Space buddeln mit ihren düsteren Feedback-Sounds und Rausch-Dröhn-Loops irgendwo da, wo sich finstere museale Sound Art, Dark Jazz und Dark Ambient gute Nacht sagen. Doch neben dem düsteren Synthesizergrollen und den kleinen quietschenden Noise-Partikeln schwebt auch eine naturbelassene Schönheit mit. – Denn wo Schatten ist, muss auch irgendwo Licht sein. Es ist mehr als beeindruckend, wie krass und doch hörbar das Ganze ist.

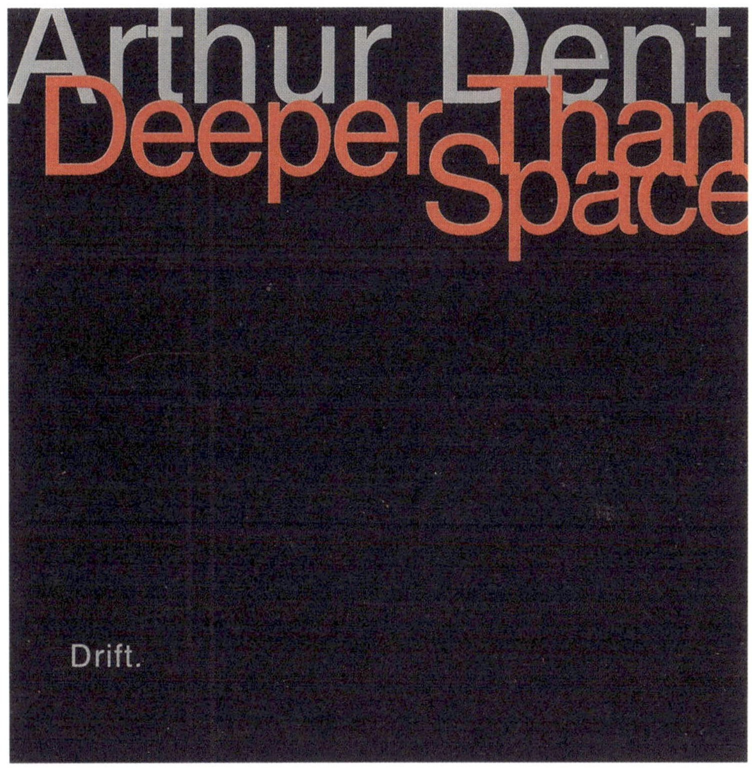

Album: Arthur Dent & Deeper Than Space – Drift
Erscheinungsjahr: 1995
Label: Silent Records
Spielzeit: 00:51:41

Muslimgauze – Azzazin

Muslimgauze alias Bryn Jones war weder Araber noch Muslim. Und er ist auch nie nach Palästina oder in ein anderes arabisches Land gereist. Dennoch waren Palästina und die arabische Welt die prägenden Themen des jungen Mannes aus Manchester, der leider bereits 1999 im Alter von nur 38 Jahren an einer seltenen Blutinfektion verstorben ist. Für Jones war die israelische Invasion des Libanons 1982 das entscheidende politische Ereignis, das ihm die Augen geöffnet hat. In seiner musikalischen Arbeit widmete er sich ganz der Abscheu gegenüber der israelischen Besetzung und fand auf diese Art und Weise in der Musik ein Ventil, seinen inneren Ärger loszuwerden. Alle Alben von Muslimgauze haben in der Regel politisch unmissverständliche Titel wie zum Beispiel *The Rape of Palestine*, *Vote Hizbullah* oder eben sein wohl bestes und auch zugleich eingänglichstes Werk *Azzazin*. Das 1996 auf dem niederländischen Kultlabel Staalplaat erschienene *Azzazin* zeichnet sich insbesondere dadurch aus, dass es fast keine Beats, sondern vielmehr nur eine durchgehende repetitive Bassline gibt, über die Muslimgauze allerhand Soundschnipsel und Samples legt. Die Musik beginnt irgendwo und bewegt und webt sich scheinbar endlos durch Raum und Zeit. Knarrende Türen, Telefonklingeln, kurze Schreie einer Frau und Stimmen, die man als Hörer nur schwer dechiffrieren kann, machen aus dem Album ein gespenstisches Hörspiel, das man unbedingt bis zum Ende durchhören möchte. Das Material für seine Alben beschaffte er sich zum größten Teil aus dem Radio, von anderen Tapes oder nahm einfach Alltagsgeräusche in Eigenregie auf. Muslimgauze ist zweifelsfrei einer der interessantesten, eigenwilligsten und leider auch unbekanntesten Figuren zeitgenössischer elektronischer Musik. Er muss wie manisch an vielen seiner Werke gearbeitet haben. Oft schickte er wöchentlich ein Tape an seine Plattenfirma, was wohl die vielen posthumen Veröffentlichungen erklärt. In der Musikdatenbank Discogs sind weit über 100 reguläre Alben gelistet. Alleine in dem Jahr, in dem *Azzazin* erschien, veröffentlichte Muslimgauze 14 weitere Alben. An Stilrichtungen lässt sich in den Alben von Ambient über Hip-Hop und Reggae-Rhythmen bis hin zu Techno und Dub oder Soundcollagen so ziemlich alles finden.

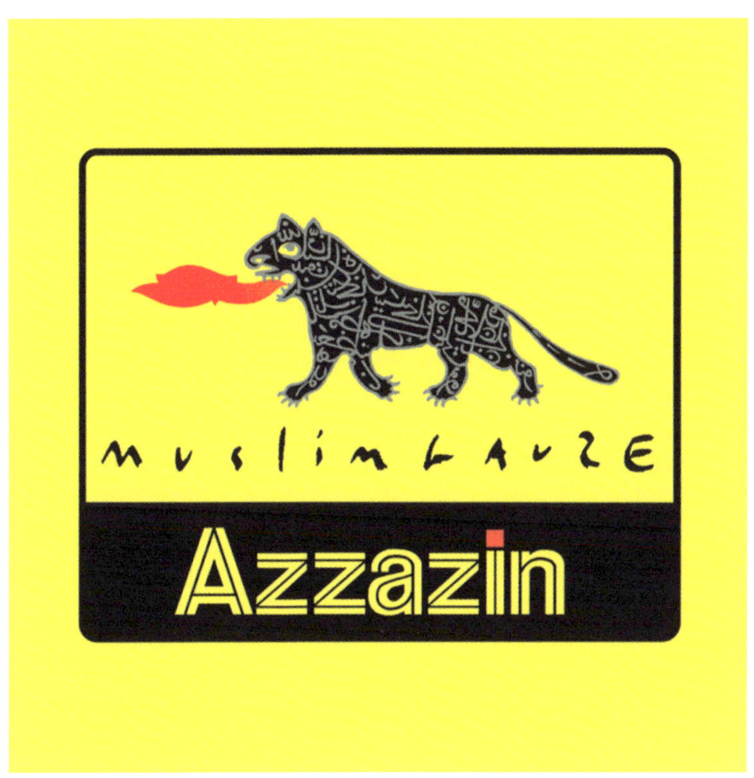

Album: Muslimgauze – Azzazin
Erscheinungsjahr: 1996
Label: Staalplaat
Spielzeit: 00:44:50

Weiterhören:
Uzi Mahmood (2009);
Chasing The Shadow Of Bryn Jones 1983-1988 (2014)

Biosphere – Substrata

Tromsø liegt an der Nordküste Norwegens und nur 344 km Luftlinie entfernt vom Polarkreis. Die Jahresmitteltemperatur liegt bei 2,5 °C, die niedrigste bisher gemessene Temperatur war –18,4 °C. Vom 17. Mai bis zum 24. Juli geht in Tromsø die Sonne nachts nicht vollständig unter, dafür erlebt man vom 27. November bis zum 14. Januar keinen Sonnenaufgang. Infolge der umliegenden Berge zieht es sich praktisch bis Anfang Februar hin, bis die Sonne erstmals wieder auftaucht. Brrrrrrr. Den Soundtrack zu sich langsam bewegenden Eisbergen oder herumschleichenden Eisbären liefert seit den 1990er Jahren eine wahre Ambient-Institution: Geir Jenssen, besser bekannt unter dem Projektnamen Biosphere, der seine vorherige Karriere in der Synth-Band Bel Canto zugunsten einer Solokarriere aufgab. Mit den Veröffentlichungen als Biosphere etablierte er sich als einer der wichtigsten Künstler des Ambient-Techno und hat sowohl auf dem legendären Apollo- als auch später auf seinem eigens gegründeten Biophon Label wegweisende Alben veröffentlicht. *Substrata* ist sein künstlerisches Meisterwerk, in welchem er in unnachahmlicher Art seine elektronischen Klangfiguren mit Field Recordings von Naturgeräuschen verschmolz. Als er *Substrata* schrieb, war der Norweger von der buddhistischen Kultur Nepals und Tibets beeinflusst. Ein Großteil seiner Aufnahmen entstand auf einer Bergsteigertour durch den Himalaya. Diese Klangschnipsel sind nach Aussagen für Jenssen ein wichtiges Hilfsmittel, um seine Assoziationen mit der Natur zu verarbeiten und auszudrücken. Die Landschaftsbilder dieses arktischen Ambient entfalten sich unmittelbar, sobald man die Augen schließt. Das Album eröffnet mit einem entfernten Geräusch eines Flugzeugs über Wasser und endet mit knisternden Feuerflammen. Wohl kein Ambient-Künstler versteht es besser, die wunderschöne Melancholie der ungeliebten kalten Winterzeit in Musik umzusetzen. *Substrata* gehört unstrittig zu den beeindruckendsten akustischen Kunstgriffen und war maßgeblich für die 1990er-Renaissance von Ambient mitverantwortlich. Lieblingsalbum.

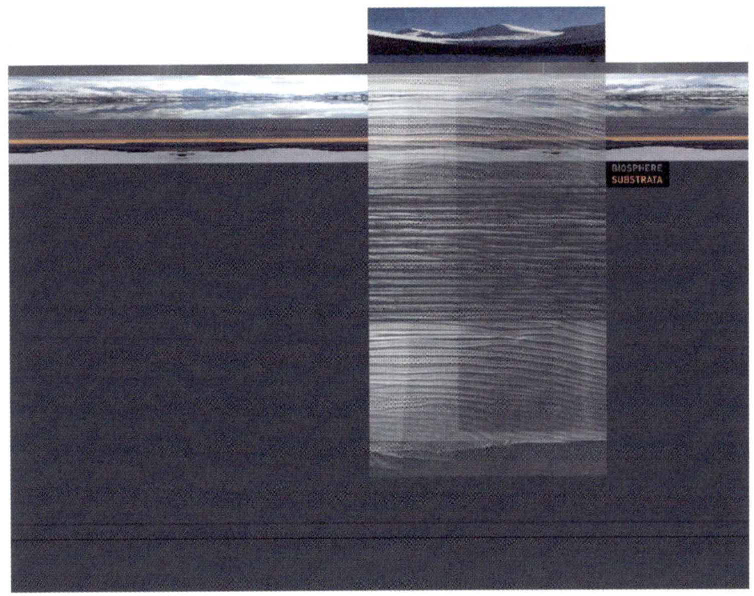

Album: Biosphere – Substrata
Erscheinungsjahr: 1997
Label: All Saints
Spielzeit: 00:58:26

Weiterhören:
The Fires Of Ork (1993);
Patashnik (1994);
Cirque (2000);
Shenzhou (2002);
Dropsonde (2006);
Departed Glories (2016)

Tomorrowland – Stereoscopic Soundwaves

Schon ab den ersten Takten von *Stereoscopic Soundwaves* fühlt man sich angeknipst wie ein Lichtschalter. Und diese Spannung reißt auf dem Debutalbum von Nick Brackney und Steve Baker nicht ab. Dabei klingt deren Projekt Tomorrowland durch den starken Einsatz von Gitarren eher nach organischem als nach elektronischem Ambient. Mit dem Opener „Arrival" nimmt das Album in den ersten beiden Minuten erst langsam Fahrt auf, um dann mit seinen Percussioneinsätzen eine Soundwolke in den Vordergrund zu schieben. Diese zieht nicht weiter, sondern bleibt im Fokus und breitet sich weiter zu einer narkotischen Klangfläche aus, die man am liebsten in einer Endlosschleife weiterhören möchte. Doch dafür hatten die beiden Amerikaner zu viele Ideen in petto. Klingen sie auf dem zweiten Stück „Spiraea" fast schon wie die Space-Rock-Ikonen Flying Saucer Attack, sind es auf den folgenden Tracks eher minimalistische Klangexplorationen, die sich zu einem ganz eigenen Trademark-Sound auf dem 1997 im Label Darla Records erschienenen Album verdichten. Nichts scheint dem Zufall überlassen, zugleich wirkt nichts konstruiert, sondern klingt entwaffnend selbstverständlich und herrlich eskapistisch und melancholisch. Mehr Abwechslung und Gefühl kann man von knapp 31 Minuten Laufzeit nicht verlangen. *Stereoscopic Soundwaves* zeigt uns, dass Musik gar kein komplexes Phänomen sein muss und man sich nicht zwingend zwischen Herz, Bauch, Kopf und Beinen entscheiden muss. Durch die immens hohe Kopfhörer-Kompatibilität gewinnt die Couch, auf der man mit geschlossenen Augen glückselig wegdriften darf. Nick Brackney und Steve Baker sind übrigens auch heute noch im Rahmen verschiedener Projekte wie Minor Hexachords und Allele Memetic aktiv und arbeiten wieder an neuem Material.

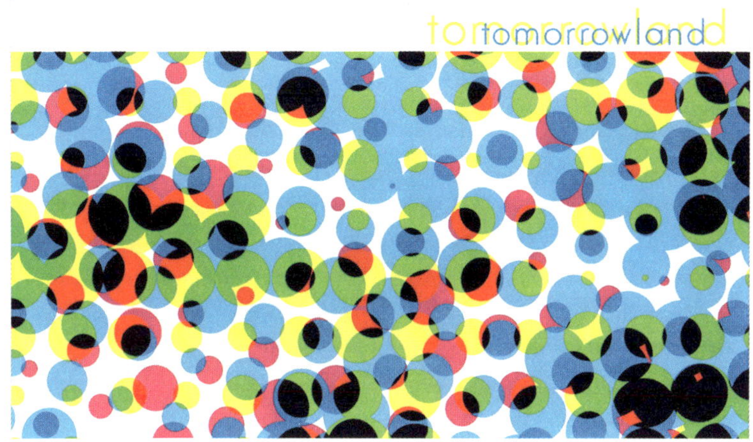

Album: Tomorrowland – Stereoscopic Soundwaves
Erscheinungsjahr: 1997
Label: Darla Records
Spielzeit: 00:31:06

Weiterhören:
Sequence Of The Negative Space Changes (1998)

Plastikman – Consumed

Oscar Wildes Protagonist Dorian Gray und der Kosmopolit und Minimal-Techno-Pionier Richie Hawtin haben eines gemeinsam: beide scheinen äußerlich nicht zu altern. Dabei blickt der nunmehr bereits 50 Jahre alte (junge?) Hawtin auf ein ereignisreiches Leben zurück. 1981 emigrierten Hawtins Eltern von England nach Windsor (Ontario). Sein Vater arbeitete als Roboter-Ingenieur bei General Motors und war maßgeblich dafür verantwortlich, dass sein Sohn schon früh mit Elektronik und elektronischer Musik in Verbindung kam. So dauerte es nicht lange, dass Richie Hawtin im Alter von gerade einmal 15 Jahren regelmäßig „Clubbing“-Ausflüge in das nahe gelegene Detroit machte. Er lernte dabei die Detroiter Ikone Jeff Mills kennen und legte bald mit 17 als Discjockey im berühmten Shelter-Club auf. Beim Sender Detroit 96,3 FM hatte er zudem eine eigene Radioshow, die zu seiner weiteren Popularität beitrug. Mit John Acquaviva gründete er 1990 das legendäre Plus-8-Label und nannte sich als Musiker und DJ nun auch unter anderem Plastikman. *Consumed* ist das dritte Album von Richie Hawtins Plastikman-Alias und die erste Veröffentlichung auf Hawtins Label M_nus und stellt in vielerlei Hinsicht eine Zäsur in der musikalischen Entwicklung von Hawtin dar. Zum einen war es der Anfang vom Ende seiner hochproduktiven Zeit als Produzent. Zum anderen entschleunigte er als Plastikman das Tempo, indem er sein Instrumentarium derart radikal reduzierte, dass man sich gar nicht mehr auf die Tanzfläche gezogen fühlt. Die Erfolgsformel seines kristallinen Ambient-Entwurfs lautet daher: Minimieren, um zu Maximieren. Begleitet von behutsam eingesetzten Acidlines und den massiven Hall-und Echo-Effekten wird nur im Kopf getanzt. Von der Universität Huddersfield in der englischen Provinz hat Hawtin unlängst die Ehrendoktorwürde für seinen herausragenden Beitrag zur Welt der Musiktechnologie verliehen bekommen. Jetzt muss er nur noch den Schlüssel der Stadt Detroit erhalten. Technoider Ambient vom Feinsten. Hawtin darf mit *Consumed* als Mitbegründer dieses damals neuen Subgenres genannt werden. Heute ist das Album eines der wenigen, denen der Wind der Geschichte nichts anhaben kann und somit perfekt gealtert ist. Würdige Nachfolger gibt es nur sehr wenige.

Album: Plastikman – Consumed
Erscheinungsjahr: 1998
Label: Edition Minus
Spielzeit: 01:10:21

GAS – Königsforst

Wolfgang Voigt ist eine Produktionsmachine. Unter rund 40 Aliasnamen veröffentlichte der Kölner bereits an die 160 Alben und sorgt auf seinem eigenen Label Kompakt stetig für hochwertigen Nachschub. Als GAS, ein vielbeachtetes audiovisuelles Projekt, veröffentlichte er zwischen 1997 und 2000 drei wegweisende Alben, auf denen er die Grenzen zwischen Minimal (Techno), Pop und Konzeptkunst erfolgreich auslotete und ein zeitloses Meisterwerk schuf. Ebenso wie auf dem Vorgängeralbum *Zauberberg* verwendet Voigt auf dem zweiten GAS-Album *Königsforst* wieder Klassik-Samples, die er über eine narkotisch wummernde Bassdrum aufschichtet. Die Klangschnipsel aus dem späten 19. und frühen 20. Jahrhundert aus den Federn eines Richard Wagner, Alban Berg oder eines Arnold Schönberg dienen jedoch nicht dazu, diese Originale zu zitieren, sondern Voigt gelingt es auch, die konkreten Klangquellen beim Sampeln so zu bearbeiten, dass sie, von ihrer ursprünglichen Bedeutung befreit, in einen neuen emotionalen Kontext eintreten. Dieser führt uns in das 2519 Hektar große, östlich von Köln gelegene Waldgebiet. Der dunkle, geheimnisvolle deutsche Wald und sein Resonanzraum. Mehr (deutsche) Romantik geht eigentlich nicht. Im Sinne seines interdisziplinären Schaffens an der Schnittstelle von Kunst und Musik führt er sein musikalisches und bildnerisches Schaffen zunehmend mehr zusammen. Einen GAS-Liveauftritt sollte man sich wahrlich nicht entgehen lassen. Auf *Königsforst* generiert Voigt einen Sound, der sowohl in musealer Umgebung oder Vernissagen als auch im Club begeisterte Anhänger findet. Während man auf *Zauberberg* immer tiefer und tiefer in das Dunkel des Waldes gezogen wird, erhellt sich der Wald auf *Königsforst* und die zuvor sich hinter den Bäumen kauernden Geister, Dämonen, bösen Feen und Hexen werden vertrieben, womit das Unheimliche und das Gespenstische nicht mehr das vordergründige Motiv ist. Der abstrakte Naturklangkosmos aus Streichern und Bläsern sowie die auf Voigts Waldfotografien basierende Covergestaltung zeigen seine spezifische künstlerische Vernetzung mit dem Geist der Romantik und dem deutschen Wald als Sehnsuchtsort. Noch nie kam minimalster Techno in solch einem einzigartigen und auch individuellen Ausdruck daher. Einmal gehört, verankert sich die Musik im Nervensystem und in den Gehörgängen. Ein heiliger Gral.

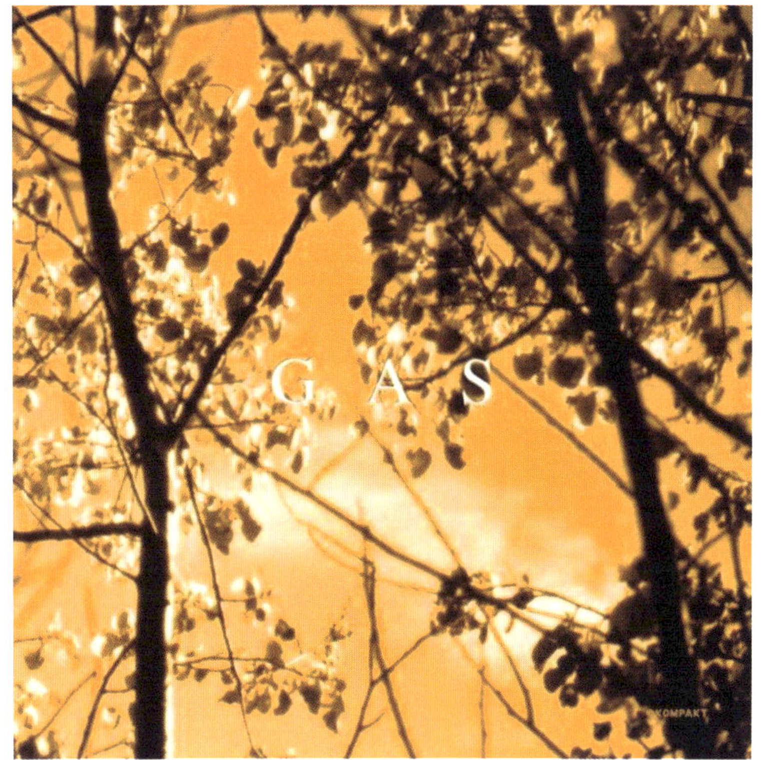

Album: GAS – Königsforst
Erscheinungsjahr: 1998
Label: Mille Plateaux
Spielzeit: 00:57:50

Weiterhören:
Zauberberg (1997);
Pop (2000);
Rückverzauberung 6 (2012)

Éliane Radigue – Trilogie de la Mort

Das musikalische Schaffen der mittlerweile 88-jährigen französischen Elektronik-Pionierin Éliane Radigue kann als langsam, aber auch als ordentlich bezeichnet werden, denn im Durchschnitt veröffentlichte sie lediglich alle drei Jahre ein Album. Radigue studierte bei Pierre Schaeffer und arbeitete mit Pierre Henry zusammen. Sie emanzipierte sich aber früh in ihren klangkünstlerischen Ansätzen von den beiden Musique-concrète-Pionieren. Als eine der wenigen Frauen im Studio d'Essai schaffte sie es dennoch als Komponistin zu arbeiten und später eine beeindruckende internationale Karriere aufzubauen. Das Elektroakustikstudium stellt mit Sicherheit nebst tibetanisch-buddhistischer Meditation, der sie sich 1975 zuwandte, einen großen Einflussfaktor auf ihr einzigartiges Output dar. Für ihre elektronischen Kompositionen arbeitet sie ausschließlich mit einem ARP-2500-Modularsystem und Bandmaschinen. Eines ihrer Meisterwerke ist der zwischen 1988 und 1998 entstandene dreistündige Zyklus *Trilogie de la Mort,* welcher vom buddhistischen Tibetanischen Totenbuch inspiriert ist und einen Ambient-Meilenstein darstellt. *Trilogie de la Mort* ist ein dreiteiliges Werk. Der erste Teil, *Kyema*, wurde ursprünglich 1992 vom Label XI gesondert veröffentlicht. Der zweite und dritte Teil, *Kailasha* und *Koumé*, wurde Ende der 1990er Jahre zum ersten Mal im Rahmen dieser Trilogie herausgegeben. „Kyema" evoziert die sechs Zwischenzustände, welche die „existenzielle Kontinuität" des Wesens ausmachen, und berichtet so über Zustände des Menschen zwischen Sterben und Wiedergeburt. „Kailasha", das zweite ausschweifende Stück, verstummt erst nach 56 Minuten Spielzeit und ist von einer Pilgerreise am heiligen Berg Mt. Kailash im Jahre 1988 inspiriert, auf der ihr Sohn tödlich verunglückte. „Koumé" bildet den letzten Teil der Trilogie und betont die Transzendenz des Todes. Zu weiten Teilen ist *Trilogie de la Mort* als Grundtonbearbeitung von singulären Schwingungen in extrem langsamen Schwingungsbereichen zu hören. Die tonhaften Qualitäten der ungebrochenen Frequenzen stehen dabei gegenüber den geräuschhaften Frequenzanteilen die ganze Zeit über im Vordergrund. Die so geschaffene Textur wird durch eine gleichmäßig wiederholte Folge von einzelnen Anschlägen einer Klangschale kontrastiert. Es erfordert sicherlich eines gewissen Grades an Aufmerksamkeit und Geduld, um dieses Meisterwerk vollends zu erschließen. Die durch die modulare Synthese geschaffenen abstrakt-imaginativen Klanglandschaften mit ihren minimalen Veränderungen führen zu einer fast meditativen Hörhaltung. Zurzeit lebt Éliane Radigue in Frankreich, wo sie weiterhin komponiert und tibetischen Buddhismus praktiziert. Ihre Kompositionen stellt sie trotz ihres stolzen Alters regelmäßig live vor.

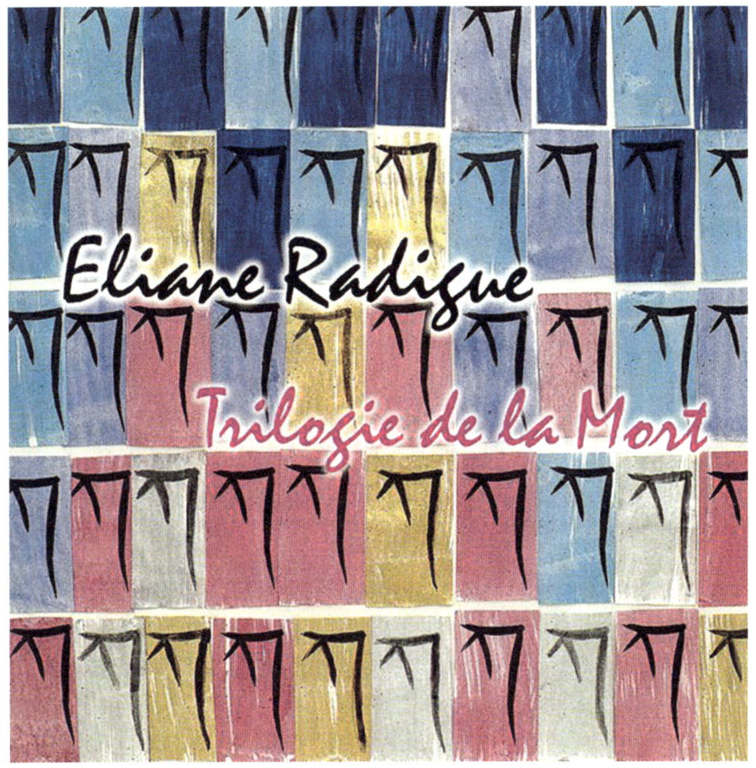

Album: Eliane Radigue – Trilogie de la Mort
Erscheinungsjahr: 1998
Label: Experimental Intermedia Foundation/XI Records
Spielzeit: 02:48:47

Weiterhören:
Jetsun Mila (1987);
Adnos I-III (2002)

Kiln – Holo

1969 verabschiedete die UNESCO eine Resolution, in der ein Menschenrecht festgehalten wurde, das nur wenig Beachtung findet: das Recht auf Stille. Damit war zwar wohl eher nicht gemeint, einem Restauranteigentümer zu verbieten, im Hintergrund seine Musik viel zu laut laufen zu lassen, oder dass man der Person, die in der S-Bahn den letzten Klatsch schrill in ihr Mobiltelefon schreit, den Mund verbieten darf. Nein, leider nicht. Die Vorstellung jedoch, dass wir unseren Ohren zwischendurch eine Pause gönnen, einen meditativen Moment der Stille haben, in dem der Kopf wieder klar werden kann, ist eine schöne Idee für ein Menschenrecht, wie ich finde. Dann könnte *Holo,* das 1998 erschienene Debutalbum des amerikanischen Trios Kiln, den Soundtrack hierzu liefern. Ähnlich still ist es auch um die Wahrnehmung von Kevin Hayes, Kirk Marrison und Clark Rehberg III bestellt. Zwar veröffentlichen die drei Musiker aus Michigan regelmäßig neue Alben, Liveauftritte gehören jedoch nicht zu den künstlerischen Ausdrucksmitteln der Band und auch Bilder sind in den (Un-)Tiefen des Internets nicht auszumachen. Die Künstler scheinen lieber in der Verborgenheit des Privaten zu agieren. Bevor die drei 1997 Kiln gründeten, spielten sie bereits in den Formationen Fibreforms und Waterwheel zusammen. Musikalisch steht Kiln in der Tradition von elektronischen Formatierungen wie Aim oder auch Boards Of Canada und Postrock-Projekten im Stil von Tortoise. Akustische Instrumente und elektronische Klangerzeuger vereinigen Kiln zu einer äußerst atmosphärisch-dichten Klangmixtur. Wir erfreuen uns an einem analogen Ambient, dessen Stücke mit einer durchschnittlichen Dauer von 3 bis 4 Minuten ohne ausufernde Klanglandschaften auskommen und bei dem es dem Trio dennoch über die insgesamt 10 Stücke gelingt, eine zusammenhängende Struktur zu schaffen. Es sind Alben wie eben *Holo*, die in den 1990ern dem Genre neue Impulse verpassten und es noch offener machten. Was an Kilns spezifischer Synthese von akustischen und elektronischen Instrumenten besonders bemerkenswert wirkt, ist der Eindruck, dass hier jemand fließend seine komplett eigene Sprache spricht. Volle Punktzahl!

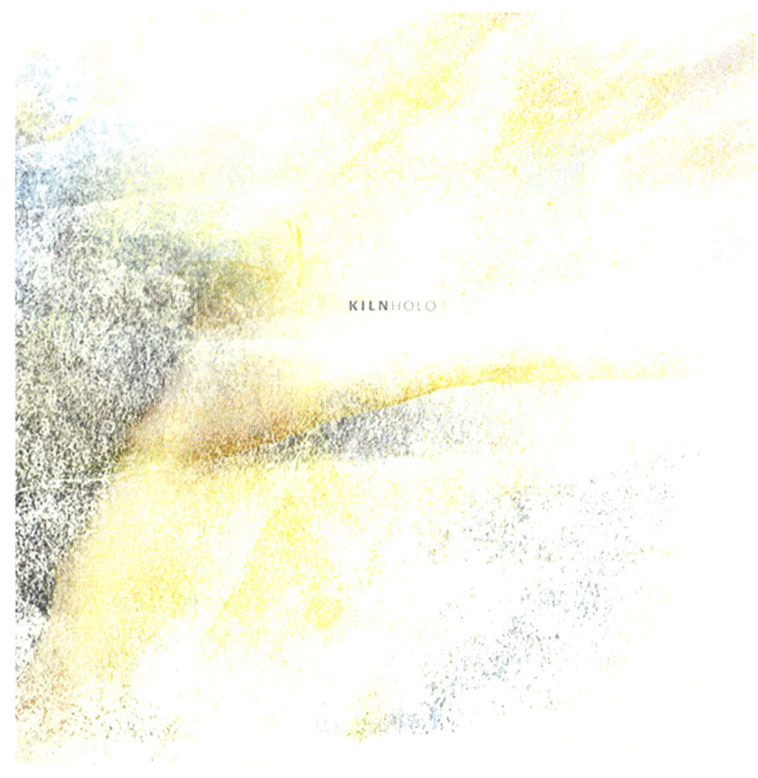

Album: Kiln – Holo*
Erscheinungsjahr: 1998
Label: Thalassa
Spielzeit: 00:40:37
Weiterhören:
Sunbox (2004);
Dusker (2007);
Meadow:Watt (2013)

* Das Bild zeigt das Cover der neu gemasterten Reissue-Ausgabe Holo [re/lux] aus dem Jahr 2007.

Casino Versus Japan – Casino Versus Japan

Miami Vice gilt als eine der populärsten Serien der 1980er-Jahre und als trend- und stilweisend sowohl in der Ausstattung als auch in der filmischen Umsetzung der Drehbücher: Neben den harten Schnitten und schnellen Bildfolgen waren es vor allem Sequenzen in Zeitlupe und überlange Einstellungen von Gesichtern, die in der Filmindustrie seither gern übernommen wurden. Für Erik Kowalski aka Casino Versus Japan, Jahrgang 1973 und somit ebenso Kind der 1980er Jahre, hat die US-Serie wohl ebenso Eindruck hinterlassen, denn er startete mit seiner Interpretation von Ambient und IDM mit aufgenommenen Miami-Vice-Episoden, indem er die Musik von Jan Hammer sampelte und sie vor dem Hintergrund anderer Musikgenres mixte und abspielte. Sein nach sich selbst betiteltes Debutalbum *Casino Versus Japan* reiht sich nahtlos in die für das Jahr 1998 stilprägenden Ambient-Alben ein und muss in einem Atemzug mit den bei weitem bekannteren Projekten GAS oder Plastikman genannt werden. Stilprägend für seine Kopfhörertanzmusik sind seine ausgedehnten Gitarren-Loops und einzigartige Electronica, die sich aus glückseligen Harmonien und wirbelnden Downtempo-Nummern zusammensetzen. Und klar, einer gewissen Tendenz zur Nostalgie kann sich der US-Künstler ebenso wenig entziehen. Jedoch schafft es Kowalski, die schon tausendmal gehörten Klang-Stereotypen nicht zu reproduzieren, sondern seine Stimmungsbilder in seiner eigenen Sprache zu artikulieren. Wird der Zuhörer beispielsweise noch im dritten Stück „Vessels That Float Out Of Metals That Sink (Part 3)“ mit stampfenden Beats aus dem Sessel zum Tanzen gerissen, sackt er nach acht Minuten ein und ergibt sich im Folgetrack „Part 4“ schlaftrunken und dankbar dem Lo-Fi-Minimalismus, der auf dem Album immer wieder mit der Mehrdeutigkeit spielt und aus der Platte ein unfassbar anziehendes Gesamtwerk macht. Kowalski hat 25 Jahre seines Lebens selber in Plattenläden gearbeitet. Wenn es gerecht zugehen sollte, dann werden wir hoffentlich schon bald seine Alben unter der Rubrik „Sträflich unterschätzt“ finden und sie einer größeren Öffentlichkeit bekannt machen.

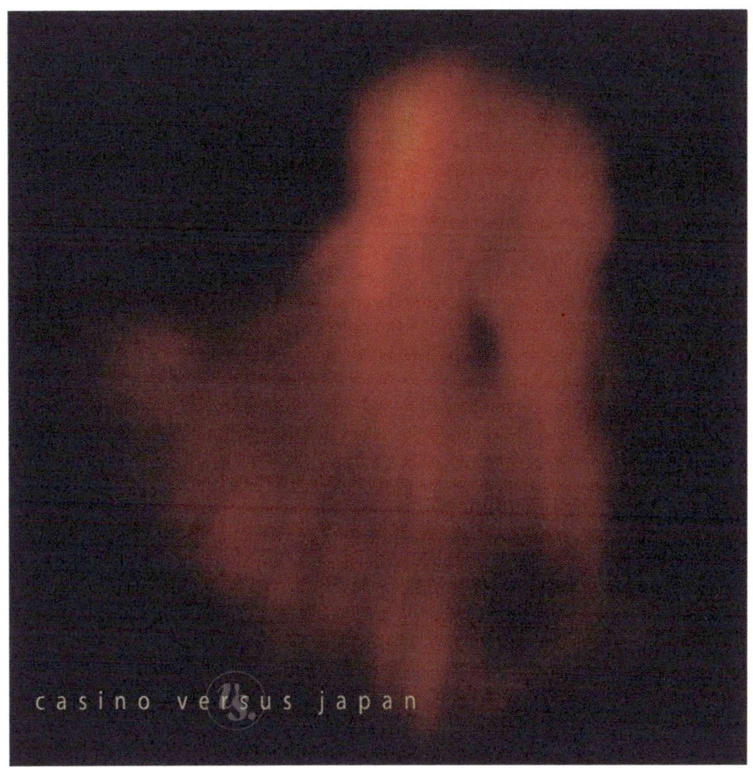

Album: Casino Versus Japan – Casino Versus Japan
Erscheinungsjahr: 1998
Label: Star Star Stereo
Spielzeit: 01:13:59

Weiterhören:
Go Hawaii (2000);
Night on Tape (2010);
Suicide By Sun (2018)

Scanner – Stopstarting

Der britische Musiker, Multimediakünstler und Sounddesigner Robin Rimbaud durchquert seit über 30 Jahren das experimentelle Terrain zwischen Klang und Raum und verbindet dabei eine vielfältige Palette von verschiedenen Genres. Er hat für einen zeitgenössischen elektronischen Komponisten eine beispiellose Karriere hingelegt, von der viele nur träumen können, und in der Klangkunst Konzerte, Installationen und kaum aufzählbare Aufnahmen produziert. Darunter finden sich über 70 Soloalben, etliche Kollaborationen mit anderen Ambient-Künstlern, Soundtracks oder auch Aufnahmen von Tanzproduktionen wie Werke für das Londoner Royal Ballet. Zudem hat er von Karlheinz Stockhausen für seinen Spürsinn und seine außergewöhnlich atmosphärischen Klanggebilde großes Lob und damit den Ritterschlag erhalten. Herz, was willst du mehr? Rimbaud veröffentlicht meistens unter dem Pseudonym Scanner. Sein Künstlername bezieht sich hierbei auf einen für 90 Britische Pfund erstandenen Polizei-Funkscanner, den Rimbaud zu Beginn der 1990er Jahre quasi als Musikinstrument verwendete, indem er damit öffentliche Mobiltelefongespräche aufnahm, um diese in seine beeindruckenden Soundcollagen einzubauen. Diese Vorgehensweise ist vor allem auf seinen frühen Alben zu bestaunen. Auf dem im Jahr 1998 veröffentlichten Album *Stopstarting* sind es hingegen mehr Fieldrecordings aus Rimbauds Umfeld, die er mit handwerklicher Finesse mit seinen elektronischen Soundscapes zusammenwebt. Über die gute Stunde Laufzeit lohnt es sich, die Augen zu schließen und darauf zu warten, welche Bilder Scanners Musik auf die eigene Netzhaut zaubert. Im Jahr des Album Releases wurde er Professor Of Sound an der Liverpooler Universität und hat sein Soundspektrum um Theater- und Kunstperformance, live DJing und Improvisationen wie beispielsweise ein auf Youtube zu bestaunendes Live-Musikdinner mit dem Berliner Künstler Hainbach erweitert. Eine wichtige Kraftquelle ist bei Scanner immer wieder das Prinzip der Improvisation mit dem Grundgestus einer unbeirrbaren Positivität. Kreativer Stillstand ist beim Ausnahmekünstler Scanner wohl Gott sei Dank nie zu befürchten. Wir dürfen auf weitere spannende Produktionen gespannt sein.

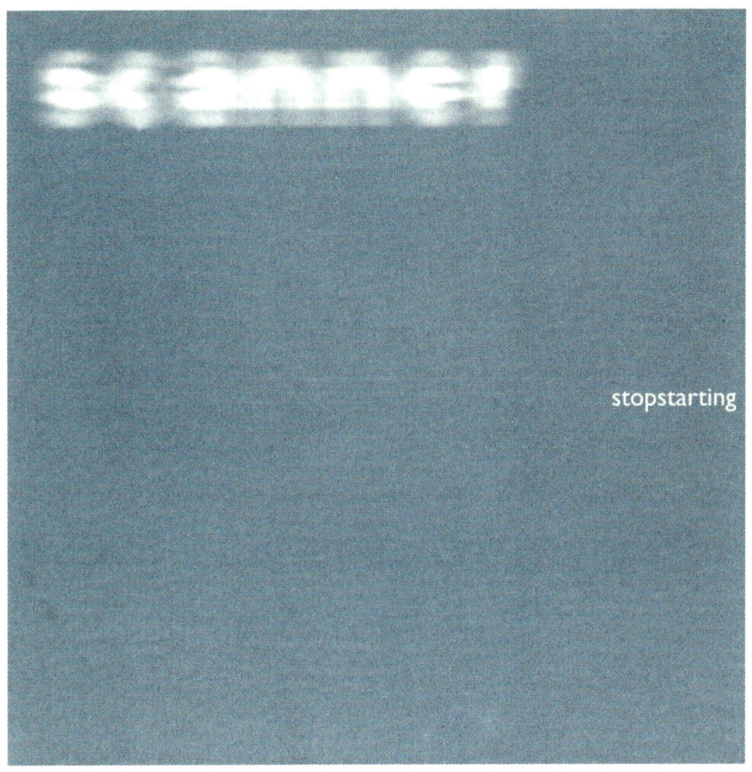

Album: Scanner – Stopstarting
Erscheinungsjahr: 1998
Label: Audio Research Editions
Spielzeit: 01:01:35

Weiterhören:
Scanner (1993);
Spore (1995);
Robin Rimbaud – The Garden Is Full Of Metal (1997);
Sound For Spaces (1998);
Lauwarm Instrumentals (1999)

Peter Benisch – Waiting For Snow

Manchmal ist ein wohlklingendes Pseudonym nötig, um für sich und seine Kunst ein Mehr an Aura zu erzeugen. Für den aus Stockholm stammenden Peter Benisch stellte sich diese Frage offensichtlich nie. Qualität zahlt sich nämlich früher oder später aus, und es ist diese auffällige Unauffälligkeit, die diesen Mann so interessant macht. Benisch begann früh, sich für Synthesizer und Computer zu interessieren, und hat einige der Synthesizer, die er in seinen Musikproduktionen verwendet, selber gebaut. Er leitet zudem die Firma Frost Network, die musikoptimierte Computer baut und verkauft. Mehr Informationen lassen sich weder über die gängigen Musikportale noch über Labels ausmachen. Mit seinem zweiten Album *Waiting For Snow*, das 1999 auf dem legendären Frankfurter Fax-Label erschien, hat Benisch genau das produziert, wonach sich alle sehnen: ein zeitloses musikalisches Werk, welches mit Fug und Recht das Etikett der Langlebigkeit trägt. Das Album klingt, wie eine perfekte Winterplatte klingen soll: Warm. Tief. Intim. Ein klirrend klares Album, ohne dabei kalt zu sein, das man sich zum Kaminholz gleich mitkaufen kann. Während der Spielzeit von knapp einer Stunde erlaubt sich Benisch keinerlei Durchhänger. Immer bleibt es spannend und abwechslungsreich auf den elf Stücken, die keine Titel tragen, sondern einfach durchnummeriert wurden. Hervorzuheben wäre das nach Höherem strebende klangarchitektonische Wunderwerk „Part I", das nach wenigen Minuten die Hörersynapsen stimuliert und jeden gefangen nimmt. Es geht weiter mit schwingenden Sinustönen, Downbeat und Ambientwolken auf den folgenden Titeln bis „Part IV", das der Doppelstrategie folgt, sowohl Beine als auch Kopf bedienen zu wollen. Und das geht bestens auf! Benisch verneigt sich danach angemessen bei den Ambient-Urvätern und setzt nach weiteren technoiden Tracks mit „Part XI" einen fulminanten Schlusspunkt. *Waiting For Snow* ist nicht nur eine erhöhte Endorphinausschüttung, sondern eines der besten Ambient-Platten der 1990er-Dekade.

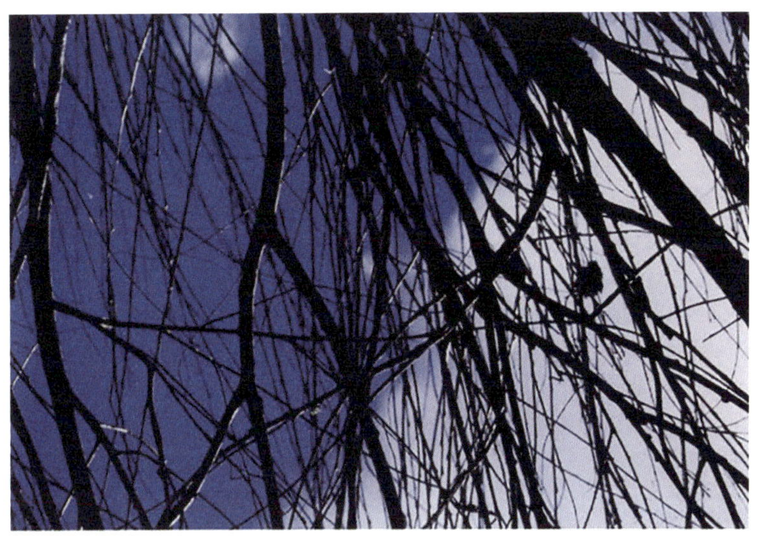

Peter Benisch

Waiting for Snow

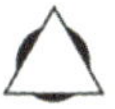

Album: Peter Benisch – Waiting For Snow
Erscheinungsjahr: 1999
Label: Fax +49-69/450464
Spielzeit: 00:56:23

Weiterhören:
Soundtrack Saga (2001)

Vladislav Delay – Entain

Menschen, die einer bestimmten Beschäftigung länger als 20 Jahre nachgehen, nennt man im Volksmund alte Hasen. Sasu Ripatti ist so einer. In den letzten beiden Jahrzehnten hat er sich als ein ungemein vielseitiger Musiker erwiesen und unter den Pseudonymen Sistol, Uusitalo, Luomo und Vladislav Delay zu beinahe jeder Spielart der elektronischen Musik einen Beitrag geleistet. Im Jahr 2000 feierte die Welt den Beginn des 21. Jahrhunderts und Freunde des Listenwesens durften sich bereits im März vorsorglich das Album des Jahres notieren. Mit Entain, dem zweiten Longplayer des eklektischen Finnen, ging Delay seiner Ambient-Leidenschaft nach und schuf einen Glitch- und Ambient-Techno-Klassiker. Die zeitlose Musik ist auch heute noch vom ersten Moment an geschmackssicher zum Niederknien, nie naheliegend oder an irgendwelche Konventionen gebunden. Sicherlich bewegen sich alle Ambient-Künstler zu einem gewissen Grad in dem Koordinatensystem von Brian Eno, doch mit seiner verblüffenden Handwerkskunst hat Delay seine eigene Sprache gefunden und alles andere als ein Nostalgiewerk geschaffen. Im Gegenteil, in den vielen Atmosphäre- und Perkussion-Spuren stecken viel Herzblut und Entdeckergeist eines Mannes, der mit den besten Klangveredelungs-Maschinen dieser Welt die Klangtechnologie des neuen Jahrtausends nicht nur erforscht, sondern auch mitgestaltet. Sein treuer Begleiter: die Yoga-Matte, auf der er im Schneidersitz hockend vor den Maschinen seine Sounds kreiert. Ruhig und sphärisch und mit wenigen Rhythmen eröffnet das 22-minütige „Kohde" das Album, ein kellertiefes deepes Stück, dem mächtig viel Magnetismus innewohnt und das einen direkt aufsaugt. Auf „Piko" tauchen Elemente aus dem Club-Kontext auf, „Notke" wiederum umarmt den Hörer mit seinen warmen Dub-Rhythmen. Auf Entain kann man sich fallenlassen, um dann nach etwa 75 Minuten Gesamtspielzeit gestärkt wieder aufzustehen. Mit dem „weißen Album" hat es Vladislav Delay geschafft, kanonisch zu werden. Herzlichen Glückwunsch, Sasu Ripatti, herzlichen Glückwunsch uns allen!

vladislav delay entain.

Album: Vladislav Delay – Entain
Erscheinungsjahr: 2000
Label: Mille Plateaux
Spielzeit: 01:16:41

Weiterhören:
Multila (2000)

Aix Em Klemm – Aix Em Klemm

Nur ganz wenige Labels verweigern sich mit stilistischer Promiskuität inhaltlich den gängigen Kategorien und einer Schubladisierung und vertrauen auf den eigenen Geschmackssinn. Bei dem 1993 von Bruce Adams und Joel Leoschke gegründeten Label Kranky gilt Eklektizismus anscheinend als Lebenseinstellung. Neben Post-Rock, Psychedelischem und Elektronik ist und bleibt der Fokus jedoch auf Ambient, was dem Label über die Jahre eine Ausnahmestellung und treue Fanbasis beschert hat. Dass sich das Chicagoer Label zu einer der verlässlichsten Label-Adressen für Ambient entwickeln konnte, ist auch der Verdienst des selbstbetitelten Albums des Projekts Aix Em Klemm. Dahinter verbergen sich Adam Wiltzie (von Stars of the Lid) und Robert Donne (Labradford und Anjou), die sich auf einer gemeinsamen Tour 1996 näher kennenlernten. Im Laufe eines Jahres tauschte das Duo dann per Mail Tracks aus, ehe sie dann schließlich das remote Arbeiten aufgaben und in Wiltzies Studio in Texas die Zusammenarbeit vertieften. Diese Kollaboration ist mehr als beeindruckend. Auf ihrem selbstbetitelten und einzigen Album *Aix Em Klemm* scheinen die Beiträge von Donne der perfekte Kontrapunkt zu Wiltzies organischer Gitarrenskulptur zu sein. Auf der einen Seite dominieren auf den insgesamt leider nur sechs Stücken die gitarrenbasierten Sounds von Stars of the Lid, auf der anderen Seite der markante Bass von Donne. Ergänzt wird das Ganze durch eine süchtig machende Mischung aus Samples und Synthesizerklängen, die insgesamt sehr organisch und nicht überspannt wirken. Mit einer sehr eigenen Handschrift steckt das Duo prototypisch die Koordinaten ab, für die Kranky steht. *Aix Em Klemm*, Katalognummer 44, klingt je nach Tagesfassung entweder wunderschön oder traurig. Das ist das Geheimnis dieses Albums, welches die Dimensionen und die Stilpluralität von Kranky erweitert hat. Chapeau!

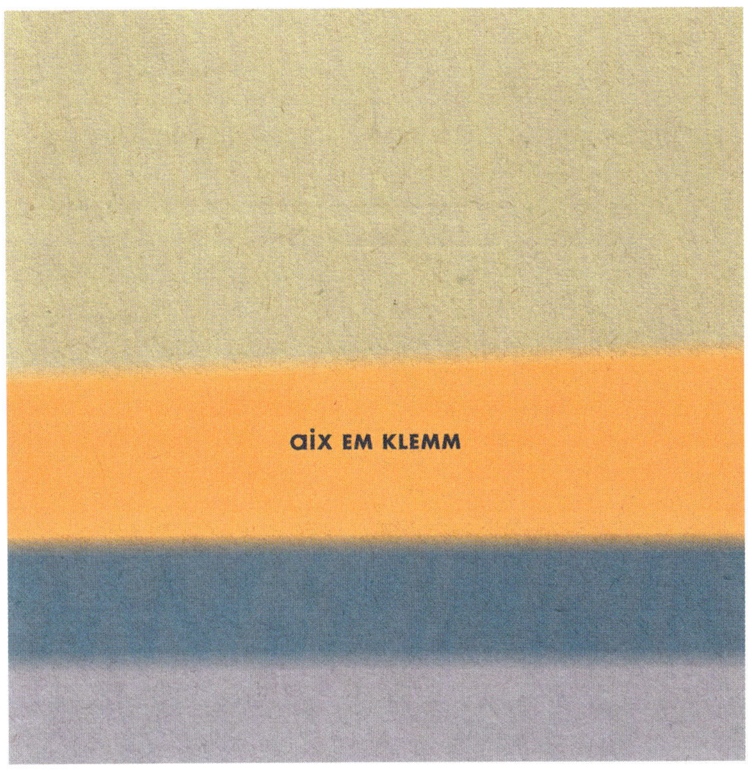

Album: Aix Em Klemm – Aix Em Klemm
Erscheinungsjahr: 2000
Label: Kranky, Ltd.
Spielzeit: 00:41:29

Labradford – Fixed::Context

Anspannen. Entspannen. Einatmen. Ausatmen. Ein Weg zur körperlichen und geistigen Mitte ist nicht nur beim Yoga eine Erfolgsformel. Was Mark Nelson, Carter Brown und Robert Donne mit ihrem sechsten Album *Fixed::Context* ablieferten, lässt den Autor dieser Zeilen heute noch nach Worten ringen und an das schon geflügelte Wort „Writing about music is like dancing about architecture" denken. Es ist gar nicht so einfach, die Euphorie über eine bestimmte Platte glaubwürdig zum Ausdruck zu bringen, wenn die Begeisterung so oft ausgelöst wird wie in diesem Buch. Aber mit dieser Platte begann meine Liebe zur Ambient-Musik. Meine Plattennadel durchfuhr die Rillen dieses Meisterwerks seit Erwerb im Jahr 2001 unzählige Male. Durch den enormen Verschleiß steht im Schrank mittlerweile das dritte Exemplar. Mit dem sechsten und – Stand heute – letztem Labradford-Album, das von Steve Albini (Nirvana, Slint, Silkworm etc.) produziert wurde, verabschiedete sich die Band endgültig von Streichern und Vocaleinsätzen und konzentrierte sich auf sechssaitige Bässe, Dub-Sound, eine staubige Wüstengitarre und sanfte Synthies. Das die erste Seite füllende „Twenty" beginnt mit einigen wubbernden und blubbernden elektrischen Knackgeräuschen. Kurz darauf setzt ein sanfter Synthesizer-Brummton ein, gefolgt von einer hallenden E-Gitarre, die langsam und stetig zwischen zwei Akkorden wechselt. Mehr braucht es tatsächlich in dieser doch recht statischen Klangwelt nicht, um den Atem immer wieder aufs Neue anzuhalten, wenn man spürt, dass eine kleine Veränderung der Soundsettings sich anbahnt. Gerade weil sich die Musik hier so subtil und langsam entwickelt, hat jede auch nur kleine Veränderung am Ende des Tages ein größeres Gewicht. Die Gitarre steht auf diesem hochemotionalen Album immer im Mittelpunkt, aber die Umgebungsgeräusche sind es, die jedem Stück seine eigene Persönlichkeit verleihen. Auf „Wien", dem letzten Stück, spürt man spätestens so etwas wie Fernweh, eine gewisse Sehnsucht und den Wunsch nach dem Anderswo-Sein am stärksten. Mit einem laaaaangsamen Fade-Out verstummt das Klanggebilde, um irgendwo in der Unendlichkeit zu verschwinden. Ein Album für die Ewigkeit. Oder, um Steve Albini in einem anderen Kontext zu zitieren: „Ten fucking stars"!

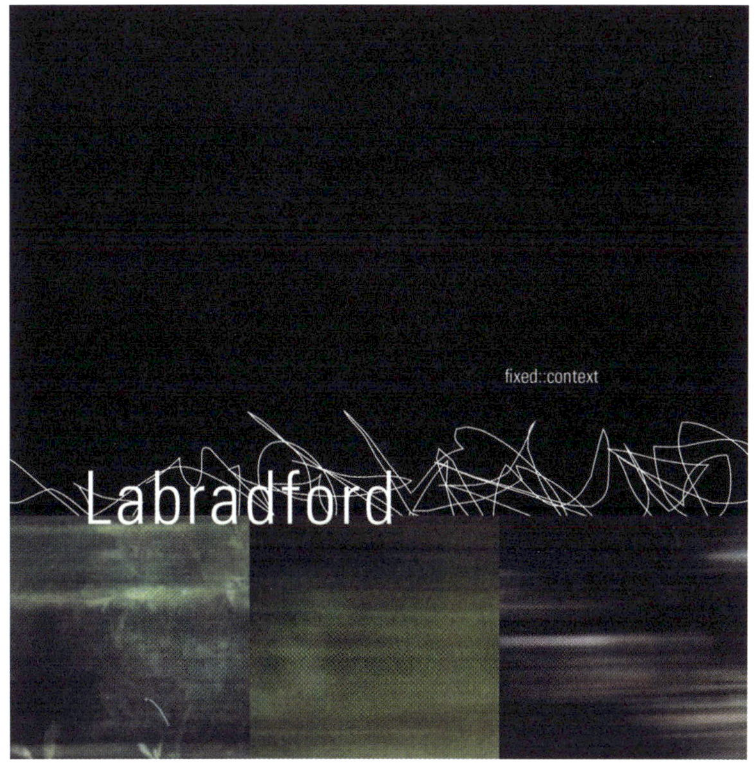

Album: Labradford – Fixed::Context
Erscheinungsjahr: 2000
Label: Kranky, Ltd.
Spielzeit: 00:37:05

Weiterhören:
Mi Media Naranja (1997);
E Luxo So (1999)

Alio Die – Leaves Net

Ich oute mich als Fan, und Fan zu sein heißt, emotional zu sein. Dann darf man schon mal traurig und verwundert darüber sein, dass die Musik von Stefano Musso aka Alio Die nicht einem breiteren Publikum bekannt ist. Verdient hätte es der sympathische Italiener, gehört er doch zu den Altvorderen der elektronischen Kunstmusik, die er seit Ende der 1980er Jahren immer wieder neu definiert und trotz seines imposanten kreativen Outputs von über 70 Alben keinerlei Abnutzungserscheinungen zeigt. Sein Sound ist viel mehr als ein sicherer und souverän gesetzter Markstein, sondern inkorporiert stetig neue und abstraktere Elemente aus Industrial, Ambient, Elektroakustik, mittelalterlicher Musik, Gamelan, asiatischer Musik und ein langes Et-cetera. Durch die Vielfalt an musikalischen Themen und Motiven wird es dem Hörer nie langweilig. Alio Die schafft eine beachtliche musikalische Tiefe, der man sich nicht entziehen kann. Seine Musik ist eine schattenhafte, höhlenartige, intensiv detaillierte Fusion aus akustischen Elementen, schrittweisen und wiederholten Sample-Bearbeitungen, gespickt mit widerhallender Perkussion und einem tiefen, atmosphärischen Sounddesign mit einmaligen Texturpassagen. Man durchstreift beim Hören intime Klanglandschaften, die mit dem Geheimnis und der Lyrik von Leben und Natur verbunden sind. Ein bisschen glaubt man davon auf dem Cover von *Leaves Net*, das vom Künstler Janusz Gilewicz stammt, zu erkennen. Das Album ist 2001 auf Stefano Mussos eigenem Label Hic Sunt Leones erschienen und bildet den dritten und finalen Teil von Alio Dies Ambient-Trilogie (angefangen mit *The Hidden Spring* und *Le Stanze della Trascendenza*). Mit „Still Rapture" wird die Wanderfahrt gestartet, die von Stück zu Stück Musso immer tiefer in sein Selbst geführt zu haben scheint. Die zehn Tracks halten über eine Stunde ein beeindruckendes Niveau und schaffen einen Bewusstseinsraum, in dem sich Technologie und Mystik innig umarmen. Alio Die bedeutet übrigens aus dem Lateinischen übersetzt „auf einen anderen Tag" und wurde wie ein Gruß an eine bessere Zeit verwendet. Das passt.

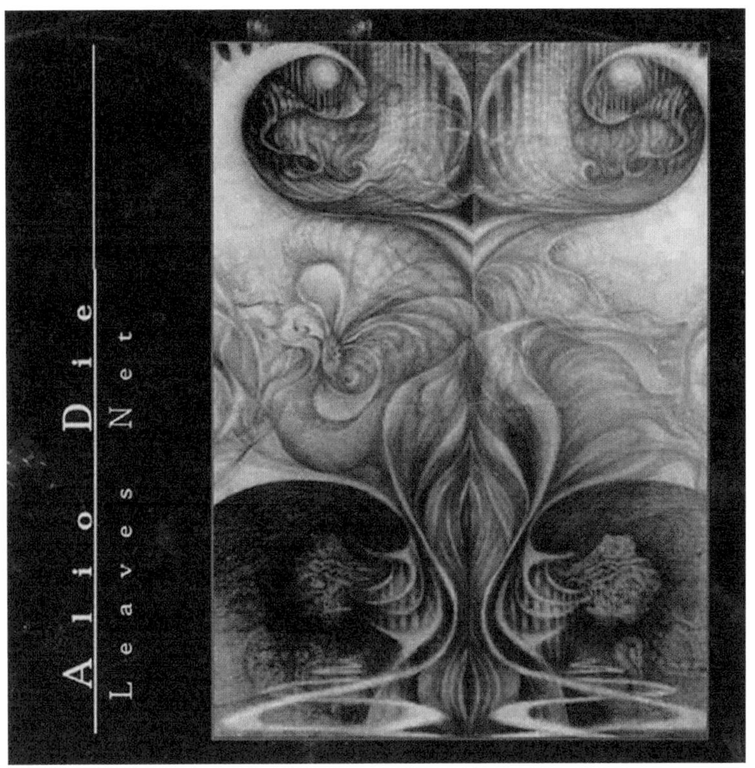

Album: Alio Die – Leaves Net
Erscheinungsjahr: 2001
Label: Hic Sunt Leones
Spielzeit: 01:01:00

Weiterhören:
Password For Entheogenic Experience (1998);
Khen Introduce Silence (2003)

Jan Jelinek – Loop finding Jazz records

Eine der Säulen, auf denen der moderne Ambient baut, ist mit Sicherheit der in Berlin ansässige Künstler und Soundtüftler Jan Jelinek. Und solange diese Säule steht, ist das Haus in Sicherheit und auch spannende Projekte wie das mit Masayoshi Fujita garantiert. Der Titel des Ambient-Klassikers von 2001 hält sein Wort jedoch nicht. Denn Jazz ist bei Jan Jelineks *Loop finding Jazz records* allenfalls in Nuancen wahrnehmbar und fungiert viel mehr als Unterlage für Jelineks elektronische Spielereien mit seinem Ensoniq ASR-10-Sampler. Einzig die lauwarmen Harmonien und das leise Knistern stellen einen Link zu dem Genre her. Auf den acht Tracks, die noch während seiner Studienzeit in einer kleinen 1-Zimmer-Wohnung entstanden, wurde die Wiederholung für Jelinek zum absoluten Selbstzweck. Die Arbeit mit Loops weckt nur kurz Erinnerungen an William Basinski oder andere Säulenheilige. Mit dem Titel „Tendency“ bearbeitet Jelinek auch ein ähnliches Territorium wie Wolfgang Voigts Gas-Projekt und verankert seine amorphen Texturen mit kellertiefen House-Grooves. Diese dienen jedoch lediglich als Orientierungshilfe, da Jelinek eine eigene persönliche Signatur hat. Bereits in den 1990ern veröffentlichte Jelinek Musik unter den Pseudonymen Farben und Gramm. Als Farben orientiert er sich an auf Soul-Samples aufbauender Tanzmusik. Als Gramm veröffentlicht er tanzbare Minimal-Elektronik. Die Synthese dieser beiden Musikprojekte gelang ihm schließlich mit *Loop finding Jazz records*, das nach fast 20 Jahren als langersehnte Wiederauflage auf seinem eigenen Label Faitiche erschien. Rohstoff-Verschenkung ist das nun wirklich nicht! Nur wenige Künstler schaffen es, eine Platte so zeitlos zu produzieren, dass ihre Neuauflage noch Jahre nach der Erstveröffentlichung zu rechtfertigen ist. *Loop finding Jazz records* klang bereits 2001 zeitlos, und auch das heutige Ohr findet kaum Beweise für die Ursprungszeit. Ein kanonisches, unverzichtbares Werk.

Album: Jan Jelinek – Loop finding Jazz records
Erscheinungsjahr: 2001
Label: ~scape
Spielzeit: 00:51:52

Weiterhören:
Kosmischer Pitch (2005)

Stars Of The Lid – The Tired Sounds Of Stars Of The Lid

Es gibt eine lange Geschichte über Musik, die eigens dafür produziert wurde, um für eine erholsame Nachtruhe Sorge zu tragen oder auch um die Schlaflosigkeit ein wenig erträglicher zu machen. Die kanonisierte Schlafmusik reicht von Minimalisten wie La Monte Young und Marian Zazeelas *Dream House* über die nächtlichen Synthesizer-Drones von Robert Richs *Sleep Concerts* bis hin zur Max Richters achtstündigem Kaliber *Sleep.* Wer durch den Titel des sechsten Stars Of The Lid-Albums dazu verleitet wird, das Werk für die oben genannten Zwecke zu funktionalisieren, begeht einen schwerwiegenden Fehler. Denn *The Tired Sounds Of* hat einen genuin eigenwilligen Sound, der von jeglicher Funktionalität absieht. Mit dem Album veröffentlichten Brian McBride und Adam Wiltzie 2001 ein Ambientwerk von höchstem Wiedererkennungswert, welches sich durch eine ganz eigene Instrumentierung von den meisten Ambient-Alben seiner Zeit abhebt. Obertonreiche Streicherflächen und wollpullovrige Bläserarrangements mit tiefen Bässen erzeugen eine fast meditative und getragene Atmosphäre, der man sich als Hörer nicht entziehen kann. Darauf liegen die für das Duo markanten Gitarrendrones, hier und da rauschende Feldaufnahmen sowie Klänge von fiependen Hunden, rückenden Gläsern und Radioschnipsel, die langsam mit einer ruhigen Piano-Miniatur immer leiser werden, bis sie ganz zu verschwinden drohen. Das kongeniale Duo aus Austin, Texas, hat bereits Mitte der Neunziger begonnen, der elektronischen Musik ein orchestrales Moment zu geben und dürfte maßgeblich dafür verantwortlich sein, die Klassik entstaubt und ihr eine neue Stoßrichtung gegeben zu haben, in dessen Folge Komponisten wie Jóhann Jóhannsson, Ólafur Arnalds, Nils Frahm und Max Richter auf der Musikbühne erschienen. Die minimalistische Komposition von McBride und Wiltzie erstreckt sich auf *The Tired Sounds Of Stars Of The Lid* auf über zwei Stunden Spielzeit und vermag es, durch seine cinematischen Ambientflächen eine Flut an wundervollen Bildern in unserer Vorstellungswelt zu entwerfen. Ein wichtiges musikalisches Stilmittel ist dabei die Stille zwischen den Tönen. Da hört man es mal wieder: Das Ausklingen eines eingesetzten Instruments ist mindestens genauso wichtig wie die Töne selbst.

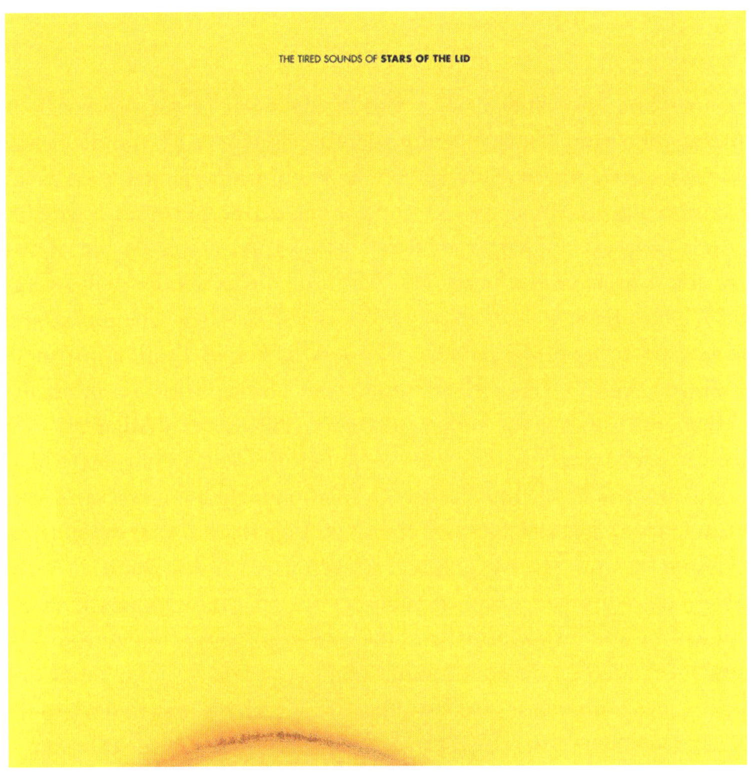

Album: Stars Of The Lid – The Tired Sounds Of Stars Of The Lid
Erscheinungsjahr: 2001
Label: Kranky, Ltd.
Spielzeit: 02:03:54

Weiterhören:
Music For Nitrous Oxide (1995);
Stars Of The Lid And Their Refinement Of The Decline (2007);
Carte-De-Visite (2007)

Keith Fullerton Whitman – Playthroughs

Der aus Brooklyn stammende umtriebige Komponist Keith Fullerton Whitman hat bislang unter einer ganzen Reihe von Pseudonymen Musik herausgebracht. Die Liste seiner Kollaborationen könnte dabei ein ganzes Telefonbuch füllen. Er hat bei Forced Exposure als Sales-Manager gearbeitet, über Musik geschrieben, an Ivy-League-Universitäten gelehrt und ist Absolvent des Berklee College of Music. Zudem betreibt er ein eigenes Plattenlabel mit angeflanschtem Versandhandel. Whitman verschrieb sich früh der elektronischen Klangforschung und der ihr innewohnenden Möglichkeit, Musik ohne vorgefertigte Form zu komponieren. Waren seine frühen Arbeiten unter dem Alias Hrvatski eher hektischen Frickeleien verschrieben, nahm er sich um die Jahrtausendwende den ruhigeren Klängen an. *Playthroughs* ist sein viertes Album und sein wohl reifster Wurf, der 2002 von Kranky herausgebracht wurde. Whitman legt ein Klangkunstwerk vor, das nur in Gänze zu seiner vollen Geltung gelangen kann. Erst dann breitet sich das Kopfkino im Breitbildformat aus. Getragen wird der imaginäre Film von fünf wattig-warmen, sanft mäandernden Soundteppichen, die ideenreich mit der Langsamkeit spielen. Das Ausgangsmaterial für jeden der Tracks auf dem Album waren die akustische und die elektrische Gitarre. In einem Zeitraum von etwa einem halben Jahr fügte Whitman seine Gitarrenstücke via Laptop so in die bestehenden Klangkonstruktionen ein, dass daraus schimmernden Drones und tiefe Klangwelten entstanden. Das ist die Produktionsseite. Whitman hat aber auch noch ein beeindruckendes Gespür für Melodien, die *Playthroughs* so unwiderstehlich machen. Jedes Stück drückt stark auf den Herzmuskel, ohne dabei in Überzuckerung zu kippen. Die Langsamkeit und Wiederholungen auf diesem Album erzeugen ein Gefühl der Auflösung von Zeit und Raum. Diese Wahrnehmung stellt sich beim Hören von *Playthroughs* schnell ein und man wünscht sich automatisch einen Nachfolger, der sich nur diesem Duktus verschreibt. Ein echter Geniestreich eines Ausnahmekomponisten.

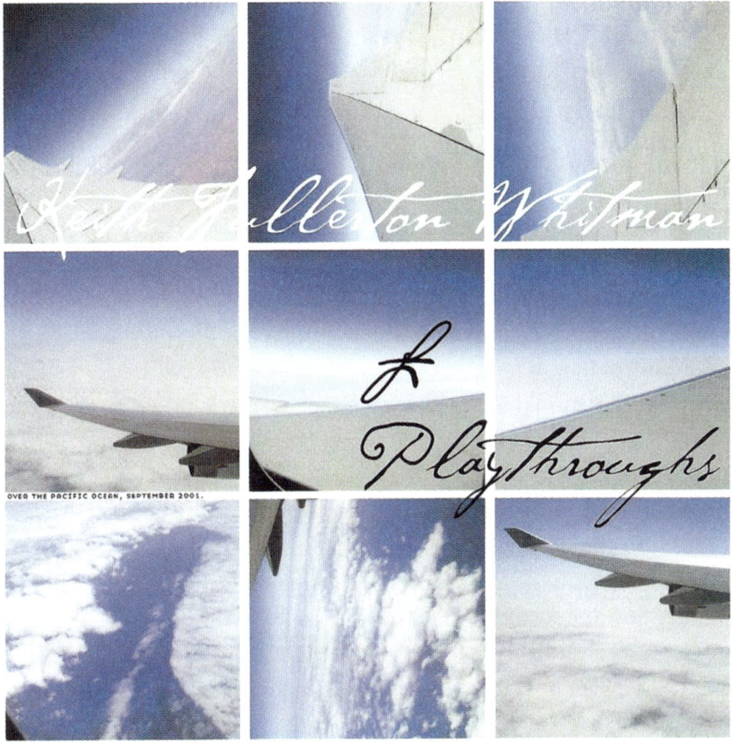

Album: Keith Fullerton Whitman – Playthroughs
Erscheinungsjahr: 2002
Label: Kranky, Ltd.
Spielzeit: 00:49:39

Weiterhören:
Taking Away (2009)

Loscil – Submers

Scott Morgan ist inzwischen eine Ambient-Institution. Angefangen hat er als Schlagzeuger bei der Indie-Band Destroyer, bis er um die Jahrtausendwende sein Album *A New Demonstration of Thermodynamic Tendencies* in Eigenregie veröffentlichte und damit unmittelbar die Aufmerksamkeit des experimentellen Musiklabels Kranky Records auf sich zog, das Morgan für die Veröffentlichung seines Debütalbums *Triple Point* im Jahr 2001 unter Vertrag nahm. Der Rest ist Geschichte. Unter dem Pseudonym Loscil liefert der Kanadier nunmehr seit zwei Jahrzehnten in beeindruckender Manier und hoher Produktionsrate ab. Sein zweites Album auf dem Kranky Label, *Submers*, ist eine Reise in eine überaus tiefe Atmosphäre. Mit minimalen 4/4-Beats, immer wiederkehrenden Akkorden und aquatischen Klanglandschaften verwundert es nicht, dass alle Stücke auf diesem Konzeptalbum nach U-Booten benannt sind. Anders als auf seinem Vorgängerwerk gibt es auf *Submers* merklich weniger Tempo und viel mehr Tiefe. In die über 3000 Kilometer Tiefe wird der Hörer gleich zu Beginn mit der „Argonaut I" mitgenommen und man spürt auch bei den folgenden Titeln durch Morgans atemberaubenden Stil Raum und Distanz. Dabei ist die Musik so tiefgründig wie ein norwegischer Fjord und wirkt jedoch alles andere als beängstigend oder klaustrophobisch. Im Gegenteil: Die Synth-Texturen sind warm und lebendig, auch wenn man den besagten 4/4-Herzschlag nur selten beim Hören vernimmt. Jedes der insgesamt neun U-Boote auf diesem Album erkundet dabei neue, geheimnisvolle und unbewohnte, wahrscheinlich unerforschte Gewässer. Loscil, der alle Stücke als Live-Mix mit dem Direct-To-Disc-Verfahren produziert hat, liefert den perfekten Soundtrack zu den Landschaften, welche die U-Boote erforschen. Der letzte Titel ist ein Requiem für die Besatzung des vom Unglück verfolgten russischen Atomschiffs Kursk. Nach einer kurzen Stille ist man unmittelbar geneigt, nochmals auf Play zu drücken, um die vielleicht meditativste und homogenste Produktion von Morgan zu hören. Prädikat „zeitlos".

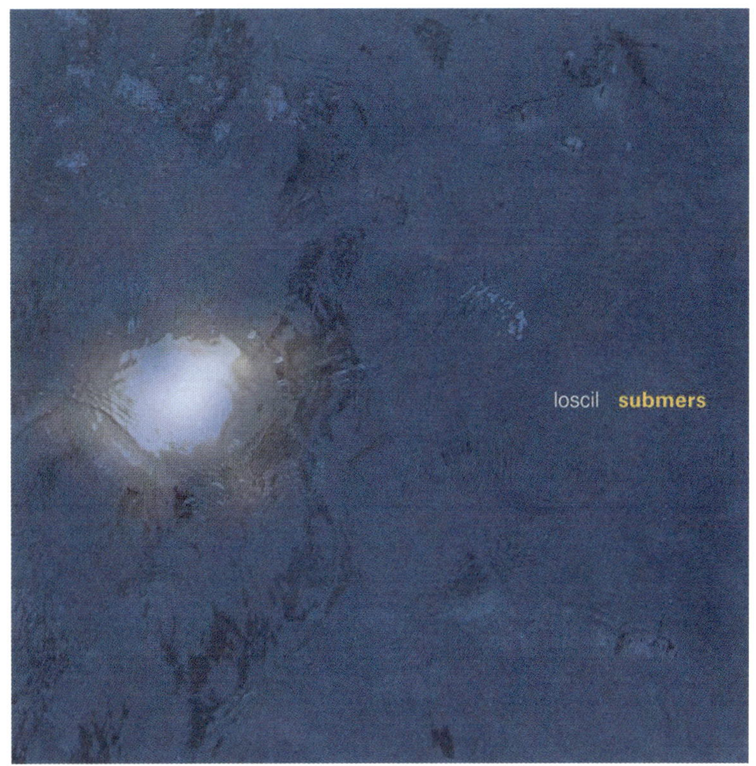

Album: Loscil – Submers
Erscheinungsjahr: 2002
Label: Kranky
Spielzeit: 01:00:22

Weiterhören:
Plume (2006);
Sketches From New Brighton (2012)

Tim Hecker – Radio Amor

Am Anfang war kein Wort. Auch kein Sound. Sondern lediglich der scheinbar zufällige Blick auf Jimmy, den honduranischen Krabbenfischer, der auf dem einprägsamen Cover in Aktion zu sehen ist und dem auch das Album *Radio Amor* des Kanadiers Tim Hecker gewidmet ist. Bevor das Wunderkind des modernen Ambient jedoch zu seiner wahren Berufung fand, trat er zunächst unter dem Namen Jetone international als DJ und Techno-Produzent in Erscheinung. 2001 veröffentlichte Hecker unter seinem eigenen Namen sein Debutalbum *Haunt Me, Haunt Me Do It Again* und Musikkritiker verfielen unisono dem ständigen Spiel zwischen Ruhe und Aufruhr. Auch auf *Radio Amor*, das schon lange den Status als Instant-Klassiker genießt, rauscht und knackt es gehörig. Das Album klingt beim ersten Hören fremd, amorph, gelegentlich auch laut, aber eben auch immer einladend und warm. Als Sohn von Kunstlehrern überrascht es nicht, dass Hecker sich für seine akkustischen Bilder gehörig Zeit nimmt. Allein der Opener „Song Of The Highwire Shrimper" gönnt sich knapp acht Minuten für seinen Versuchsaufbau. Nur ganz schemenhaft lassen sich Melodiefragmente ausmachen. Wenn sie aber wahrnehmbar sind, umarmen sie den Hörer lange und innig. Im Verlauf vom neunten Track des Albums, „Azure Azure", baut sich jedoch eine dunkle Vorahnung auf, die hinter dem ganzen Song schwelt und die sich in einem brachialen Konzeptbruch entlädt. Hier kommen dann die vom Metal-Fan Hecker geliebten Gitarren zum Einsatz und das Album entfaltet seinen ganz eigenen, bedrohlichen Zauber. Am Ende des Albums wird die Musik mit „Trade Winds, White Heat" noch einmal ruhig. Die Soundschnipsel der Radiowellen, Klaviermelodien und Gitarren verstummen endgültig. *Radio Amor* hat in den zurückliegenden fast 20 Jahren nichts von seiner musikalischen Trefflichkeit eingebüßt. Auch auf seinen folgenden Alben ist es Hecker gelungen, die hohe Qualität zu halten und er veröffentlicht nach wie vor Musik, die brachial und zugleich fragil, unverwechselbar und durchsichtig ist. Ambient für die Ewigkeit.

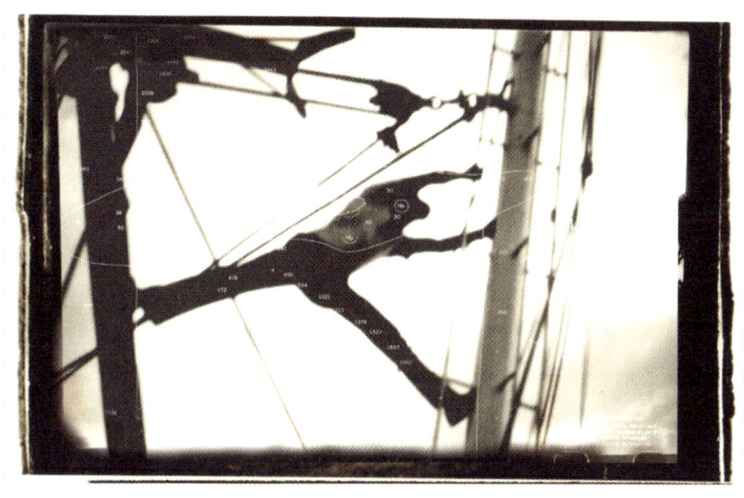

tim hecker
presents "radio amor"

Album: Tim Hecker – Radio Amor
Erscheinungsjahr: 2003
Label: Mille Plateaux
Spielzeit: 00:58:16

Weiterhören:
Haunt Me, Haunt Me Do It Again (2001);
Ravedeath, 1972 (2011);
Love Streams (2016)

Stephen Vitiello – Buffalo Bass Delay

Stephen Vitiello ist ein Klang- und Medienkünstler aus Richmond, Virginia, und hat neben seinen Soloalben Musik für unabhängige Filme, experimentelle Videoprojekte und Kunstinstallationen komponiert. Die Liste seiner Kollaborationen liest sich wie das Who's who des Ambient: darunter finden sich u. a. Pauline Oliveros, Ryūichi Sakamoto, Lawrence English, Taylor Deupree, Scanner und Steve Roden. Vitiellos musikalische Arbeit oszilliert zwischen bearbeiteten Fieldrecordings, die er in atmosphärische und faszinierende Klanglandschaften verwandelt, und elektronisch erzeugten Klängen, wobei seine Musik oft sehr harmonisch, entspannt und ruhig wirkt. Aus dem TED-Talk „Listen Well" wird offenbar, dass er mitunter beabsichtigt, die Wahrnehmung unserer alltäglichen Umgebung zu schärfen. Auch auf dem 2005 erschienenen Album *Buffalo Bass Delay* interessiert sich der eher schüchterne Installationskünstler besonders für den physischen Aspekt des Klangs und für dessen Potenzial, die Form und Atmosphäre einer räumlichen Umgebung zu definieren. Hierzu erhielt er 2003 Zugang zu den historischen Getreidesilos der Stadt Buffalo und nutzte deren einzigartige akustische Eigenschaften, um dieses Meisterwerk an Klangbildern zu schaffen. Der Opener „Buffalo Bass Delay 1.1" beginnt mit einem einfachen melodischen Muster und entwickelt sich zu einem dröhnenden Herzschlag, der sich als Art akustisches Motiv durch das gesamte Album ziehen wird. Nach und nach werden weitere Samples eingeblendet: das nachhallende Knacken eines Schusses, ein Rascheln, ein Aufzug, der in einem Schacht an Geschwindigkeit aufnimmt, ein Fremder, der im Dunkeln pfeift, eine Fliege, die in Reichweite ihre Runden zieht. Die fünf folgenden durchnummerierten Stücke segeln im gleichen Fahrwasser und induzieren meisterhaft eine sanfte Schwermut der schönsten Sorte. Auch Vitiellos Körper ist spürbar in der Produktion zu hören: Hände, die mit Mikrofonen hantieren, leise Stimmen, die Details des Produktionsprozesses diskutieren, unruhige Füße, die sich auf einem kiesigen Boden bewegen, und eine Stimme, die um Stephen Vitiellos Aufmerksamkeit buhlt. *Buffalo Bass Delay* ist eine authentische und klangliche Offenbarung.

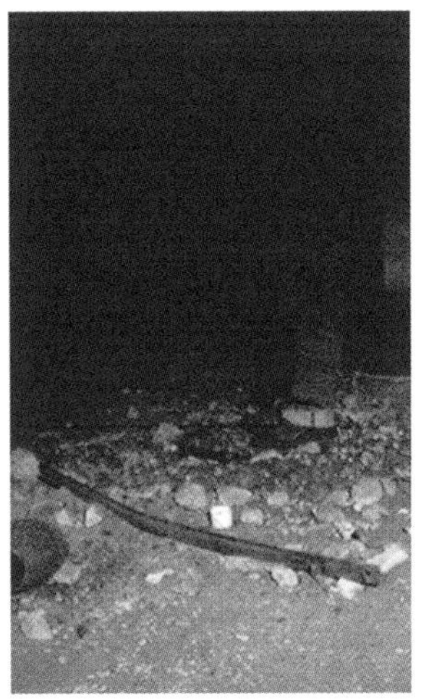

Album: Stephen Vitiello – Buffalo Bass Delay*
Erscheinungsjahr: 2005
Label: Hallwalls
Spielzeit: 00:59:37

Weiterhören:
The Light Of Falling Cars (1998);
Dowsing (2012);
I Drew A Fish Hook, And It Turned Into A Flower (2019)

* Das Cover zeigt das von Lawrence English neu gemasterte Album, das 2020 auf Room40 wiederveröffentlicht wurde.

Arthur Russell – First Thought Best Thought

Lange galt das Werk des New Yorker Cellisten und Disco-Produzenten Arthur Russell als verschollen, und die Wenigsten dürften von dem faszinierenden und eigenwilligen Künstler gehört haben. Erst etwa ein gutes Jahrzehnt, nachdem er 1992 an Aids verstarb, sorgte eine Welle von Wiederveröffentlichungen dafür, dass Russell einem größeren Publikum vorgestellt wurde. Insbesondere das Label Audika machte sich ab 2004 an die Sichtung des Nachlasses des US-amerikanischen Künstlers, der eine Hundertschaft von Tapes mit Aufnahmen umfasst. Neben den zahlreichen Disco-Aufnahmen und den mit Cello und Stimme eingespielten Kammersongs hat Russell sogar etliche Folk-Songs aufgenommen. Der 1951 in Iowa geborene Musiker arbeitete einerseits mit Künstlern wie Allen Ginsberg und Philip Glass zusammen, war jedoch ebenso im Disco-Tempel „Loft" zu Hause und produzierte unter den Pseudonymen Loose Joint und Dinosaur L Proto-House-Tracks, welche er auf dem von ihm mitgegründeten Sleeping-Bag-Label veröffentlichte. Mitte der 1970er war Russell für die Programmgestaltung des „Kitchen" in New York verantwortlich, damals Treffpunkt der Avantgarde aus Musik, Literatur und Tanz. Russell interessierte sich insbesondere für die geloopten Phrasen der Minimal Music, für die Aleatorik von John Cage und die Streicher aus den zeitgenössischen orchestralen Soulproduktionen. Das Album *First Thought Best Thought* vereint die 1975 dort entstandenen „Instrumentals", die nur zum Teil auf physischen Tonträgern damals erhältlich waren. Vom ersten Takt an ist klar, dass dieses Album etwas ganz Besonderes ist. Es zeigt uns eine weitere Facette seines Schaffens, nämlich Russell als Komponist experimenteller, neo-klassischer und zeitloser Musik, die man als reinen Ambient wahrnehmen kann und die seiner Zeit meilenweit voraus war. Bei allen Parallelen, die diese Stücke mit den minimalen Komponisten wie beispielsweise La Monte Young aufweisen, durchzieht die Musik Arthur Russells immer eine einzigartige Intimität und Wärme, die jeglichen Vergleichsversuch obsolet macht. Ein faszinierendes, fesselndes und einfach nur schönes Album, das jeden hier großspurigen Superlativ in diesen Zeilen verdient hat.

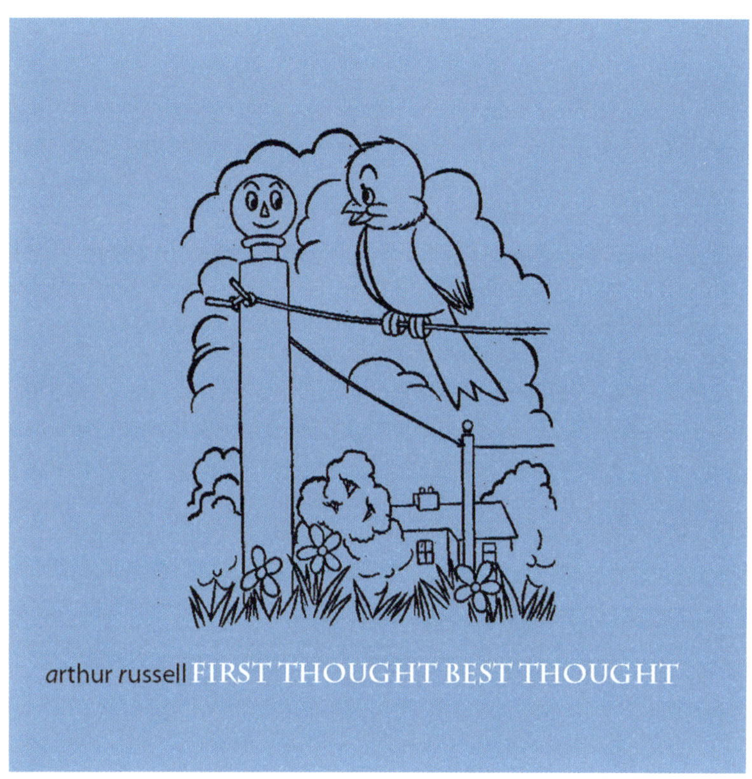

Album: Arthur Russell - First Thought Best Thought
Erscheinungsjahr: 2006
Label: Audika Records
Spielzeit: 02:06:18

Weiterhören:
World Of Echo (1986)

Gregg Kowalsky – Through The Cardial Window

Gregg Kowalskys Debutalbum ist der Inbegriff von Head Music, ein Schlagwort, das, vom britischen Autor, Songwriter und Sänger Julian Cope sehr schön zusammengefasst, beschreibt, dass diese Art von Musik für den Kopf und nicht für die Füße gemacht worden ist. Die Bilder, die sich beim Hören von dem 2006 auf Kranky erschienenen *Through The Cardial Window* auftun, bewegen sich in Zeitlupe, kommen fast zum Stillstand. Kein Netz, kein doppelter Boden, nur endloses Driften für eine Dreiviertelstunde. Eigentlich darf man von einem Mentee von Fred Frith, Maggie Payne und Pauline Oliveros auch nichts anderes erwarten. Der Wahl-Kalifornier hat nämlich am Mills College unter der Leitung dieses illustren Kreises seinen Master of Fine Arts in elektronischer Musik und Aufnahmemedien gemacht und die Grundlage für seine Ode an die Entschleunigung geschaffen. Seine elektroakustischen Kompositionen für diverse Tanz- und Klanginstallationen, Filme und akustische Ensembles brachte Kowalsky zunächst unter dem Namen Osso Bucco heraus und trat als solcher live auf. Für sein erstes Album und fortan verwendete er nur noch seinen bürgerlichen Namen. *Through The Cardial Window* ist eine Sammlung von sieben wunderschönen elektronisch behandelten Drones, die von sanft klirrenden und flimmernden Mikrotönen untermalt sind. Gregg Kowalsky kombinierte hierfür verschiedene elektronische und akustische Quellen – darunter auch Ensemblestücke, die er am Mills College geschrieben und aufgenommen hat –, um seine atemberaubenden musikalischen Texturen zu schaffen. Momente zwischen subkutanem Rauschen und einnehmender Stille, die hochkonzentriert auf den Punkt gebracht sind und von denen man sich als Hörer wünscht, sie mögen ewig andauern. Wie Brian Eno über seine Urkomposition *Music For Airports* einst sagte, solle Ambient viele Stufen der Wahrnehmung des Hörers bedienen, ohne dabei je eine davon zu forcieren. *Through The Cardial Window* hält sich mustergültig daran. Viel überzeugender kann ein Debutalbum kaum ausfallen.

Gregg Kowalsky

Through the Cardial Window

Album: Gregg Kowalsky – Through The Cardial Window
Erscheinungsjahr: 2006
Label: Kranky, Ltd.
Spielzeit: 00:44:19

Weiterhören: Tape
Chants (2009)

SleepResearchFacility – Deep_Frieze

Kevin Doherty ist ein Dark-Ambient-Künstler aus Schottland, der sich auf sphärische Ambientmusik mit Feldaufnahmen spezialisiert hat. Seine Musik enthält in der Regel keine rhythmischen Elemente, sondern setzt stattdessen auf weiträumige, ausgedehnte und strukturierte Soundflächen. Sein Ambient-Meisterwerk *Deep_Frieze* aus dem Jahr 2007 könnte problemlos als Soundtrack für einen der kältesten Winter seiner Heimatstadt fungieren: 1963 wurde Glasgow von einem Blizzard heimgesucht, der die schottische Hafenstadt mit einer weißen Schneedecke bedeckte. Der Auftakt, „79°S 83°W" (alle Titel tragen geographische Koordinaten der Antarktis), leitet *Deep_Frieze* mit einem leisen Schneegestöber ein, der sich im Verlauf von drei Minuten zu einem heftigen, eisigen Sturm entwickelt, ehe die ersten elektronischen Klänge uns klarmachen, dass es sich dabei nicht um Naturaufnahmen des National Geographic handelt. Die Schönheit der Monotonie, die hypnotische Wirkung der energetischen Repetition, gerade daraus zieht Ambient seine magische Kraft und macht natürlich auch seinen Reiz aus. Der Schnee bestimmt dabei das gesamte Album als Leitmotiv, und nach einer guten halben Stunde bricht am Ende von „82°S 62°E" ein größerer Eisbrocken von einem Gletscher. Die teilweise unerforschte Kargheit der Antarktis kann Ehrfurcht einflößen, sie steht jedoch auch für eine kraftvolle Reinheit und Zeitlosigkeit; Schnee, der seit Jahrtausenden unzertrampelt daliegt, und Eis, das sich vor Äonen gebildet hat. Dohertys zweites Album für das Label Cold Spring liefert beides: den Sound einer gewissen dunkle Drohkulisse auf der einen und auf der anderen Seite wunderschöne Ambient-Klangwolken, in denen man sich verlieren kann; eine Monet-Leinwand vor dem inneren Auge, auf die man seine Fantasien projizieren kann. Zuhören. Mit geschlossenen Augen. Mit jeder Faser des Körpers.

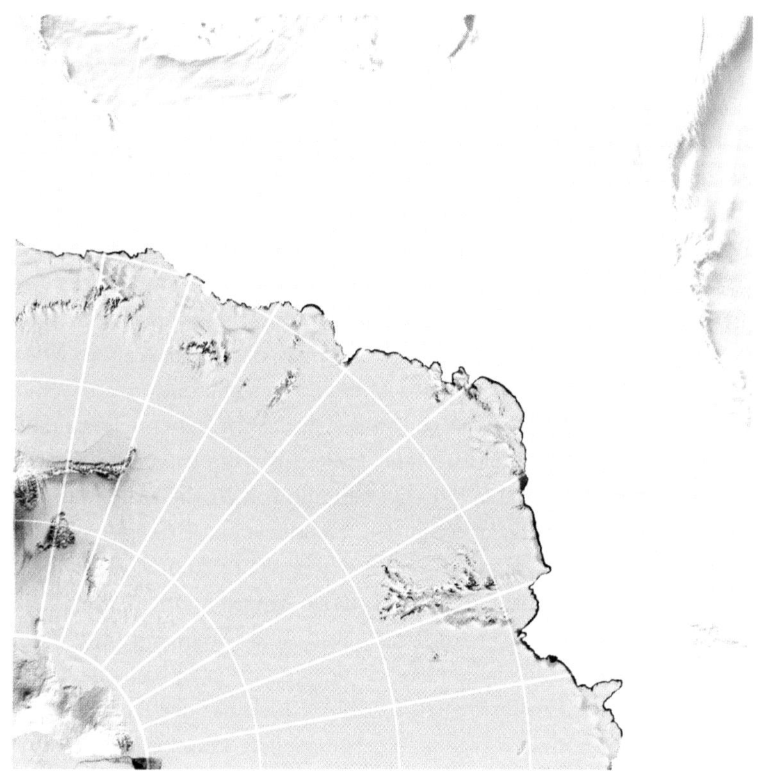

Album: SleepResearchFacility – Deep_Frieze
Erscheinungsjahr: 2007
Label: Cold Spring
Spielzeit: 00:58:29

Weiterhören:
Nostromo (2001)

Rapoon – Time Frost

Robin Storey war von 1979 bis 1992 Mitglied des englischen Künstlerkollektivs Zoviet France, das in seiner Anfangszeit zunächst alles auf Gitarren und Schlagzeug setzte, später jedoch auf selbstgebaute akustische Instrumente, Field Recordings und Tonbandbearbeitungen umstieg und so an seiner ganz eigenen Post-Industrial- und Ritual-Ambient-Musik arbeitete. Nach seinem Ausstieg veröffentlichte Storey unter dem Projektnamen Rapoon noch im gleichen Jahr sein Debutalbum *Dream Circle* und legte den Grundstein für eine solide Solokarriere. Bis heute hat er über 40 Langspieler veröffentlicht, deren Cover er als Maler und Grafiker selber gestaltet hat. Musikalisch ist Storey insbesondere an Geräuschen und Klängen interessiert und weniger an der perfekten Beherrschung eines Instrumentes. Typisch für seine Alben sind zudem Rhythmen und Samples ethnischer Musik wie aus Westafrika, Bangladesch und Indien, die er im Mehrspurverfahren übereinanderschichtet und mit dem Einsatz seiner Effekte eine Tiefe und Komplexität verpasst, die bisweilen eine meditative und kontemplative Wirkung haben. Seine späteren Veröffentlichungen fallen hingegen überwiegend technoider aus, teilweise sind Einflüsse aus Trance und Acid vorhanden. Auf *Time Frost*, welches 2007 auf Glacial Movements in kleiner Auflage erschienen ist, findet man weder den ethnischen Einfluss noch Techno, jedoch hat der Autodidakt Storey mit dem im Hintergrund schwingenden existenziellen Rauschen und seinem breiten winterlichen Klanggemälde einen modernen Ambient-Klassiker geschaffen. Zeitlupe. Stillstand. Kein Netz, das den Zuhörer auffängt, nur endloses Driften. Mit seinen fünf Stücken verursacht *Time Frost* in gewisser Weise eine Stauchung des Zeitkontinuums. Oder, wie der Titel suggeriert, wird die Zeit für eine knappe Stunde eingefroren und man wünscht sich nur noch, dass das majestätische *Thin Light*, das zweite Stück auf dem Album, die Natur auf ewig in seinem schönen Glanz strahlen lässt, diese jedoch niemals auftaut.

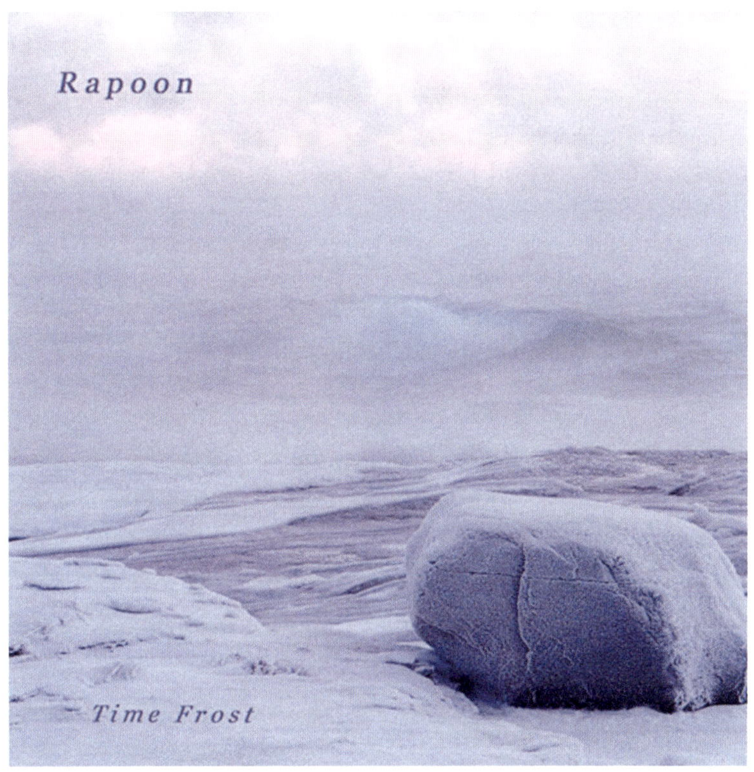

Album: Rapoon – Time Frost
Erscheinungsjahr: 2007
Label: Glacial Movements Records
Spielzeit: 00:59:06

Weiterhören:
Vernal Crossing (1994)

The Fun Years – Baby, It's Cold Inside

Als Vinylliebhaber ist man für *Baby, It's Cold Inside* leichtes Opfer. Jeder Track beginnt mit dem warmen und knisternden Geräusch von altem Vinyl und auch zwischendurch hüpft die Nadel leise, aber bestimmt auf. Die Macher hinter dem Album sind das Duo Ben Recht (Gitarre) und Isaac Spark (der Mann am Plattenteller), die damit ihr zweites Album auf dem wunderbaren Label Barge Recordings veröffentlichten. Der Opener „My Lowvielle" ist ein elfminutiges Epos, das ruhig und beharrlich startet, nach ein paar Minuten jedoch zu einem pulsierenden Ambient-Crescendo mutiert, während im Hintergrund die Beats stoisch pumpen. Gegen Ende verdichten sich schließlich auf klaustrophobische Art und Weise die Klangräume und leiten mit einem ruhigen Diminuendo über zu dem nächsten Track. Nach den ersten Minuten meint man zu wissen, wo das Duo herkommt: The Fun Years stehen mit mindestens anderthalb Beinen in der Zeit der Slowcore-Bands der 1990er Jahre in einer Reihe mit Bands wie Bedhead, Codeine oder Duster. Wer jedoch glaubt, dass es mit dem Schema laut-leise-laut-leise weitergeht, täuscht sich und unterschätzt *Baby, It's Cold Inside*, das sowieso als unterschätzteste Platte des Jahres 2009 in die Musikbücher eingehen dürfte. Die folgenden sieben Minuten von „Auto Show Day Of The Dead" sind zum größten Teil ein Piano-Melodie-Loop, um den herum sich lediglich minimal ein paar wenige kleine soundtechnische Details ändern. Es folgen zwei Drone-Tracks, die ominös und schwer, jedoch immer in wechselnder Gestalt in unsere Ohrmuscheln wabern. Mit „The Surge Is Working" wird die eingeschlagene Route aber wieder abrupt geändert. Kleiner Trost: Hier bekommt der Hörer mitreißende Melodien serviert und keiner wird dem Duo etwas nachtragen. Das Album endet, wie es begonnen hatte: mit Vinylknistern. Zeit, die Platte noch einmal umzudrehen und erneut zu hören. Denn The Fun Years haben zwar trotz Slowcore-, Postrock-, Philip-Jeck- und Tim-Hecker-Reminiszenzen eine eigene und einzigartige Melange geschaffen, deren warmer und organischer Gesamtatmosphäre man sich nur schwer entziehen kann.

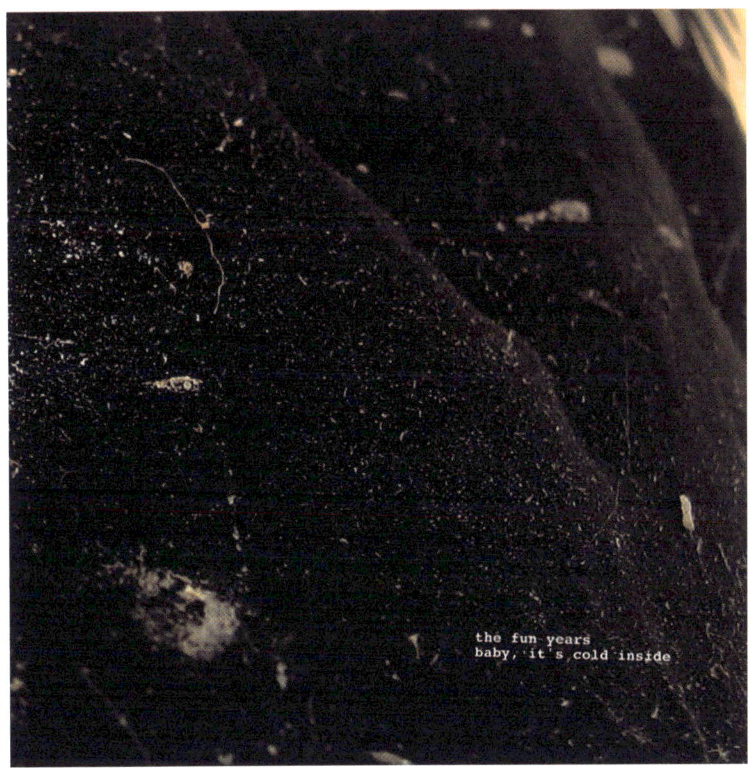

Album: The Fun Years – Baby, It's Cold Inside
Erscheinungsjahr: 2008
Label: Barge Recordings
Spielzeit: 00:43:53

Weiterhören:
Why We're All Below Average (2005)

Ezekiel Honig – Surfaces Of A Broken Marching Band

Wie lange dauert ein Augenblick? Diese Frage lässt sich wohl nur beantworten, wenn man die ästhetischen Momente der Geschlossenheit einer sehr kurzen Zeitspanne und der Einmaligkeit aufrechnet: Ein Augenblick kann wie bei Goethes Faust so lange verweilen, wie eine erlebte Zeitspanne diese Momente aufzuweisen vermag. Dabei ist es völlig egal, was der Sekundenzeiger auf unserer Uhr sagt. Bei Ezekiel Honig dauert es jedenfalls nur wenige Augenblicke, bis er unser Interesse für seine Klangkonstruktionen zu wecken vermag. *Surfaces Of A Broken Marching Band,* das siebte Album des sympathischen US-Amerikaners, ist unwahrscheinlich ausgereift und durchdacht. Hier werden in scheinbar nur wenigen Momenten Ansätze ausprobiert oder Entwürfe vorgeschlagen. Ansonsten definiert Honig mehr als dass er testet und dockt mit seinen sanften Slow-House Beats und schönen Field Recordings dort an, wo *Scattered Practices* zwei Jahre zuvor aufgehört hat. Auch auf *Surfaces Of A Broken Marching Band*, das auf seinem eigenen Label Anticipate Recordings erschienen ist, hört man immer wieder das charakteristische Knacken und Rauschen im Hintergrund, ausgelöst durch eine unaufdringliche Bewegung des Soundtüftlers und Beobachters Honig. Seine Feldaufnahmen von belebten öffentlichen Räumen hauchen dem Album eine gewisse Intimität ein, die einen nicht kaltlassen kann. Musikalisch oszillieren die insgesamt zehn Tracks zwischen Ambient, Elektroakustischer Komposition, Minimal und Lo-Fi Techno. Das klingt dann sehr oft geschmeidig, ohne dabei zuckrig zu sein wie auf „Displacement“, an anderer Stelle hypnotisch wie auf „Porchside Economics“, das unseren Körper erst zum Zucken, dann zum Tanzen bringt. *Surfaces Of A Broken Marching Band* ist eine Idealversion dessen, was guter Ambient(-Techno) mit unseren Herzen anrichten kann.

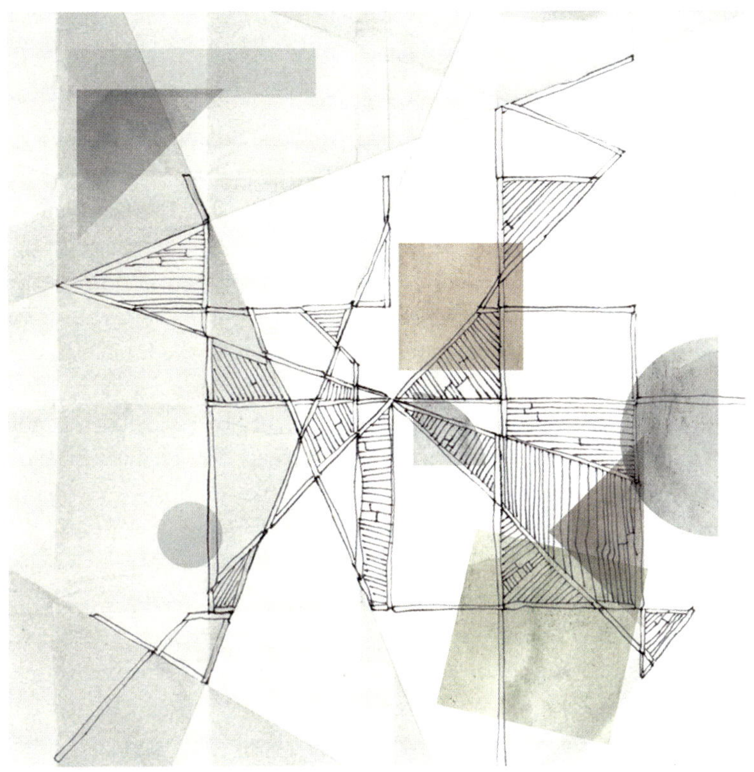

Album: Ezekiel Honig – Surfaces Of A Broken Marching Band
Erscheinungsjahr: 2008
Label: Anticipate Recordings
Spielzeit: 00:44:45

Weiterhören:
A Passage Of Concrete (2017)

Eluvium – Life Through Bombardment (Vol. 1)

Wer sich ab und an mal das ein oder andere Buch in einer Bibliothek ausleiht, weiß, wie schnell es passieren kann, die Leihfrist zu überschreiten. Dabei kann es beim Versäumnis der Rückgabefristen sehr schnell teuer werden. Das Mammut-Werk *Life Through Bombardment (Vol. 1)* von Eluvium aka Matthew Cooper – hübsch verpackt in einer knapp 3 Kilogramm schweren Vinylbox mit seinen Frühwerken – möchte man am liebsten behalten und gar nicht zurückgeben. Auf den vierzehn LP-Seiten versammelt Cooper alles, was er seit 2003 unter dem Künstlernamen Eluvium veröffentlicht hat. Die ausufernde Haptik der Vinyledition lässt das Herz von Plattensammlern dabei schneller schlagen. Die sieben LPs stecken in einem Hardcover-Buch in Übergröße, zu dem seine Ehefrau Jeannie Lynn Paske die Zeichnungen beigesteuert hat. Das alles ist in einer Optik gehalten, die einem uralten Schmöker gleicht, wie man ihn durchaus in einer Bibliothek aus Carlos Ruiz Zafóns Friedhof der vergessenen Bücher finden könnte. Dementsprechend steckt im Einband auch eine Bibliothekskarte mit fiktiven Ausleihperioden, handsigniert von Paske und Cooper; der letzte Name in der Liste ist dann der Besitzer der auf 1.000 Exemplare limitierten Box. In musikalischer Hinsicht darf sich der Hörer auf eine abwechslungsreiche neunstündige Soundlandschaft freuen. Cooper konzentriert sich auf *Lambent Material* zunächst auf langgezogene Gitarren-Drones, gefolgt von seinem 2004 gefeierten Solo-Klavieralbum *An Accidental Memory in the Case of Death*. Auf *Talk Amongst the Trees* wiederum wird der Sound seines Debutalbums mit viel mehr Elektronik weiter ausgebaut. Eluviums Anfang 2007 erschienenes abendfüllendes Werk *Copia* hat mehr symphonischen Charakter als seine vorherigen Veröffentlichungen und rundet alles ab. Um unnötige Mahngebühren zu vermeiden, sollte man sich diese liebevoll gestaltete Werkschau von Eluvium zulegen. Und nie wieder zurückgeben.

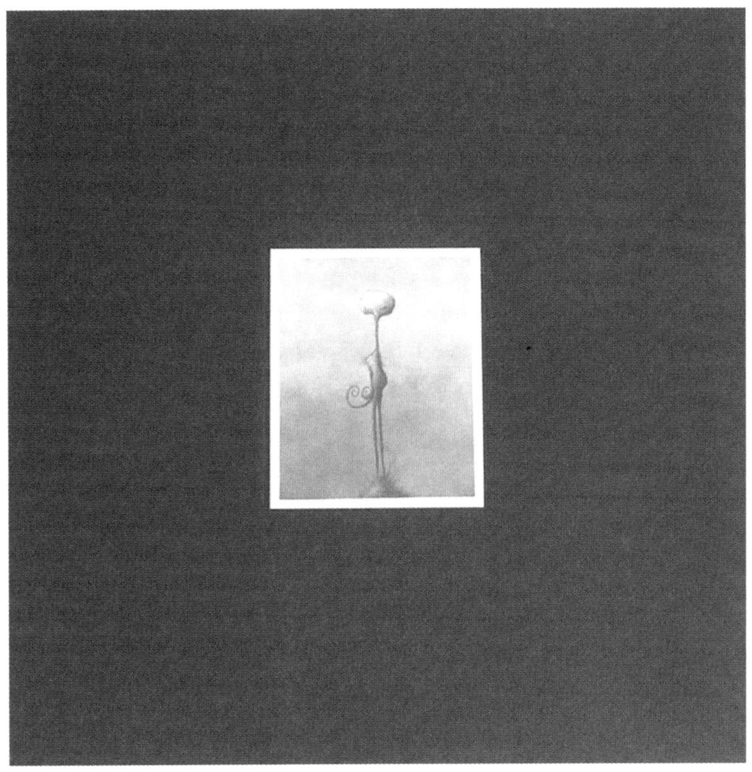

Album: Eluvium – Life Through Bombardment (Vol. 1)
Erscheinungsjahr: 2009
Label: Temporary Residence
Spielzeit: 09:13:00

Weiterhören:
Life Through Bombardment, Vol. 2 (2016);
Shuffle Drones (2017)

Pan•American – White Bird Release

Wie nur wenige andere Labels ist Kranky seit den 1990er Jahren die definitive Plattform für Ambient und experimentelle Independent-Musik. Die Liste der unter Vertrag stehenden Künstler liest sich wie das Who is Who der kontemporären Ambient-Musiker: Stars of the Lid, Loscil, Tim Hecker, Grouper, Chihei Hatakeyama, Anjou, Benoît Pioulard, Pan•American und ein langes Etcetera. In der Geschichte des kanadischen Labels nimmt Mark Nelson eine Sonderstellung ein, denn die beiden Label-Gründer Bruce Adams und Joel Leoschke gründeten Kranky lediglich, um ihre Entdeckung – Mark Nelsons erstes Projekt Labradford – auf den Markt zu bringen. Der Rest ist Geschichte. Leider pausiert das Projekt Labradford seit 2001, aber der Sänger und Gitarrist Mark Nelson bringt weiterhin Platten als Pan•American heraus. Auf Mark Nelsons sechstem Pan•American-Album *White Bird Release* ist der gerade in den Frühwerken prägnante Dub-Einfluss nahezu verschwunden, seine Musik bleibt jedoch durch den Einsatz von Gitarren und Drums weiterhin organisch und durchaus analog. Das Album kann man somit als konsequente Fortführung seines vorherigen Albums *For Waiting, For Chasing* sehen. Der Opener „There Can Be No Thought of Finishing“ beginnt mit einer nachdenklichen und hübschen Tremolo-Gitarrenmelodie, die durch Nelsons fast schon geflüsterten Gesang verstärkt wird. Der Track endet jedoch mit einigem unharmonischen digitalen Rauschen und widerhallenden Percussionelementen, welche die aufgebaute Struktur in Fragmente zerlegen. Ebenso ist übrigens jeder Track fragmentarisch aus Zitaten von Dr. Robert Goddard und Orson Welles entlehnt. Die letzten beiden Stücke, insbesondere das ZEN-hafte „Dr. Robert Goddard“, erzielen eine fast schon somatische Tiefenwirkung und es scheint fast so, als könne man die einzelnen Töne und Geräusche sehen, als seien sie greifbar für den Hörer. Jeder Effekt, jeder Synthieton, jeder Glockenklang sitzt perfekt und ist in der Lage, eine wohlige Gänsehaut zu erzeugen. Mit immenser Kunstfertigkeit schafft es Mark Nelson, mit scheinbar überbekannten Sounds stets speziell zu klingen, dass man immer wieder die Play-Taste drücken muss. Einfach grandiose, unter die Haut schlüpfende Musik.

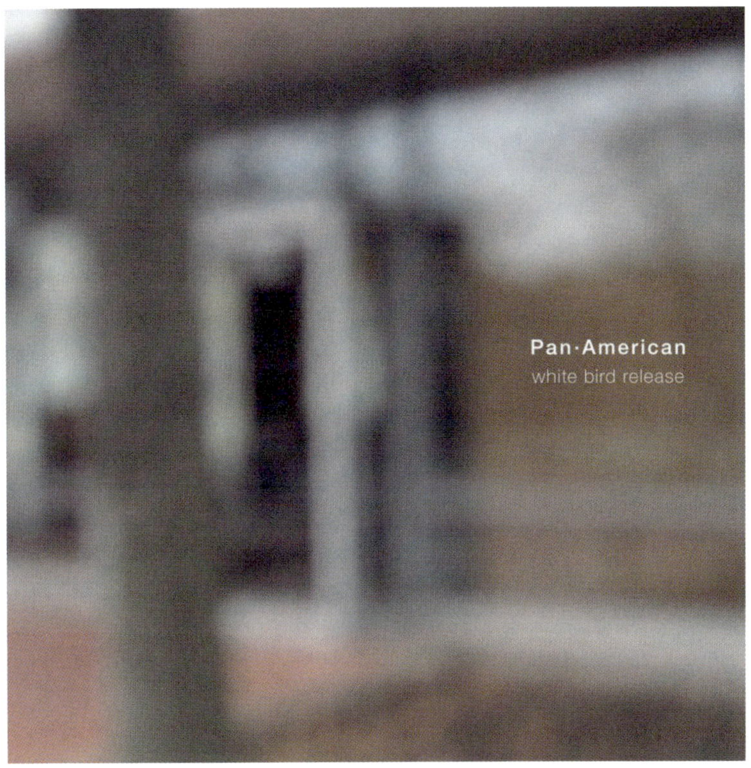

Album: Pan•American – White Bird Release
Erscheinungsjahr: 2009
Label: Kranky, Ltd.
Spielzeit: 00:50:59

Weiterhören:
360 Business / 360 Bypass (1999);
Quiet City (2004);
For Waiting, For Chasing (2006)

Black To Comm – Alphabet 1968

Der Hamburger Komponist Marc Richter steuert unter seinem Künstlernamen Black to Comm mit *Alphabet 1968,* das nicht auf seinem eigenen Label Dekorder, sondern auf dem renommierten Type Label veröffentlicht wurde, auf eine erneute Erkundungsmission ohne erwartbare Richtung und klares Ziel. Und genau das macht dieses Album so einzigartig und unverzichtbar. Die Musik auf *Alphabet 1968* hat eine wohltemperierte Darkness und eine unbestimmte Spiritualität, die bereits auf dem Cover eindrucksvoll angedeutet wird. Eine weitere Konstante ist seine Bearbeitung von Sound-Clustern, die sich wie auf „Musik für Alle“ aus vielen kleinen Einzelteilen zusammenfügen. Mikrosequenzen aus Streichern, stagnierende Synthesizer, Soundschnipsel von eingefangenen Feldaufnahmen wie auf dem Eröffnungsstück „Jonathan“ oder dem orchestralen „Traum GmbH“ ringen uns mehr als nur Respekt ab, beweisen sie doch, dass zu diesem Thema noch lange nicht alles gesagt worden ist. Nein, das ist keine Musik für Menschen mit kurzer Aufmerksamkeitsspanne. Die Fähigkeit Richters, sich nicht nur auf einen Musikstil zu beschränken, wird durch Joanna Karanka (Klavier, Gesang) und Renate Nikolaus (Gitarre, Cello) unterstrichen, die dem ganzen Album eine verblüffende Vitalität verleihen. Die Grundstimmung ist zwar überwiegend herrlich düster wie auf dem epischen „Forst“, das sich mit seinem lichtarmen technoiden Stampfen, den Pianoversatzstücken und perfekt eingesetzten Loops eine vielschichtige Soundwall aufbaut. Doch durch das Dickicht des Herbstwaldes dringen immer wieder die Sonnenstrahlen und wärmen mit „Trapez“ oder „Hotel Freund“ unsere Gemüter und verströmen süßliche Nostalgie. In dem Album stecken Ideen für mindestens drei Alben. Doch es ist gerade dieses grandiose Ideenfeuerwerk des Soundtüftlers Richter, das aus *Alphabet 1968* nicht nur einen Dark-Ambient-Klassiker, sondern eines der großen Alben des nicht armen Jahrgangs 2009 macht.

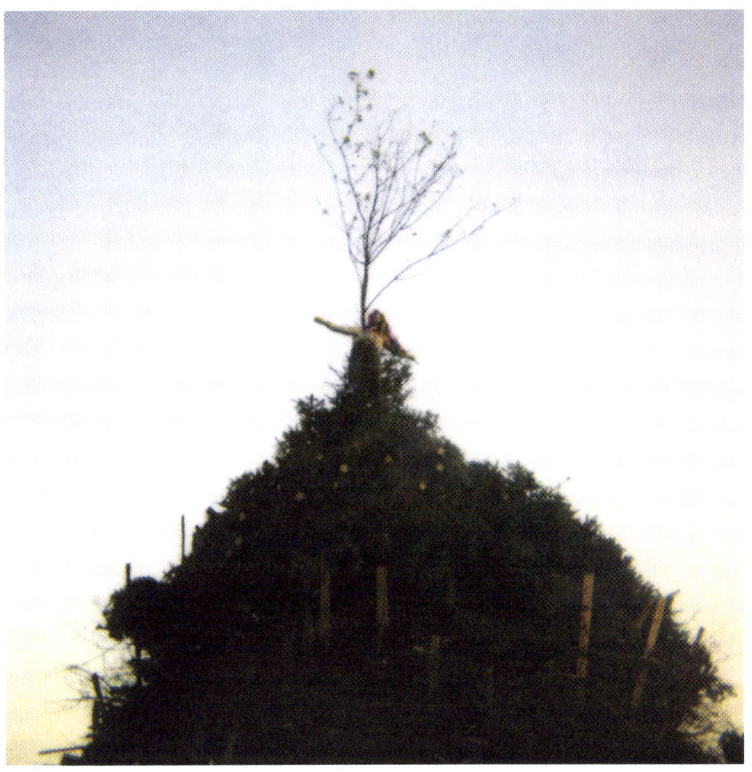

Album: Black To Comm – Alphabet 1968
Erscheinungsjahr: 2009
Label: Type
Spielzeit: 00:42:55

Weiterhören:
Rückwärts Backwards (2006)

Nest – Retold

Nest, das sind die Inhaber des Labels Serein, Huw Roberts und Otto A. Totland – und in dieser Personalunion der Garant dafür, dass Ambient kein klar umrissener Sound ist, sondern ein Kontinuum, das konstant in Bewegung ist und stetig neue Ausdrucksformen erzeugt. *Retold* ist der „Neoklassik“ oder auch „Postklassik“ zuzuordnen, eine seit den späten 2000er Jahren entstandene Musikrichtung, die Elemente der sogenannten Neuen Musik, vor allem der Minimal Music und der elektronischen Musik, insbesondere des Ambient, miteinander verbindet. Auf *Retold* finden sich alle charakteristischen Merkmale wie die Verwendung akustischer Instrumente aus dem Bereich der klassischen Musik, vor allem des Klaviers und von Streichinstrumenten. Weiterhin werden elektronisch erzeugte Klänge und Effekte sowie repetitive Tonfolgen, wie sie aus der Minimal Music und eben auch aus vielen Stilrichtungen der elektronischen Musik und des Post-Rocks bekannt sind, harmonisch miteinander kombiniert. Die Musik ist im Falle der klassischen Musik vollständig in Noten fixiert, nur selten findet man Momente der Improvisation wie in „Trans Siberian“, in dem Feldaufnahmen eingebaut wurden. Durch den Bezug auf die Klassik mögen die Figurationen von Nest retroid sein, sie sind jedoch im gleichen Moment gegenwärtig und zwingend und zeigen, dass man auch im Rückwärtsgang nach vorne fahren kann. In unnachahmlicher Manier gelingt es Nest, mit ihren zart getupften Pianolinien über schwelgerischen Bläser- und Streicherteppichen den Hörer auf ihrem einzigen Album für fast eine Stunde schweben zu lassen. Mal düster, mal hell ist das Album in seiner Gesamtbetrachtung ein durchaus lebensbejahendes Werk mit wunderschönen cineastischen Klanglandschaften. Das Duo Nest muss in einem Atemzug mit Ólafur Arnalds, Nils Frahm oder Max Richter als bekannteste Vertreter dieses Ambient-Subgenres genannt werden, denn mit *Retold* haben sie ein kontemplatives und intelligentes Meisterwerk geschaffen, das die Messlatte für alle zukünftigen Kompositionen der modernen Klassik gesetzt hat.

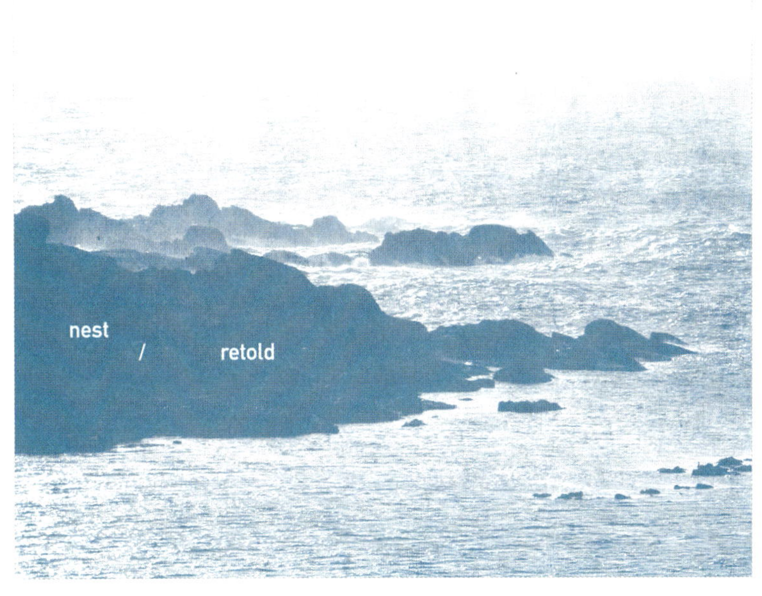

Album: Nest – Retold
Erscheinungsjahr: 2010
Label: Serein
Spielzeit: 00:54:21

Susumu Yokota – Kaleidoscope

Die musikalische Hinterlassenschaft des viel zu jung verstorbenen Musikers Susumu Yokota (er verstarb im März 2015 nach langer Krankheit mit nur 54 Jahren) ist beachtlich. Sie umfasst nicht nur Ambient, sondern auch in früheren Tagen Breakbeat, erstklassigen House sowie eine Reihe experimentelle elektronische Nischen. Nachdem er sich unter den Pseudonymen Stevia und Ebi in den 1990ern auf dem deutschen Harthouse Label einen Namen in der House-Szene machen konnte, wandte er sich um die Milleniumswende mit *Sakura* ruhigeren Tönen zu. Langsam, spirituell und hypnotisch – all das verkörpert Yokota auf *Kaleidoscope* in Reinkultur. Dabei ist es schwer zu sagen, ob die Platte in eine bestimmte Zeit gehört. Der Titel macht dem Album jedenfalls alle Ehre, ist signifikant: Wie durch ein Kaleidoskop betrachtet taumeln Melodien und Beats ins Sichtfeld, ändern jäh ihre Gestalt, finden neu zusammen, fallen auseinander, um im nächsten Moment wieder gemeinsam zu tanzen. Herrlich. Was dieses Album über die Gesamtlänge von 16 Tracks ausstrahlt, ist vor allem Vitalität. Es entwickelt gleich beim ersten Stück „Your Twinkling Eyes" eine magnetische Sogkraft, der man sich gerne freiwillig ergibt. Und Yokota experimentiert im Verlauf weiter, ohne experimentell zu wirken. Die hypnotische Atmosphäre wird mit Gitarren, Synthesizern, Gebetsgesängen, sanften Harfentönen, technoidem Stampfen und einem aufregenden Soundkosmos begleitet. Das alles minimal und punktgenau eingesetzt, damit ausreichend Platz zwischen den Klangräumen entsteht, die der Hörer mit eigenen Assoziationen und natürlich eigenen Emotionen füllen kann. Welch ein Trost, wenn Musiker, die bereits zu Beginn ihrer Karriere bemerkenswerte Alben herausgebracht haben, im Alter noch besser werden! Mit *Kaleidoscope* hat Yokota sein bestes Album abgeliefert. In diesem Jahr jährt sich der Todestag des Japaners zum sechsten Mal. Seine Musik lebt und wird für immer bleiben.

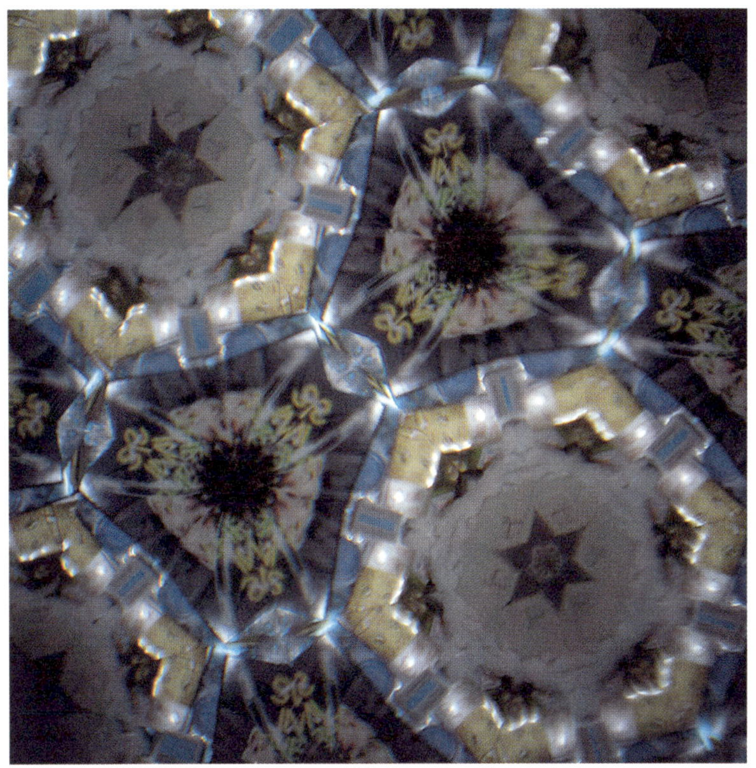

Album: Susumu Yokota – Kaleidoscope
Erscheinungsjahr: 2010
Label: Lo Recordings
Spielzeit: 01:09:12

Weiterhören:
Sakura (1999);
Grinning Cat (2001);
The Boy And The Tree (2002)

Stormloop – Snowbound

„Es ist betrübt, die langen Winterabende so allein zu sein", klagte einst Goethe. Tatsächlich mag sich vielleicht nicht jeder in der stillen Winterzeit mit melancholischen und vielleicht auch subjektiv traurigen Musikstücken identifizieren. Jedoch kommen Musikpsychologen wie Jonna Vuoskoski zu dem Schluss, dass in Zeiten der Melancholie das Interesse an traurigen Melodien steigt, da sie Trost spenden und für den Hörer gewissermaßen auch einen therapeutischen Wert haben. Auch wenn das Konzept und die Bilder des eisigen Wetters immer wieder im Rahmen von Ambient-Musik abgehandelt wurden, ist Kevin Spence aka Stormloop ähnlich wie Biosphere aus der Masse hervorzuheben. Der Engländer schuf mit *Snowbound* eine eindringliche und eisige Suite von insgesamt zehn Stücken, die eine wunderschöne gefrorene Stille ausstrahlen. Es ist kein Zufall, dass die Stücke im Winter aufgenommen wurden, als tiefer Schnee gefallen war, der über viele Wochen liegen blieb, und Spence vom Schneetreiben inspiriert bis tief in die Nacht komponierte. *Snowbound* erschien bezeichnenderweise auf dem Plattenlabel Glacial Movements, und zusammen mit dem einprägsamen Cover-Photo von Bjarne Riesto bildet das Konzeptalbum in der Musik und im Design eine homogene Harmonie. Die ersten Stücke, „Snowbound" und „Cold Winds", sind langsam und verträumt. Mal hört man ein fernes Klirren, ein leises Schmelzen und Wehen, welches durch den Hörkanal zieht und die Eislandschaften vor unserem geistigen Auge entstehen lässt. Flächenwelten, die wie mächtige Eisschollen durch die Stücke treiben. Dann kommt jedoch später mit „A Blizzard" der Auftakt zur schrofferen Seite der Natur, und Spence webt ein paar Noise-Elemente ein. Es fröstelt. „A calm reflection" bildet quasi den Gegenpol mit Melodiebögen, die ein wenig in Richtung Neoklassik gehen. Die folgenden Stücke führen den anfänglichen kristallinen Ambient fort und das Album schließt nach knapp einer Stunde mit dem zauberhaften „Cyngus". *Snowbound* ist ein authentisches Eintauchen in die Kälte, ein gletscherkaltes Album, das in dem Ambient-Kanon ganz weit oben anzusiedeln ist und mit dem Kevin Spence seine eigenen Spuren im Schnee hinterlassen hat.

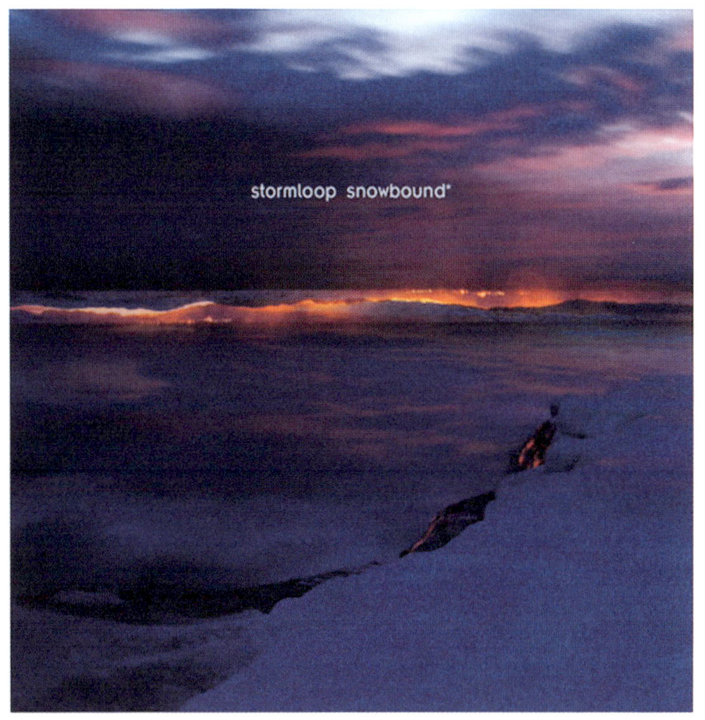

Album: Stormloop – Snowbound
Erscheinungsjahr: 2011
Label: Glacial Movements
Spielzeit: 00:53:45

Weiterhören:
Autumn (2009)

The Caretaker – An Empty Bliss Beyond This World

Beim erstmaligen Hören des achten Albums von Leyland Kirby aka The Caretaker überkommt einen unweigerlich das Gefühl, diese von ihm raffiniert überarbeitete Ballsaal-Musik aus Vorkriegszeiten bereits gehört zu haben. Vielleicht erinnert sich der ein oder andere an die berühmte Filmszene aus Stanley Kubricks *The Shining* mit Jack Nicholson, als der Protagonist beim Ober einen Bourbon on the rocks bestellt? Die Hintergrundmusik zu dieser Szene hätte auch von Leyland Kirby stammen können. In seinem Elternhaus in England sammelten sich über die Jahre eine Vielzahl alter Schellackplatten an, welche die Grundlage für diese schaurig-schönen Samples auf *An Empty Bliss Beyond This World* bildeten. Der Musiker und Produzent, der das Album zum großen Teil in Berlin aufgenommen hat, macht hier nostalgische Musik, die sehr stark fragmentiert ist und zugleich auch aufzuzeigen versucht, wie unsere eigene Erinnerung funktioniert. Denn das Album entstand nach eigenen Aussagen inspiriert von einer Studie, welche beschrieb, dass sich Alzheimer-Patienten leichter Informationen merken können, wenn diese in den Kontext der Musik eingebettet sind. Mit sehr einfachen, fast schon subtilen Mitteln schafft er es, den Hörer auf eine hypnotische und faszinierende Reise mitzunehmen und Momente zu rekontextualisieren. Spannendes Detail dabei: Den Track „Mental Caverns Without Sunshine“ lässt der Künstler von dem zweiminütigen Song „Pared back tot he minimal“ unterbrechen, bevor er ihn wieder aufnimmt. The Caretaker überrascht uns sozusagen mit einem Déjà-vu. Die tatsächliche Menge an musikalischem Material ist dabei überschaubar gering: Da haben wir die bereits angesprochenen alten Jazz-Samples, Wiederholungen, ein elektronisches Zischen hier und da und immer wieder kleine Klavier-Arrangements. Davor, dazwischen und danach: das Knistern und Rauschen von Platten, das jeden Plattenliebhaber unter anderen Umständen auf die Palme bringen würde. Sein Opus Magnum ist nicht nur sein erfolgreichstes Album – seit 2011 wurde es ganze acht Mal auf CD und Vinyl wiederveröffentlicht –, es stellt auch den Auftakt eines sechs Alben umfassenden Projektes dar, welches in der *Everywhere At The End Of Time*-Reihe unterschiedliche Stadien von Demenz thematisiert. Klingt düster? Ist es aber nicht. Einer der unglaublichsten Aspekte der Musik ist es doch, dass sie die erstaunliche Kraft besitzt, emotionale Landschaften und auch Portraits oder Orte zu schaffen, die uns in ihren Bann ziehen. Dem Caretaker ist es in der Tat gelungen, einen einzigartigen Soundkosmos zu erschaffen, und er will eigentlich nur, dass wir uns Zeit nehmen und ihm zuhören.

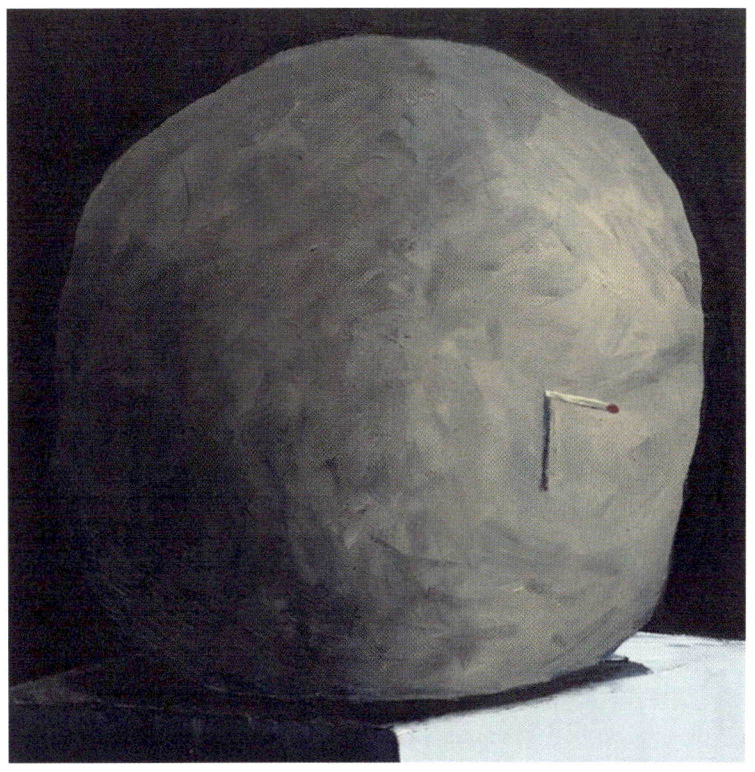

Album: The Caretaker – An Empty Bliss Beyond This World
Erscheinungsjahr: 2011
Label: History Always Favours the Winners
Spielzeit: 00:45:29

Weiterhören:
Everywhere At The End Of Time (2016)

Celer – I, Anatomy

Bei Celer handelt es sich um ein umtriebiges Genie im Range eines Bob Dylan, anders ließe sich wohl nicht der produktive Schaffensdrang von mittlerweile über 150 Alben erklären. Dazu kommt etwa dieselbe Anzahl an Singles und EPs, die gleichermaßen einen sehr hohen Qualitätsanspruch haben und von Ambient-Kennern gefeiert werden. Den Überblick über die Diskografie des nach Japan emigrierten, aber gebürtigen Amerikaners Will Long zu behalten, fällt schwer. Streaming-Diensten sei Dank kann man sich neben den Tapes, CDs und Schallplatten auch digital einen recht guten Überblick über seinen gesamten musikalischen Output verschaffen. Das Album *I, Anatomy* vereint vier Kompositionen (darunter die bereits 2007 erschienenen EPs *All At Once Is What Eternity Is* und auch *The Die That's Caste)* und nimmt den Hörer vom ersten Moment mit auf eine (ent-)spannende Erzählreise. Die Tracks sind von epischer Länge, ohne dabei Gefahr zu laufen, langweilig zu werden und passen auf genau jeweils eine Seite der wunderschönen Doppel-LP-Ausgabe. Das Cover der nächtlich-märchenhaften Schlossdarstellung gibt das Programm des Albums vor. Der Hörer betritt dieses schemenhafte Gebäude jedoch allein, und wird dabei von der Musik getragen. Was er darin erlebt, entscheidet er selbst, wenn er die Augen schließt. Ohne Zweifel ist *I, Anatomy* eines der wichtigsten und persönlichsten Werke von Will Long, denn er präsentiert hier Material, welches er zusammen mit seiner viel zu früh verstorbenen Ehefrau Danielle Baquet-Long geschrieben und zusammengestellt hat. Die beiden bildeten von 2005 bis 2009 ein musikalisches Traumpaar, das sich neben der Musik auch einen Namen in der Fotografie und Literaturszene machte, ehe Danielle mit nur 27 Jahren an den Folgen einer Herzerkrankung verstarb. Trotz des Kontextes, in dem dieses Album veröffentlicht wurde, ist es erstaunlich beruhigend, erhebend und alles in allem tatsächlich farbenfroh. In die warmen Drones fließen immer wieder spielerische Verzierungen wie Fieldrecordings vom Jahrmarkt, Glockenspiele, eigens geführte Interviews und auch Filmzitate mit ein und machen die Platte zu einem faszinierenden Kunstwerk.

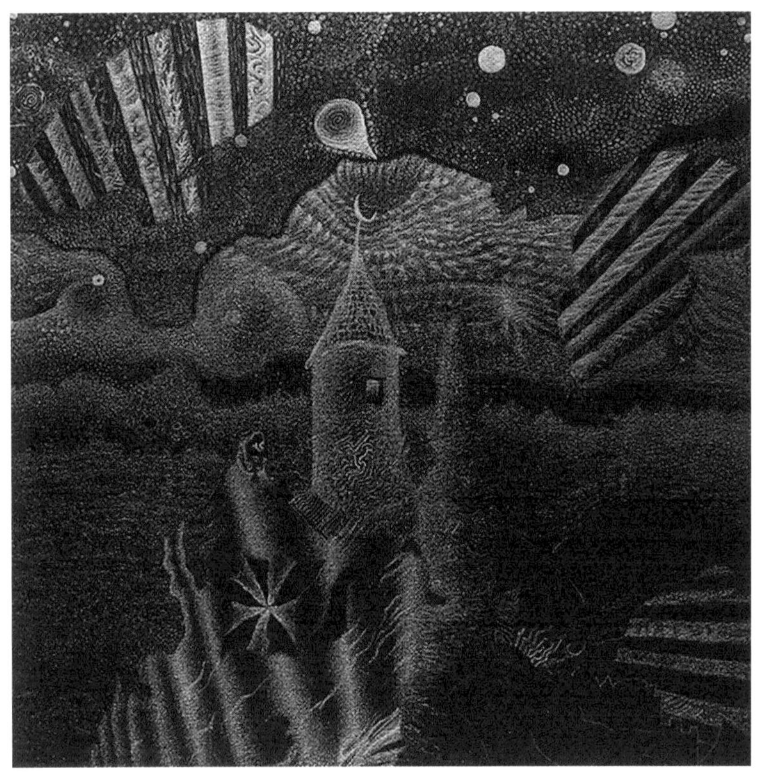

Album: Celer – I, Anatomy
Erscheinungsjahr: 2012
Label: Streamline
Spielzeit: 01:17:14

Weiterhören:
I Love You So Much I Can't Even Title This (The Light That Never Goes Out Went Out) (2008);
The Everything And The Nothing (2008);
Engaged Touches (2010);
Memory Repetitions (2018)

Pinkcourtesyphone – Elegant & Detached

Eines gleich vorweg: Richard Chartier hat 2012 unter dem Pseudonym Pinkcourtesyphone mit *Elegant And Detached* ein Meisterwerk und eines der wichtigsten Ambient-Alben der 2010er Jahre veröffentlicht. Zwar gründete er gemeinsam mit Taylor Deupree – einem der namhaftesten zeitgenössischen Protagonisten im Master Engineering im Ambient-Sektor – das Sublabel LINE, um allmögliche Installationsarbeiten internationaler Klangkünstler zu dokumentieren. Erschienen ist *Elegant And Detached* dennoch auf Room40. Im Vergleich zu den Werken, die er unter seinem bürgerlichen Namen veröffentlicht, gibt ihm der Alias offensichtlich Raum für einige spielerischere und assoziativere Klanglandschaften. Der bekennende David Lynch- und Rainer Werner-Fassbinder-Fan schuf auf seinem zweiten Langspieler ein cineastisch geheimnisvolles Ambiente, mal traumartig wie im Opener „Petraglyph (For Rainer)" oder düster und unterkühlt wie in „An Awaiting Room (For Tati)". Dabei wurden die loop-basierten Drones aus Feldaufnahmen, Synthiesounds und geschickt eingesetztes (rhythmisches) Rauschen samt Vocalsamples aus Fassbinder-Filmen atmosphärisch eindrucksvoll miteinander verwoben und entwickeln so eine starke Sogwirkung. Das minimalistische Werk des US-amerikanischen Klangkünstlers und Designers erforscht dabei die Beziehung zwischen Klang, Stille, Fokus und dem Akt des Zuhörens. Und wer hier genau die Ohren spitzt, wird in mehrfacher Hinsicht belohnt und merken, dass es neben den typischen stilistischen Ambient-Elementen auch schwirrende Echos von Stimmen oder anderen Musiken gibt, also Charakteristika der Hauntology, sprich der Heimsuchung der Gegenwart durch Ideen aus der Vergangenheit. Und wie klingt das? Verstörend, unerwartet und andererseits sehr angenehm, beinahe tröstlich, dabei immer etwas unheimlich. Wer sich beschwert, dass aktuelle Ambient-Veröffentlichungen wenig Überraschendes zu bieten haben, sollte sich dieses Album auf Kopfhörern gern einmal anhören. Eine außergewöhnliche Klangschönheit in Cinemascope vom Anfang bis zum Ende, in der man sich verlieren kann.

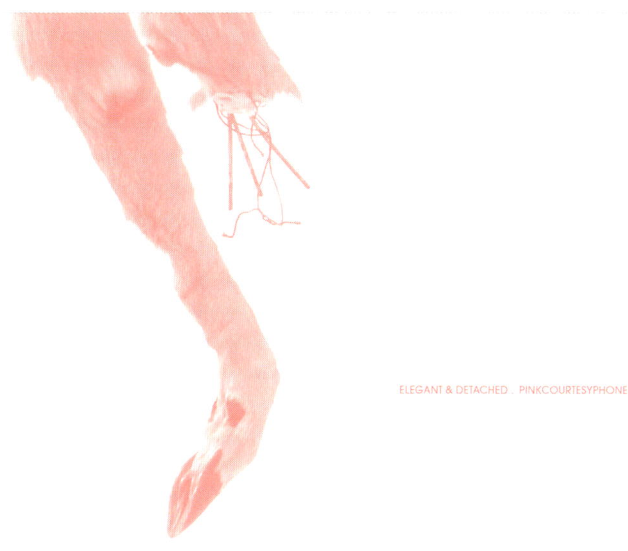

Album: Pinkcourtesyphone – Elegant & Detached
Erscheinungsjahr: 2012
Label: Room40
Spielzeit: 01:11:31

Weiterhören:
Foley Folly Folio (2012);
Indelicate Slices (2017)

Simon Scott – Below Sea Level

Simon Scott, Drummer der seit den späten 1980er Jahren aktiven Shoegaze-Combo Slowdive, wandelt als Solokünstler Gott sei Dank auf ruhigeren Pfaden und hat mit seinem Sound-Ökologie-Album *Below Sea Level* einen großen Wurf in der Ambient-Szene landen können. Auf seinem sechsten Album lebt der Brite seine Leidenschaft für das tiefe Hören von Räumen und Orten aus, indem er mittels Field Recordings die Fens, ein Naturschutzgebiet in East Anglia (Großbritannien), akribisch erforscht. Die Klangwelt dieses Ortes, den Scott als Kind häufig besuchte, wurde von ihm in einem Zeitraum von etwa zwei Jahren immer wieder mit Hydrophonen und speziell angefertigten Aufnahmegeräten eingefangen. Dieses Gebiet liegt tatsächlich unterhalb des Meeresspiegels, woher sich auch der Titel des Albums ableitet. Alle Stücke sind mit *Sealevel* benannt und von 1 bis 7 durchnummeriert. Der CD-Veröffentlichung liegt ein 80-seitiges Hardcover-Journal bei, welches neben einem von Scott verfassten Aufsatz mit dem Titel *Exploration of the Subterranean Fenland Environment* noch Notizen, Skizzen und Fotografien aus der Gegend beinhaltet. Was für eine persönliche Hingabe. Mit dem fast siebenminütigen Opener *Sealevel 1,* einem Gefühlsmagnet vor dem Herrn, offenbart Scott seine Herangehensweise: Die Feldaufnahmen drängen sich nie in den Vordergrund des Geschehens, sondern sie sind nur ultraleise angedeutet und fordern somit den (Zu-)Hörer auf, die Ohren weiter aufzuspannen, näher an das gesamte Naturspektakel heranzurücken. Auch in *Sealevel 2* und den Folgestücken zirpt und zwitschert es und die Scotts-Gitarre kommt wieder zum Einsatz. Die immer wiederkehrende Gegenüberstellung von analogen und digitalen Klangfarben und Texturen, von künstlichen und natürlichen Klängen schafft episch verwobene akustische Landschaften, die den Hörer sprachlos und mit offenem Mund zurücklassen. Was für ein gewaltiges Naturhörspiel!

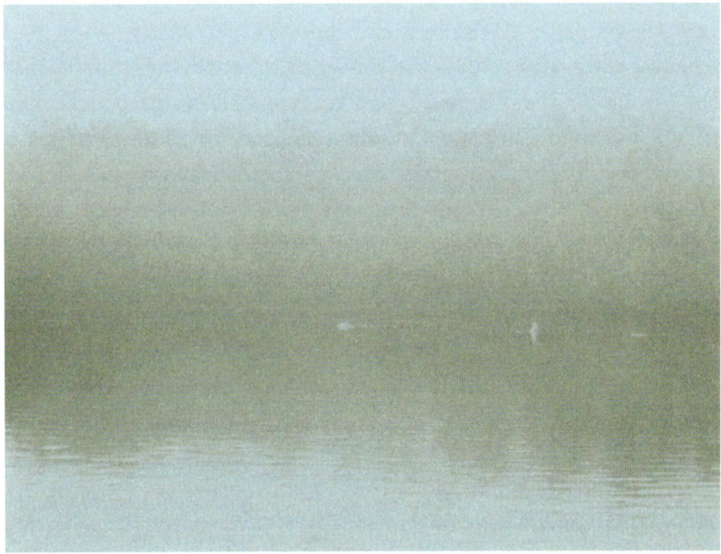

Album: Simon Scott – Below Sea Level
Erscheinungsjahr: 2012
Label: 12k
Spielzeit: 00:43:10

Weiterhören:
Marcus Fischer & Simon Scott – Shape Memory (2018);
Migrations (2020)

Szymon Kaliski – From Scattered Accidents

„Willst du gelten, mach dich selten“, so lautet der umgangssprachliche Rat. Kann schon sein, dass die Ungewissheit die Anziehungskraft steigert, dennoch hätte man sich nach dem fulminanten *From Scattered Accidents* des polnischen Multimedia-Künstlers Szymon Kaliski aus dem Jahr 2012 einen zeitnahen Nachfolger gewünscht. Der Info des von Ricks Ang gegründeten Kitchen.Label nach geht es in dem Album um die Themen Unvollkommenheit und flüchtige Phänomene und dürfte Fans von Chihei Hatakeyama oder Andrew Chalk gefallen. Stimmt. Das Eröffnungsstück „Of Symmetry“ steckt gleich zu Beginn das Koordinatensystem ab, in dem sich das Album mit seinen an die Fünf- oder Sechsminutenmarke schrammenden Ambient-Skizzen fortan bewegt. Wunderschöne rauschende Soundflächen als Verbindung zur Welt da draußen, die von verträumten Piano-Einsprengseln bereichert werden. Aufdrehen bedeutet bei diesem Album gleichzeitig auch abschalten. Dabei richten sich die Nackenhärchen auf, während die Musik wie beim zweiten Track „Or Detachment“ unsere Sinne betäubt. In den acht Stücken nimmt sich Kaliski Zeit für die kleinen Sachen und Nebensächlichkeiten. Sich treiben lassen, tagträumen und danach auf einer Wiese liegend in den Himmel schauen. Mit „Not What They Seem“ erreicht *From Scattered Accidents* einen frühen Höhepunkt. Es scheint, als bliebe die Musik gleich stehen. Verstärkt wird die Harmonik und Dynamik schließlich noch durch zwei Kollaborationen mit den wunderbaren Komponisten Peter Broderick („Interlude I“) und Aaron Martin („Interlude II“), welche die szenische Intensität und Emotionalität des Werkes steigern. Gelungen abgerundet und abgeschlossen wird das Album mit „So Indistinct“. So klingt ein über jeden Zweifel erhabenes neoklassizistisches Ambient-Album.

From Scattered

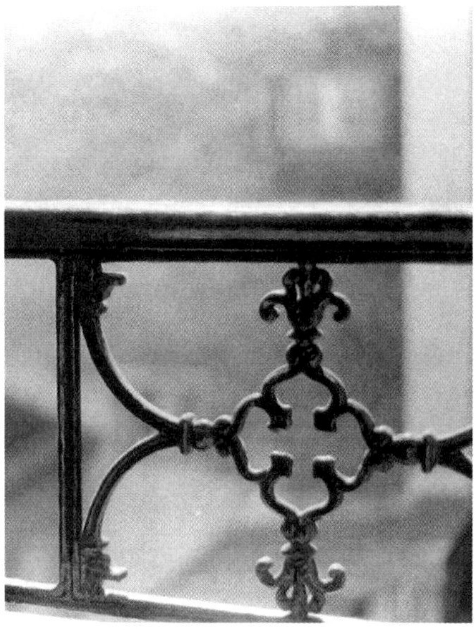

Accidents Szymon Kaliski

Album: Szymon Kaliski – From Scattered Accidents
Erscheinungsjahr: 2012
Label: KITCHEN. LABEL
Spielzeit: 00:45:33

Weiterhören:
For Isolated Recollections (2011)

Voices From The Lake – Voices From The Lake

Wie jeder weiß, wurde Rom auf sieben Hügeln erbaut. Doch es gibt noch weitere Erhebungen. Donato Dozzy (eigentlich Donato Scaramuzzi) lebt fast auf der Spitze des Monte Mario, dem höchsten Hügel Roms, der im Norden der Stadt liegt, nicht weit entfernt vom Olympiastadion. Eine sehr ruhige Gegend. Das vorliegende Album wurde jedoch in der Zeit aufgenommen, als Dozzy seiner Geburtsstadt den Rücken zugekehrt und eine Weile in Berlin gelebt hat. Zusammen mit Neel (bürgerlich Giuseppe Tillieci) bildet er das Duo Voices from the Lake, und gemeinsam haben sie 2012 mit dem selbstbetitelten Album einen mächtigen Wurf gelandet, dem man gerade zu Beginn ein wenig Zeit lassen darf, damit er sich zu seiner vollen Größe ausdehnen kann. Spitzt man die Ohren, vernimmt man kleine Verneigungen in Richtung früherer Minimal-Klassiker wie Richie Hawtin oder Mika Vainio, ohne dass sich die Musik im reinen Zitateverwalten ergehen würde. Im Gegenteil, die beiden Italiener kochen nicht einfach die einmal schlau generierte Erfolgsformel auf, sondern entwickeln diese weiter zu einem eigenständigen und eigensinnigen römischen Entwurf von Ambient-Techno. Schon der großartige Opener „In Giova" könnte mit seiner kühlen Ästhetik kaum besser die Richtung für den Rest des Albums vorgeben. Es frickelt, plockert, blubbert, zischt und knackt gewaltig und der warme, somnambule Bass zieht sich durch die gesamten 70 Minuten Spiellänge. Und doch geht es auf dem gesamten Album immer um Reduktion. Die Loops legen sich auf „VFTL" übereinander, verzahnen sich und ergeben zusammen eine dichte Musik, die in ihrer Grundstimmung recht kühl ist. Trotz des unterkühlt-melodischen Ansatzes kann man beim Zuhören herrlich wegdriften und sich sein eigenes Bild der im Titel suggerierten Seenlandschaft machen. Erster Höhepunkt ist sicherlich das durch mantrische Tribal-Rhythmen getragene 13-minütige „Meyku" – spätestens jetzt darf man auch mit der Tanzfläche liebäugeln. Hier jagt ein Hit den nächsten. Zumindest in einer besseren Welt wären die kristallinen Ambient-Techno-Stücke Hits. Das leise, elektronische, präzise und kühle *Voices from the Lake* ist sicherlich eines der besten Ambient-Platten der 2010er Jahre. Das beste Album des Jahres 2012 ist es allemal!

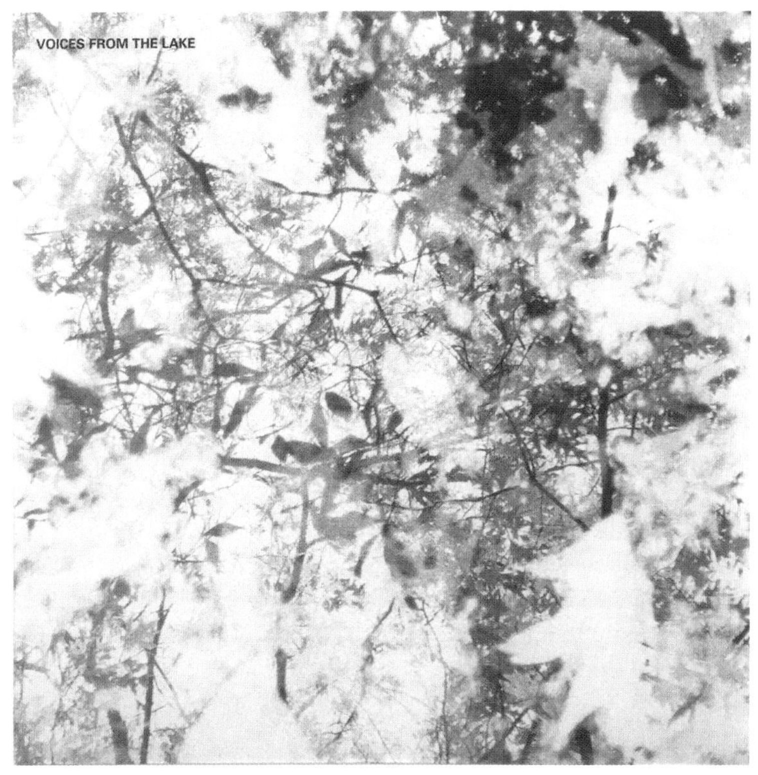

Album: Voices From The Lake – Voices From The Lake
Erscheinungsjahr: 2012
Label: Prologue
Spielzeit: 01:10:16

Weiterhören:
Live At Maxxi (2015)

William Basinski – The Disintegration Loops

Jeder weiß wohl noch, was er am 9/11 gemacht hat, als er von den unfassbaren Terroranschlägen auf die Stadt New York erfahren hat. Im Falle des hageren US-Amerikaners William Basinski ist dies auch belegt. An dem besagten Tag versuchte er, eigene Loops von Tonbändern aus den 1980er Jahren zu digitalisieren, um sie vor dem Verfall zu retten. Beim Abspielen löste sich jedoch altersbedingt die Beschichtung von den Tapes. Diesen Prozess des Materialverfalls nahm der Komponist akustisch auf. Auflösungserscheinungen und der Tod sind in seinem Schaffen stetig präsente Konstanten. Am 11. September 2001, kurz vor den Anschlägen auf das World Trade Center, waren die Arbeiten an den Tonbändern beendet. Danach saß er nur noch fassungslos und gelähmt mit engen Freunden in seiner Dachwohnung in Brooklyn, filmte die um sich greifenden Staubwolken der in sich zusammenfallenden Türme und hörte den gesamten Tag über seine Aufnahmen. Rund um diese tragischen Ereignisse vom 9/11 ist ein unbeabsichtigtes Meisterwerk entstanden: das vierteilige Album *The Disintegration Loops*. Eine beeindruckende Elegie, die einzigartig in der Musikgeschichte ist. Das Konzeptalbum wurde 2002 auf Basinskis Label 2062 Records veröffentlicht. Die Teile II bis IV folgten 2003. Im Jahr 2012 wurden alle vier Teile in einem schweren Vinylbox-Set neu veröffentlicht, das mittlerweile kaum noch erschwinglich ist. William Basinski war übrigens bereits 40 Jahre alt, als er sein Debütalbum *Shortwave Music* veröffentlichte. Nur kurze Zeit später machte ihn die Veröffentlichung der langsamen und melancholischen *Disintegration Loops* weltbekannt, denn gewissermaßen wird darauf der zuvor beschriebene Auflösungsprozess der Tapes zum Requiem eines ganzen Zeitalters und markiert zugleich den Beginn eines neuen. Das gesamte Album besteht aus nur wenigen repetitiven Loops, die nach und nach immer undeutlicher zu werden scheinen und akustisch ineinanderfallen. Loops, in denen man aufbricht, ohne anzukommen. Allein der Opener des Albums *dlp1.1* erstreckt sich über eine gesamte Stunde, obgleich die verwendete Soundquelle nur etwa zehn Sekunden dauert. Das ganze Stück zu hören bedeutet also, diesem Segment viele hundert Mal zu lauschen. Das macht *Disintegration Loops* zu einer überwältigenden und atemberaubenden Hörerfahrung, die einen so schnell nicht wieder loslassen wird. Basinski hat nicht nur Ambient-Geschichte geschrieben, sondern auch eines der definitiven und definierenden Alben über New York kreiert. Ehrfurcht gebietend.

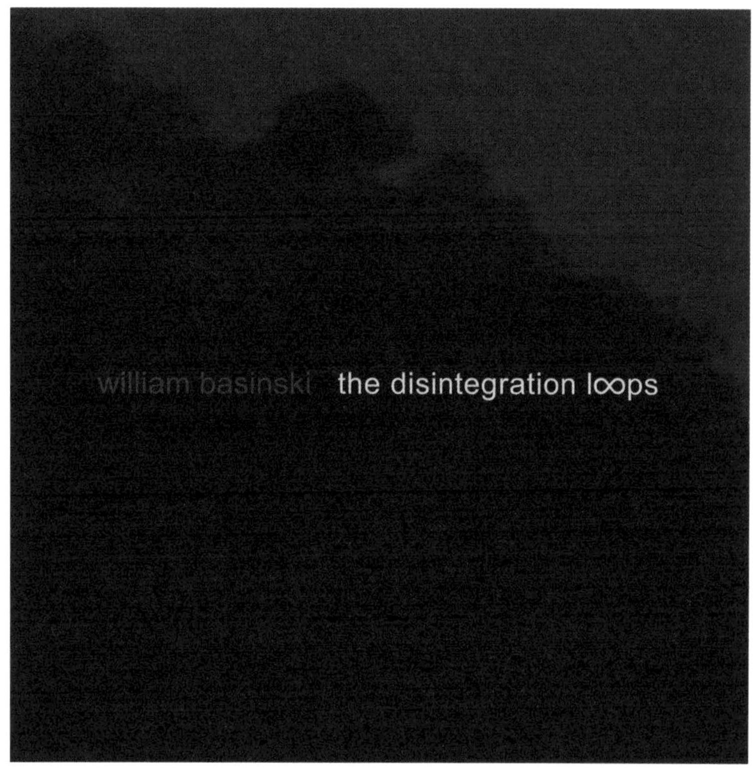

Album: William Basinski – The Disintegration Loops
Erscheinungsjahr: 2012
Label: Temporary Residence
Spielzeit: 04:56:22

Weiterhören:
Shortwavemusic (1998);
A Red Score In Tile (2003);
A Shadow In Time (2017);
Lamentations (2020)

Kyle Bobby Dunn – Kyle Bobby Dunn & The Infinite Sadness

Kyle Bobby Dunn ist ein kanadischer Komponist mit Fokus auf gitarrenbasierter Drohnenmusik, die sich vor allem durch zerbrechliche Melodien, ungreifbare Themen und teilweise geisterhafte Obertöne auszeichnet. Dunn begann zunächst unter dem Einfluss von klassischen Komponisten wie Arvo Pärt und Ennio Morricone Ende der 1990er Jahre, seine Musik für ein paar Filme zu komponieren, ehe er 2007 mit *Music For Medication* sein Debutalbum veröffentlichte. Mit seinem Hang zu feinen Details und seinem untrügerischen Gespür für Atmosphäre ist das Gesamtwerk von Dunn für die elektronische Ambient-Musik ein wahrer Glücksfall. Sein bisher stärkstes Album *Kyle Bobby Dunn & The Infinite Sadness* versammelt auf einer epischen Albumlänge von mehr als zwei Stunden insgesamt 19 Stücke, bei denen man sich einfach nur zurücklehnen kann, während einem die Musik durch den Kopf strömt. Schnell wird klar, dass der Reichtum an (klassischen) Arrangements und Texturen den typischen Minimalismus des Ambient-Genres deutlich übersteigt. Sicher, zur Verortung seiner Musik kommt man um die Eckpunkte kaum herum (Brian Eno, Kosmische Musik). Dunn stiefelt jedoch nicht in hündischer Treue irgendwelchen Großtaten hinterher, sondern hat seine eigene unverwechselbare Handschrift gefunden und brilliert auf seinem Opus Magnum mit flächig fließender Kopfmusik, die zugleich kraftvoll und still wie die See ist. Trotz der bereits angesprochenen Länge kommt nie Langeweile auf und die Tracks treiben mit einer beeindruckenden klanglichen Präsenz wie Zeitlupen-Sounds vor sich hin. In der Gesamtbetrachtung ist das Album nicht nur schön, sondern passt auch noch hervorragend zu temporären Winterdepressiönchen. Dunns düster-bizarre Songtitel können dialektisch durch den Prediger Salomo im Alten Testament ins Schöne umgekehrt werden, als dieser sagte: „Trauern ist besser als Lachen; denn durch Trauern wird das Herz gebessert." Kyle Bobby Dunn ist einer der wenigen Hüter des Wahren, Schönen und Guten, der zart besaiteten Zeitgenossen Freudentränen in die Augen treiben kann. Das Album ist ein Muss.

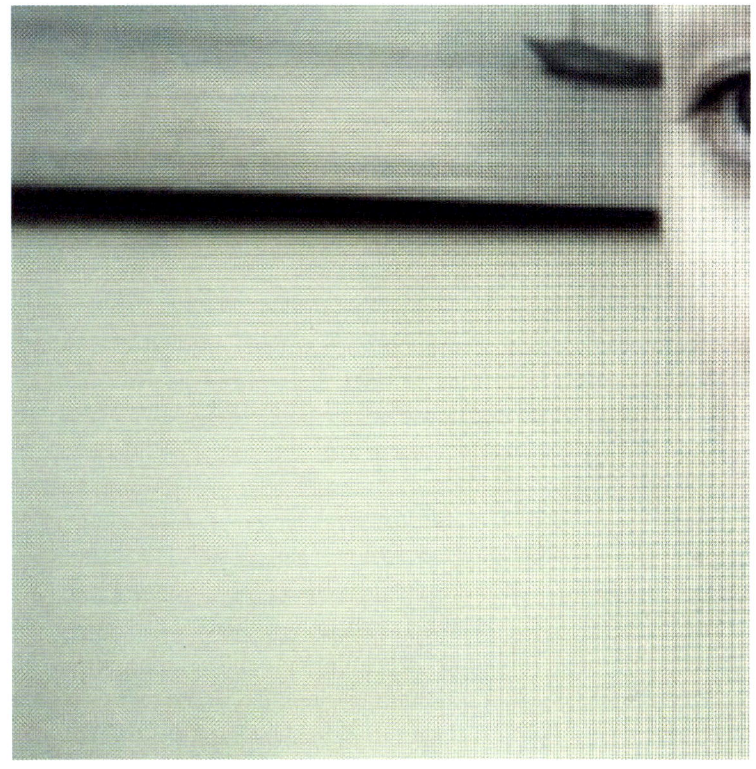

Album: Kyle Bobby Dunn – Kyle Bobby Dunn & The Infinite Sadness
Erscheinungsjahr: 2014
Label: Dunn Music
Spielzeit: 02:09:43

Weiterhören:
Bring Me The Head Of Kyle Bobby Dunn (2012);
From Here To Eternity (2019)

Ø – Konstellaatio

Ø ist der Alias des leider viel zu früh verstorbenen finnischen Produzenten und Klangkünstlers Mika Tapio Vainio, mit welchem er auf seinen Alben meist zwischen minimalistischen Technostrukturen und ambienten Klaustrophobien oszillierte. Seine musikalische Karriere begann zunächst als Teil der frühen finnischen Industrial- und Noise-Szene. 1993 gründete er zusammen mit Tommi Grönlund das legendäre Label Sähkö Recordings, benannt nach dem finnischen Wort für Elektrizität. Anlass für die Gründung war die sich anhäufende Musik Vainios, der neben seinem Pan-Sonic-Projekt eine erfolgreiche Solokarriere startete. Neben dem Klassiker *Olento* steht auch sein Meisterwerk *Konstellaatio* von 2014 für die Reinheit und Klarheit der Sähkö-Releases und überzeugt in beeindruckender Manier durch seine reduzierten Klangmodulationen, die zur persönlichen inneren Einkehr führen. Zu dieser gelangt der aufmerksame Hörer nach einem Wechselbad der Gefühle, das von Klaustrophobie, kompletter Vereinsamung und gleichermaßen Freude und Entzücken reicht. Die Grundstimmung bleibt jedoch dunkel und wir erforschen gemeinsam mit Vainio Orte, bei denen weitere Vergleiche irgendwie zu kurz greifen und wo auch die Adjektive scheitern. Charakteristisch für das Album ist jedoch der emotionale, anschmiegsame Post-Minimaltechno sowie die Ambient-Soundflächen, die wie in „Syvyydessä Kimallus" oder „Syvänteessä Pukinjalkaisen" in Zeitlupentempo wie Wolken am Hörer vorbeiziehen. Die Stärke dieser Platte liegt in ihrer Zeitlosigkeit. Und die resultiert aus der Abgeklärtheit, mit der Mika Vainio hier zu Werke geht. *Konstellaatio* muss nichts mehr beweisen oder eine spezifische Funktion erfüllen und ist schlicht wie ein Markstein: sicher und souverän gesetzt. Es ist auch ein Geschenk, für das man allerdings bezahlen muss. Mit Mika Vainio hat die elektronische Musik 2017 nicht nur einen ihrer bedeutendsten Pioniere verloren, sondern auch einen ihrer unbekanntesten.

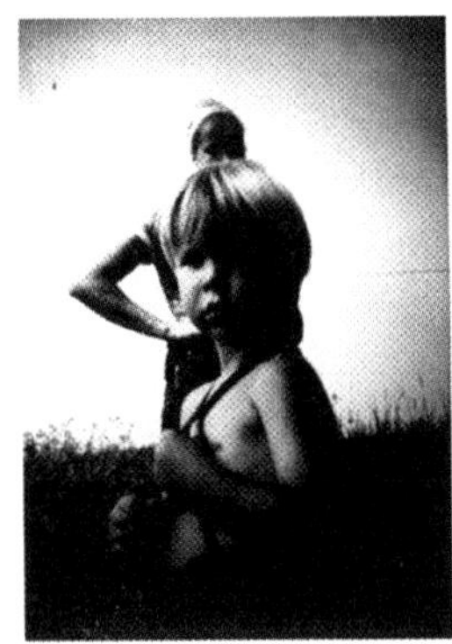

Album: Ø – Konstellaatio
Erscheinungsjahr: 2014
Label: Sähkö Recordings
Spielzeit: 01:06:10

Weiterhören:
Olento (1996)

Günter Schlienz – Treehut Visions

Der britische Künstler Peter Schmidt sagte einst „In a roomful of shouting people, the one who whispers becomes interesting". Das trifft auch im Falle des Augenblickgestalters Günter Schlienz zu wenn man ihn kurz vor einen seiner raren Live-Auftritte beobachtet. Sobald der Gig startet, ist es nach knapp einer halben Minute bereits geschehen: Der Hörer verfällt den warmen akustischen Tönen, die auf Kontemplation und nicht auf Überwältigung abzielen. Der aus Stuttgart stammende Klangarchitekt Schlienz ist tatsächlich einer der wenigen aktiven deutschen Ambient-Protagonisten, den man sich wirklich merken sollte. Nach einigen Projekten in ein paar Stoner-Rock-Bands begann Schlienz in den frühen Nullerjahren damit, eigene modulare Synthesizer zu bauen und mit Tape Loops sowie vereinzelten Fieldrecordings zu arbeiten. Schon jetzt blickt er auf einen beeindruckenden Katalog zurück, der sich aus Tapes, cdr und Vinyl zusammensetzt. Neben seinen eigenen Alben, welche auf diversen Labels erschienen sind, gründete Schlienz 2012 sein eigenes Cosmic Winnetou Tape Label und gibt so der Tape-Gemeinde, die ihn mit offenen Armen aufnahm, etwas zurück. *Treehut Visions* erschien 2014 als eine auf nur 100 Exemplare limitierte Kassette und steht mit den großen Alben der Urväter des Ambient wie Harmonia oder Cluster in einer Reihe. Brüder im Geiste. Die minimalistische, teils akademische Musik von Schlienz hat ihre Wurzeln auch in den Kompositionen von Erik Saties *Musique d'ameublement,* und besteht aus kurzen Musiksequenzen, die sich stetig wiederholen. Der Titel des Albums wurde von Jack Kerouacs „Visions"-Romanen, den Kindheitserinnerungen des amerikanischen Schriftstellers, inspiriert. Es mag schwerfallen, in diesem Fall von einem Konzeptalbum zu sprechen. Das Schöne jedoch ist, dass die Stücke jeweils ihre eigene Narration besitzen und man am liebsten wie im Depeche Mode-Video „Enjoy The Silence" als König verkleidet auf einen Berg steigen und die Stille und mit einer properen Gänsehaut die innerliche Ruhe genießen will. Kategorie: sträflich unterschätzt.

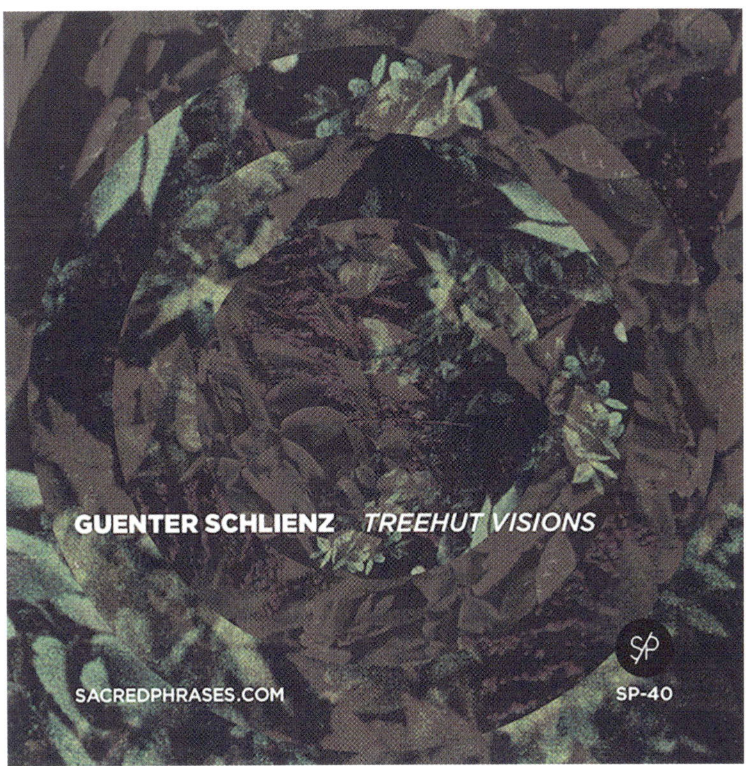

Album: Günter Schlienz – Treehut Visions
Erscheinungsjahr: 2014
Label: Sacred Phrases
Spielzeit: 00:58:37

Weiterhören:
The Dalmatian Tapes (2010);
Augenblicke (2016);
Sterne über der Stadt (2017)

Rafael Anton Irisarri – A Fragile Geography

Der leider viel zu früh verstorbene englische Radiomoderator John Peel legte besonders gern Musik von unangepassten und oft unbekannten Musikern auf. Die Liste der Künstler, die er über mehrere Dekaden gefördert hatte, könnte ein eigenes Buch füllen. Da er aus seinem persönlichen Musikarchiv auch gern Ambient-Alben vorstellte, bin ich mir ziemlich sicher: Er hätte dieses Album geliebt und oft gespielt. Der Drone-Klassiker *A Fragile Geography* von Rafael Anton Irisarri ist ebenso wie sein Vorgänger *The Unintentional Sea* auf dem Label Room40 von Lawrence English erschienen und knüpft da an, wo er zuvor aufgehört hatte. Vielleicht klingt Irisarris sechstes Studioalbum aber auch durch eine persönliche Verlusterfahrung eine Nuance fragiler, denn während seines Umzugs von Seattle nach New York wurde ihm das komplette Studio-Set-Up gestohlen. Ein Albtraum. *A Fragile Geography* ist insgesamt konsistenter, eine bestimmte Energie zieht sich durch alle Stücke. Die tiefen, fast majestätischen Flächenkomplexe erscheinen teilweise schroff wie beim düsteren „Empire Systems“, jedoch niemals ohne Sensibilität wie beim charismatischen Eröffnungsstück „Displacement“ zu hören. Aufdringlich ist keines der insgesamt sechs Stücke, widerstehen kann man ihnen trotzdem nicht. „Reprisal“ lässt Irisarris Vorgehensweise am klarsten erkennen: Er bedient sich vorwiegend an Elementen von Feedback, Noise, Drone, Granularsynthese, um eine schmerzvoll gefühlsbetonte und leidenschaftlich durchdringende Klanglawine auszulösen. Dabei legt er dichte Schichten aufeinander und schafft mit viel Hall und Verzögerung einen Soundkosmos, der eine gar filmische Qualität suggeriert, wie halb erinnerte, grobkörnige Schwarz-weiß-Träume. In der Tat könnte *A Fragile Geography* auch den Soundtrack eines Films von David Lynch, Jan Švankmajer oder Werner Herzog bilden, die Irisarri als Inspirationsquellen für seine Musik nennt. Gestrichene Gitarrentexturen, tiefe pulsierende Basstöne, Feldaufnahmen, versunkene Klaviernoten, melancholische Streicher und ein Grundrauschen tragen alle gleichermaßen zu dieser bannenden Tonalität bei. Absoluter Tipp für die düsteren Tage des Jahres und die reduzierten Stunden.

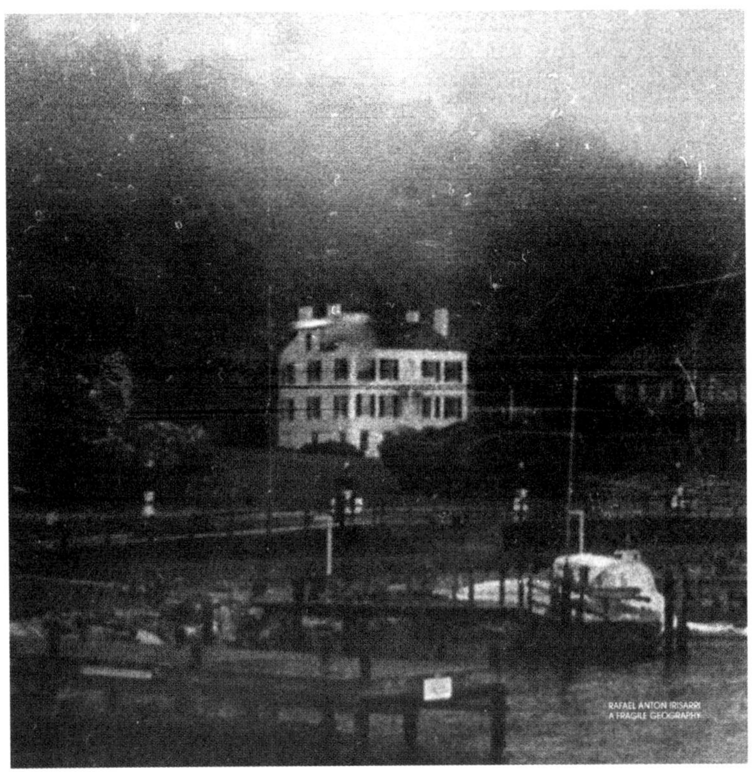

Album: Rafael Anton Irisarri - A Fragile Geography
Erscheinungsjahr: 2015
Label: Room40
Spielzeit: 00:40:32

Weiterhören: The North Bend (2010);
The Unintentional Sea (2013);
El Ferrocarril Desvaneciente (2018)

Chihei Hatakeyama – Moon Light Reflecting Over Mountains

„Workaholic: Ein Mensch, der stetig und zwanghaft arbeitet. Dabei bezeichnet Arbeitssucht das Krankheitsbild eines ‚Arbeitssüchtigen', eines für sein Wohlbefinden, seine vordergründige Gesund- und Zufriedenheit oder seinen scheinbaren Erfolg von der Ausübung von Arbeit im medizinischen Sinne abhängigen Menschen." Ein Workaholic ist der Japaner Chihei Hatakeyama mit bislang über 70 produzierten Alben zweifelsohne. Wenn man ihn live erlebt und Interviews von ihm liest, scheint es ihm dabei aber recht gut zu gehen. Der auf diversen Labels verteilte musikalische Output des Komponisten, Gitarristen und Labelbesitzers ist umso erstaunlicher, wenn man sich vergegenwärtigt, dass Chihei Hatakeyama eher zufällig durch „Trial-and-Error" die Ambient-Musik für sich entdeckte. Ansonsten würde er nach eigenen Aussagen eher Musik im Stile von My Bloody Valentine oder The Velvet Underground machen. Aus den musikalischen Anfangstagen ist ihm einzig noch die Steel-Gitarre ein treuer Begleiter. Die entfernten hauchdünnen Gitarrenklänge und die dazu fein abgestimmten elektronischen warmen Klänge sind ein Wesensmerkmal vieler seiner Alben. So wie auch bei *Moon Light Reflecting Over Mountains*, dem dritten Album auf dem Label Room40, das kein anderer als Lawrence English um den Milleniumswechsel gegründet hatte. Vom Opener *Prince Of The Sea* bis zum finalen Titel *End Of The Night* dient die Gitarre erkennbar als tröstendes Element und verleiht der acht Tracks umfassenden Reise einen Rahmen. Als Inspirationsquelle greift Chihei Hatakeyama öfter auf Kunstgemälde zurück und beginnt sein Werk auf ähnliche Art und Weise wie ein Maler, indem er mit seinem Synthesizer, seiner Gitarre oder seiner Effekt-Einheit einen Ton und eine Farbe festlegt und über diesen Klang weiter improvisiert, um die resultierende Melodie und die entsprechenden Akkorde zu erzeugen. Und ähnlich wie beim Gang durch eine Kunstgalerie kann man eine geraume Zeit vor diesem einen speziellen Bild stehen bleiben, weil einen die Tiefe der Farben anzieht, und schließlich versuchen, sich in die Gefühlswelt des Schöpfers hineinzuversetzen. Wer zu schnell durch die Gänge saust, verpasst acht wunderschöne Bilder. Ambient-Musik in einer ihrer schönsten Formen.

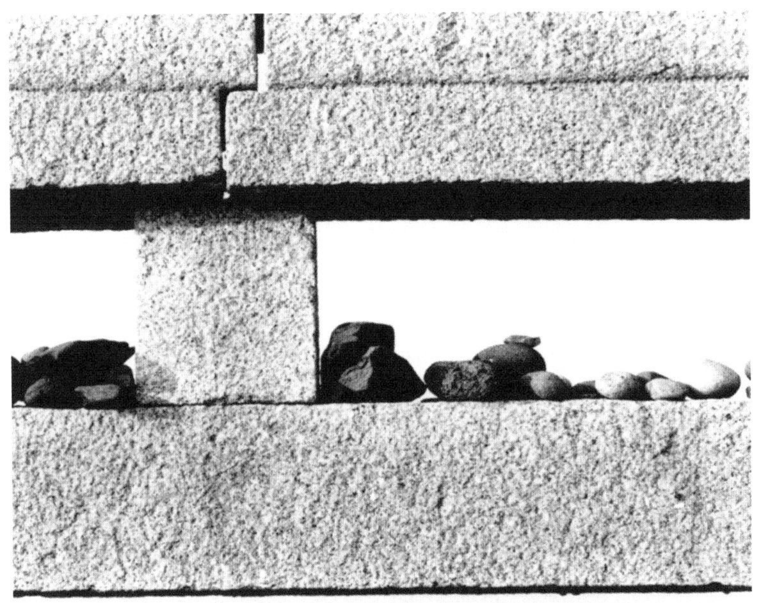

Album: Chihei Hatakeyama – Moon Light Reflecting Over Mountains
Erscheinungsjahr: 2015
Label: Room40
Spielzeit: 00:39:30

Weiterhören:
Ghostly Garden (2010);
Chihei Hatakeyama & Federico Durand – Magical Imaginary Child (2015);
Forgotten Hill (2019)

Shuttle358 – Can You Prove I Was Born

Oft beginnt die Liebe zu einem Album mit dem Cover. Von der äußeren Hülle auf den Inhalt zu schließen, ist jedoch eine allzu verkürzende Sichtweise, die schnell nach hinten losgehen kann. Im Fall des brillanten Covers zu *Can You Prove I Was Born* von Dan Abrams alias Shuttle358 passiert das nicht. Das Foto für das Cover hat Abrams, der hauptberuflich als Visual Effects Supervisor für Regisseure wie David Fincher oder Sam Raimi arbeitet und ein paar Academy Awards sein Eigen nennen darf, natürlich selbst geschossen. Es transportiert in beeindruckender Manier die durch die Musik suggerierten bildhaften Träume oder Fantasievorstellungen, die auch im wachen Bewusstseinszustand erlebt werden können. Die 125. Katalognummer aus dem Hause 12k liefert reduzierten Glitch-Ambient aus warmen verwaschenen analogen Klängen und Feldaufnahmen und knüpft da an, wo Shuttle358s Vorgängeralbum *Chessa* aus dem Jahr 2004 aufgehört hat. In seinem reifsten Werk setzt der Kalifornier Abrams verstärkt auf eine Mischung aus filmischen Loops, zupfenden Klaviersaiten und verschwommenen Gitarrenklängen. Das kann mal warm und verträumt klingen wie auf dem selbstbetitelten Opener oder dem darauffolgenden „Imaginary Other", an anderer Stelle wirken die Stücke spooky wie „Bent, And Swallowed And Opened Again" oder „Burrowed Vows", wo die Töne tief vergraben liegen und nicht an die Oberfläche dringen wollen. Zum Ende werden mit „A Ground Without A Figure" Reminiszenzen an die großen Boards Of Canada wach, ehe „Years Later" mit seinen träumerischen Feldaufnahmen den Hörer mit einer belebenden Intensität zurück ins Licht holt. Mit einer LP-Auflage von nur 500 Exemplaren musste man sehr schnell sein; das grenzt bei diesem Label schon fast an Beschaffungskriminalität. Wenn man sein sauer verdientes Geld in Importplatten aus den USA investieren will, dann bitte hier.

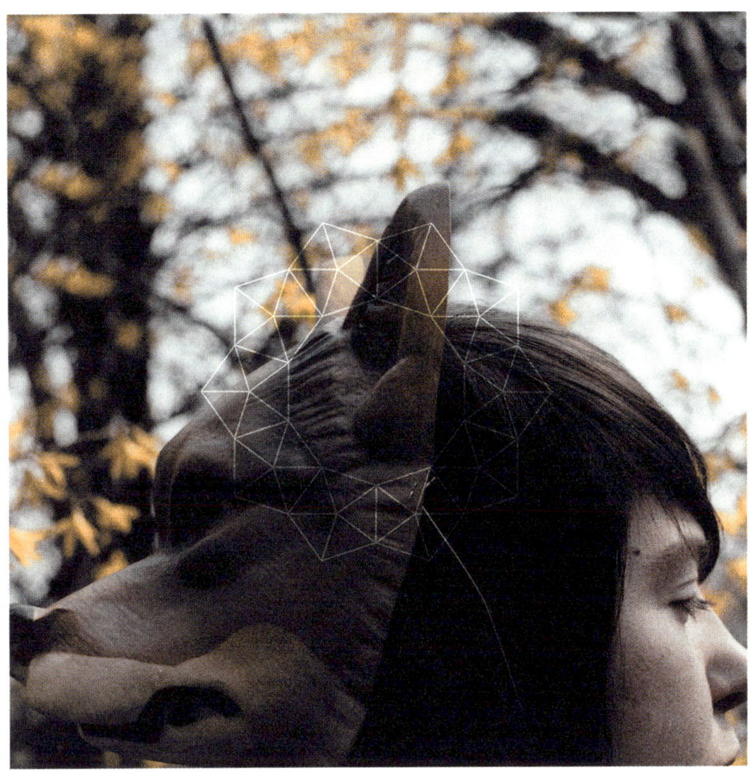

Album: Shuttle358 - Can You Prove I Was Born
Erscheinungsjahr: 2015
Label: 12k
Spielzeit: 00:48:48

Weiterhören:
Chessa (2004)

Huerco S. – For Those Of You Who Have Never (And Also Those Who Have)

Wenn man sich auf Youtube das Boiler Room DJ-Set von Huerco S. alias Brian Leeds anschaut, vermutet man hinter dem ruhigen und gelassenen jungen Mann keinen ehemaligen Hardcore-Punk. Weder die auf dem Set zusammengetragene Musik noch seine beiden bisherigen erschienen Langspieler zeichnen sich durch rohe oder aggressive Töne aus. Im Gegenteil. Nachdem Leeds dem Noise und Punk den Rücken zugekehrt hat, waren es daraufhin vor allem Deep House, Detroit Techno sowie experimentellerer europäischer Techno, die als wichtigste Einflüsse in seiner musikalischen Entwicklung gelten. Wie man die neue Technologie dabei so überlisten kann, dass sie trotzdem warm und analog klingt, zeigt der US-Amerikaner mit seinem zweiten Album *For Those Of You Who Have Never (And Also Those Who Have)*, einem modernen und lupenreinen Ambient-Klassiker, den er komplett auf seinem Laptop produziert hat und der dennoch die Organik trotz 1-0-Kodierung bewahrte. Es gibt kein Stück, das nicht Gänsehaut verursacht. Brian Leeds zeigt damit dem Hörer, dass auch elektronische Musik Tiefe und Soul haben kann. Das Eröffnungsstück „A Sea Of Love" erzeugt gleich zu Beginn die Stimmung einer luziden Tagtraummusik und legt auch die Herangehensweise von Leeds offen: Er beschäftigt sich mit den einzelnen Stücken so lange, wie es notwendig ist, sich in der Musik zu verlieren und sich von dem jeweiligen Loop einvernehmen zu lassen. Viele der insgesamt neun Stücke fühlen sich dabei wie Skizzen an, die den Kern einer Idee andeuten, diesen jedoch schnell wieder aufgeben. Dies ist auch dem Umstand geschuldet, dass Leeds die Angewohnheit hat, viele seiner Stücke scheinbar vorzeitig zu beenden, indem er sie einfach mitten im Wirbel abschneidet. Das passiert immer wieder, beispielsweise auf „On the Embankment", dem heimlichen Hit des Albums *Marked for Life*, als auch bei „Cubist Camouflage" auf *For Those Of You Who Have Never (And Also Those Who Have).* Dadurch kommt es einem manchmal so vor, als ob man ein Stück nur zwei Minuten gehört hätte, obwohl dieses sieben oder acht Minuten dauerte. Die hypnotischen Grooves und wiederkehrenden Muster, die durch die kurzen Loops und meditativen Flächen getragen werden, sind dabei oft zwielichtig verzerrt, dann aber auch mitunter melodiös. Die Musik selbst entwickelt sich nicht weiter, sondern dreht sich nur langsam an Ort und Stelle, wie ein Windspiel. Wer diesem Album so viel Zeit gibt, wie Leeds es anscheinend getan hat, dem könnte es mächtig ans Herz gehen. Bob Moog, Leo Fender, Dave Smith und Steve Jobs. Gesegnet seid Ihr Werkzeugmacher unserer Träume!

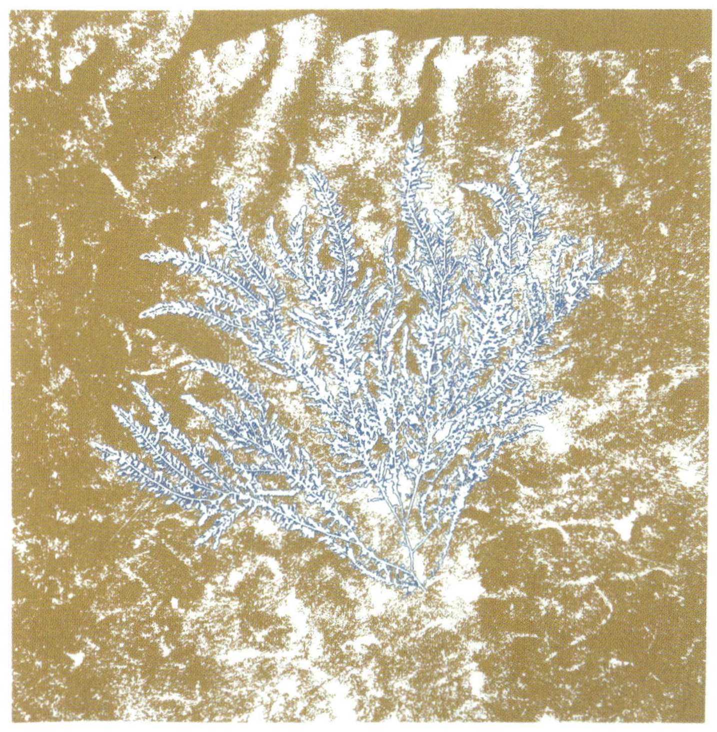

Album: Huerco S. – For Those Of You Who Have Never (And Also Those Who Have)
Erscheinungsjahr: 2016
Label: Proibito
Spielzeit: 00:52:49

Weiterhören:
Quiet Time (2016)

36 – The Infinity Room

In dem 2011 in den Kinos angelaufenen Film „Drive“ arbeitet Ryan Gosling als Namensloser tagsüber als Mechaniker und Stuntfahrer und bietet nachts seine Dienste als Fluchtfahrer für Diebstähle und Raubüberfälle rund um L.A. an. Die starken visuellen Leinwandbilder wurden von einem nicht minder beeindruckenden Ambient- und Synthwave-Soundtrack von Cliff Martinez komponiert und produziert, der die 1980er Jahre nicht nur vage zitiert, sondern bis zum Anschlag glorifiziert. Nicht auszumalen, wenn ein oder zwei Tracks von *The Infinity Room* von Dennis Huddleston – eher bekannt unter seinem Pseudonym 36 – in dem Film gelandet wären. Dann wäre die Fanbase um einiges größer. Verdient hätte es der britische Elektronikproduzent allemal. Auf den insgesamt zehn Titeln schreitet er durch Flächen, Formen und Matrizen aus Klang und schafft dabei pulsierende Räume. Treffenderweise sind die Titel von „Room 1“ bis „Room 10“ durchnummeriert. „Room 1“ besticht gleich zu Beginn durch seine zart-kalte Schönheit und weckt Reminiszenzen an obskure VHS-SciFi-Filme aus den 1980er Jahren. Seine persönliche Hommage an die filmische Musik dieser Dekade fühlt sich aufrichtig an und lässt den üblichen Kitsch aus jener Zeit Gott sei Dank vermissen. Dies soll aber kein Ausschluss von Clubkompatibilität bedeuten, denn auf „Room 2“ setzt ein Kopfnickerbeat ein und man will zwangsläufig abzappeln. In jedem der Stücke steht jedoch ein atmosphärischer, minimaler und Synthesizer-verehrender Ambient-Electronica im Vordergrund. Huddleston zitiert deutlich die früheren Meister wie John Carpenter, Vangelis und Tangerine Dream und verknüpft diesen Einfluss zusammen mit seiner Liebe zu Acts wie Boards of Canada oder Oneohtrix Point Never. Für Huddleston scheint es ein Kinderspiel zu sein, die samtweichen schwebenden Wolken aus purer Atmosphäre mit einer wunderschönen Nostalgie-Stimmung ineinander zu verschachteln. *The Infinity Room* kann auch als Einzelwerk den perfekten Soundtrack für juveniles „Im-Bett-liegen-Bleiben“ (mit oder ohne Partner) darstellen. 10 Stücke. Keine Ausfälle. Daumen hoch!

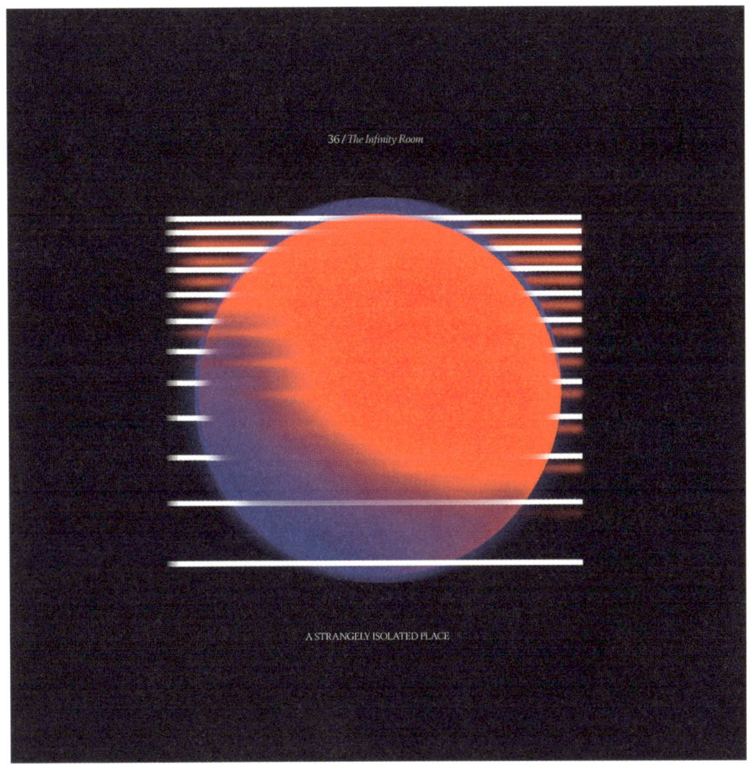

Album: 36 – The Infinity Room
Erscheinungsjahr: 2016
Label: A Strangely Isolated Place
Spielzeit: 00:48:42

Weiterhören:
Fade To Grey (2019)

Federico Durand – La Niña Junco

Zuhören ist etwas Aktives, es verlangt Kontemplation vom Hörer. Und die Musik erfordert einen Moment der Reflexion. In den Prozess des Zuhörens fließt dabei all das ein, was wir über eine Musik zu wissen meinen. Wenn man jedoch einer unbekannten Musik zuhört, lauscht man meist noch präziser, um das Unerhörte wahrnehmen zu können. Taylor Deupree, Gründer des in New York ansässigen legendären 12k-Labels, kann mit Stolz auf eine über 20-jährige Label-Geschichte mit über 100 Veröffentlichungen zurückblicken, die sich mit dieser besonderen Musik befasst. Neben Ryuichi Sakamoto, Simon Scott oder Marcus Fischer gehört der Argentinier Federico Durand seit 2016 zu der 12K-Familie. Und er scheint sich dort so wohl zu fühlen, dass er kontinuierlich große Alben abliefert. Durand versteht es meisterlich, warme, nostalgische Soundscapes zu produzieren, ohne dabei sentimental oder kitschig zu werden. Auf *La Niña Junco* verbindet er seinen Glitch-Ambient mit akustischen Instrumenten und führt diese in unbeschwerter Schönheit zusammen. Sein Instrumentarium ist dabei, wie bei vielen seiner Ambient-Kollegen, überschaubar. Er beschränkt sich auf einen Crumar-Synthesizer, zwei Looping-Pedale und schließlich den Roland Space Echo RE-201. *La Niña Junco* umgibt ein melancholischer Schleier und klingt in der Gesamtheit durch seine angesprochene süße Nostalgie sehr vertraut. Fast jede der insgesamt neun Ambient-Skizzen hat eine verschwommene Wärme und eine seltsame, zerbrechliche Schönheit, die den Zuhörer über 40 Minuten lang gefangen nimmt. Wobei hier weniger die Idee von Eskapismus als vielmehr der Versuch eines Gegenentwurfs zur lauten Welt Pate gestanden haben dürfte. Erstaunlicherweise wurden die einzelnen Skizzen in einem Take, das gesamte Album an zwei Tagen aufgenommen. Das Stück „Navidad en el bosque" ist mit seinen kaskadierenden Wellen atemberaubend schön und heimlicher Hit des Albums. Wer glaubt, Ambient-Musik sei langweilig, sollte sich unbedingt mit *La Niña Junco* vom Gegenteil überzeugen lassen, denn mit seinen einfallsreichen Texturen schafft Durand ein fesselndes und unverzichtbares Hörerlebnis, nach dessen Ende man sich heimlich ein Glückstränchen aus den Augen wischt. Hierfür gibt es kein Verfallsdatum.

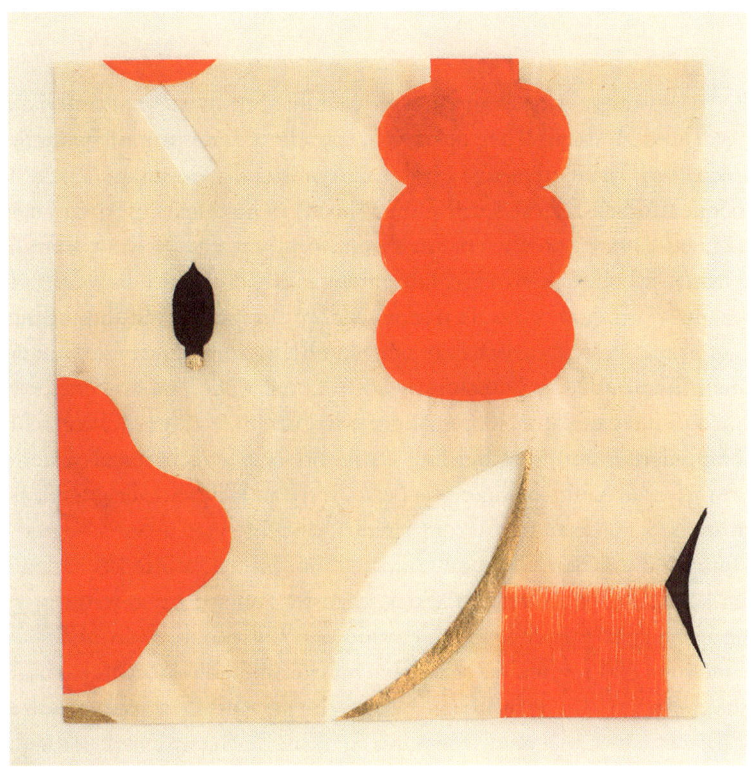

Album: Federico Durand – La Niña Junco
Erscheinungsjahr: 2017
Label: 12k
Spielzeit: 00:40:30

Weiterhören:
Música Para Manuel (2014);
Chihei Hatakeyama + Federico Durand - Magical Imaginary Child (2015);
A Través Del Espejo (2016)

Pauline Anna Strom – Trans-Millenia Music

Die 2020 verstorbene Amerikanerin Pauline Anna Strom war eine amerikanische New Age- und Ambient-Komponistin, spirituelle Beraterin und praktizierende Reiki-Meisterin. Dabei steht REI für den allumfassenden geistigen Aspekt der Lebensenergie, und KI für die Kraft, die in jeweils individueller Ausprägung durch alle Manifestationen des Universums fließt. Diese universelle Kraft lebte die seit ihrer Geburt an blinde Soundkünstlerin vor allem in ihren musikalischen Aufnahmen aus. Nachdem Strom in den frühen 1970er Jahren mit ihrem Ehemann nach San Francisco zog, schaffte sie sich eine Reihe von Geräten an, unter anderem einen Tascam-Vierspur-Recorder, einen Yamaha DX7, zwei CS1x-Keyboards und einen E-mu-Emulator. Ohne Augenlicht brachte sich die Klangarchitektin das Komponieren intuitiv selber bei. Dabei orientierte sich Strom sicherlich an den kanonisierten Säulenheiligen wie Brian Eno und Klaus Schulze, fand aber von Beginn ihres Schaffens an in ihrem Heimstudio eine eigene Sprache und setzte einen unnachahmlichen Gegenpol zur Lautheit. Strom veröffentlichte zwischen 1982 und 1988 sieben Alben, die alle in kleinster Auflage auf den Markt gekommen sind. Die 2017 auf RVNG Intl. erschienene Anthologie *Trans-Millenia Music* versammelt auf 80 Minuten die schönsten Stücke all dieser Aufnahmen und rettet die Schöpferin vor der historischen Vergessenheit. Anstatt chronologisch vorzugehen, hat sich das Label gemeinsam mit der Künstlerin entschieden, die Reihenfolge so zu wählen, dass sich die Musik fließend und dramatisch entwickelt. Auch wenn die Anthologie dreizehn einzelne Tracks birgt, so bekommt man tatsächlich im Endergebnis die Atmosphäre eines zusammenhängenden Stückes vermittelt. Während jeder Aufbruch immer auch ein Ankommen erfordert, so enthalten die geistigen Ausflüge auf *Trans-Millenia Music* ein utopisches Moment: das Reisen ohne Ziel. Stroms erhöhte Sensibilität bei der Übersetzung ihrer persönlichen visuellen Ideen in Klänge und ihre Empfindsamkeit im Umgang mit ihren Geräten bilden die Grundlage für eine spirituelle Reise, die man so schnell nicht vergisst. Was Pauline Anna Strom in ihren nächtlichen experimentierfreudigen Sessions produziert hat, ist von einer erhabenen Lässigkeit und Tiefe, die den epigonalen Produkten anderer zeitgenössischer Künstler, die sich am Erbe der Kosmischen Musik abarbeiten, unendlich überlegen erscheint.

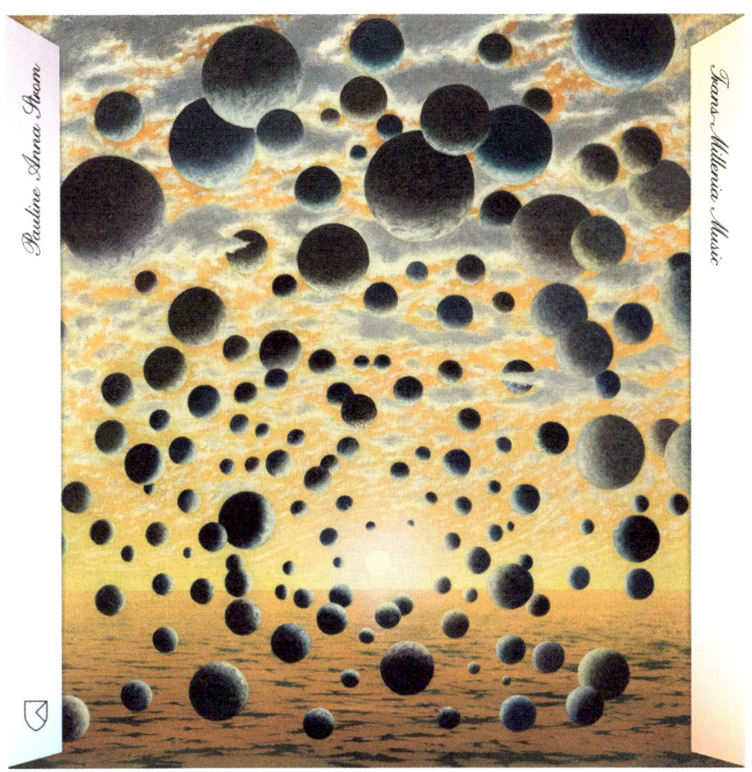

Album: Pauline Anna Strom – Trans-Millenia Music
Erscheinungsjahr: 2017
Label: RVNG Intl.
Spielzeit: 01:19:52

Weiterhören:
Trans Millenia Consort (1982)

Rainforest Spiritual Enslavement – Ambient Black Magic

Wenn der Titel des „Prince Of Darkness“ schon nicht an Nick Cave vergeben wäre, so müsste Dominick Fernow konsequenterweise diesen Titel einnehmen, denn seit der Gründung seines Labels Hospital Productions produziert er vornehmlich düstere Klänge. Als zweiter Spitzname wäre „Wunderkind“ angebracht, denn Fernow hat sein eigenes Label bereits im zarten Alter von 16 Jahren gegründet. Dominick Fernow ist den meisten sicherlich am besten bekannt durch sein Noise-Projekt Prurient oder seinen Technomoniker Vatican Shadow. Er gehört jedoch nicht zu den Künstlern, die den Rest ihres Lebens bei dem Sound bleiben, den sie zu einem bestimmten Zeitpunkt ihrer Karriere einmal herausgearbeitet haben. Mit seinem drittem Projekt Rainforest Spiritual Enslavement, welches er 2011 alleine aus der Taufe gehoben hat und das seit 2017 um Low Jack ergänzt wurde, zeigt der Dunkelmann, dass er auch das Fenster aufmachen und die Lichtstrahlen reinlassen kann. Nach der Veröffentlichung des großartigen Albums *Green Graves* im Jahr 2016 durfte die Frage gestellt werden, wie man dem Druck, einen würdigen Nachfolger auf den Markt zu bringen, standhalten könne. Der geforderte Anspruch hatte dem Projekt offensichtlich kein bisschen geschadet, denn *Ambient Black Magic* ist bislang der beste Wurf des Duos. Der Name des Albums, welches 2017 auf dem eigenen Label veröffentlicht wurde, ist Programm. Alleine das 35-minütige Eröffnungsstück „Jungle is a shapesifter“ nimmt uns mit in eine düster-schöne tropische Soundwelle, die durch das scheinbar undurchdringliche Dickicht bricht und uns nicht mehr loslassen will. Treuer Wegbegleiter auf den ersten Stücken ist ein tief grummelnder Bass, der wie die Schlange auf dem Cover unter die Soundflächen kriecht. Das epische knapp 80-minütige Set wurde vom Label daher selbst passenderweise als „Fear Dub“ bezeichnet. Bei „Praying Mantis Black Arts“ tritt der Bass schließlich in den Hintergrund, liefert aber mit mehreren über einem zusammenbrechenden Wolkengewitter einen Ohrgasmus für alle Kopfhörer-Psychonauten. *Ambient Black Magic* ist ein durchdachtes Album mit Tiefgang. Am Ende bleiben offene Münder.

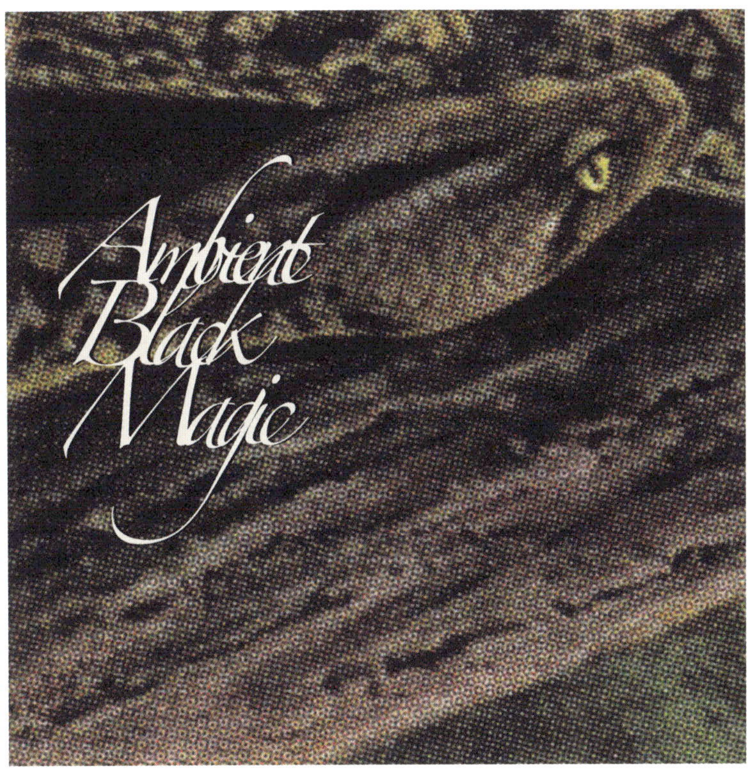

Album: Rainforest Spiritual Enslavement – Ambient Black Magic
Erscheinungsjahr: 2017
Label: Hospital Productions
Spielzeit: 01:16:18

Weiterhören:
Black Magic Cannot Cross Water (2012);
Green Graves (2016)

Sarah Davachi – Let Night Come On Bells End The Day

Charakteristisch für die Spätrenaissance im 16. Jahrhundert war die Abwendung von dem noch zuvor alles beherrschenden Harmonie- und Ausgewogenheitsideal. Die Künstler setzten nicht mehr auf Wirklichkeitstreue, Vollkommenheit und Exaktheit, sondern gaben ihrer Experimentierlust freien Lauf. Der aus Kanada stammenden Komponistin Sarah Davachi sagt man nach, ihr fünftes Album *Let Night Come On Bells End The Day* klinge nach alter Musik. Und in der Tat lassen sich in den fünf Stücken immer wieder Versatzstücke aus der Spätrenaissance oder Sarabanden aus dem Barock ausmachen. An anderer Stelle erahnt man Erik Saties antikisierende „Gnossiennes". In ihrer mikrotonalen Subtilität klingt die sympathische Davachi jedoch absolut modern und hat sich 2018 in die Herzen der Kritiker komponiert und sich Ende des Jahres zurecht auf die vorderen Plätze der besten Alben geschoben. Davachi, die am Mills College in Kalifornien elektronische Musik studierte, erinnert teilweise an Éliane Radigues dichte und meditative Drones. Die musikalische Instrumentierung beschränkt sich dabei auf ein warmes Mellotron und eine elektrische Orgel. Da neue (alte) Musik auch ein neues Hören erfordert, ist dabei ein behutsames Heranführen nötig. Das nicht einmal dreiminütige „Garlands" eignet sich daher als ideale Einführung in Davachis sanften Soundkosmos. „Mordents" lässt wiederum im Ansatz ihre Liebe zur progressiven Rockmusik erkennen. „At Hand" zeigt schließlich, dass es keinen vordefinierten Klangraum gibt, der in jedem Stück wieder ausgefüllt wird. Vielmehr bestimmen die jeweiligen Soundscapes die Dimensionen. Mit *Let Night Come On Bells End The Day* löst Davachi bravourös die diffizile Aufgabe, sich selber treu zu bleiben, ohne dabei zu stagnieren. Das epische Schlussstück „Hours in the evening" lässt dieses Meisterwerk mit einer ozeanischen Selbstversunkenheit ausklingen, wie man sie nur selten hört. Transkontinentale Tripmusik, die über Stunden und Tage laufen kann.

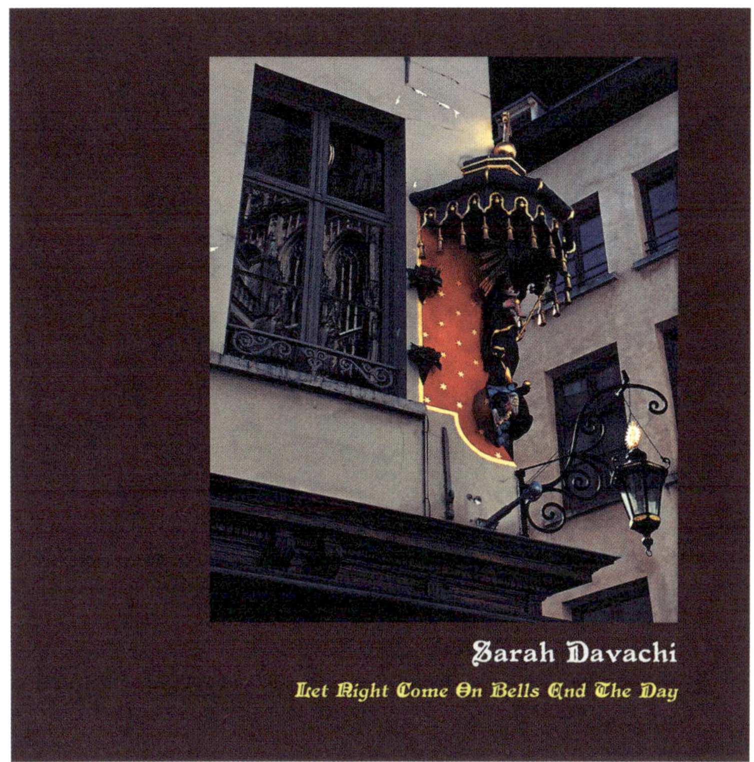

Album: Sarah Davachi – Let Night Come On Bells End The Day
Erscheinungsjahr: 2018
Label: Recital
Spielzeit: 01:22:51

Weiterhören:
The Untuning Of The Sky (2013);
Cantus, Descant (2020)

Wilson Tanner – II

Neben der Fähigkeit, Maschinen herzustellen, schwebt seit jeher der Wunsch, ihnen auch Emotionen zu entlocken. Dem Ambient-Tandem Andrew Wilson und John Tanner gelingt das unter dem Projektnamen Wilson Tanner bereits seit einigen Jahren in beeindruckender Manier. Als Andras Fox war Wilson zuvor für Larry Heard-inspirierten Deep House zuständig und Tanners Eleventeen-Eston-Projekt verschrieb sich dem Synth-Pop der 1980er Jahre. Mit ihrem zweiten Album mit dem schlichten Titel *II*, dem Nachfolger von *69*, haben die beiden sympathischen Australier acht Ambient-Kleinode geschaffen, die sich gepaart mit Samples aus der großen, weiten Welt des pastoralen Lebens (Zirpen, Geplätscher, Tierlaute etc.) nachhaltig in den Gehörgängen manifestieren. Ein Blick in das Promoschreiben des spannenden Labels Efficient Space verrät, dass Wilson Tanner das Album an Bord eines alten Flussschiffes in Melbournes Port Phillip Bay geschrieben und aufgenommen haben. Das Flussschiff war mit einer einfallsreichen Reihe wetterfester elektronischer Instrumente und einem langen Verlängerungskabel ausgestattet. Im Vergleich zu ihrem Debutalbum sinkt die Außentemperatur gefühlt um 10 Grad Celsius, während die beiden durch experimentierfreudiges Gewässer steuern. Diese Kursänderung wirkt manchmal kühl wie auf „Idle", insgesamt hat das Duo aber ein sonniges Gemüt und sucht offenkundig den Wohlklang, der auf den restlichen Stücken immer wieder auf der Wasseroberfläche schimmert und glitzert. Einen ersten Höhepunkt erlangt das Album mit dem fast 12-minütigen Nabelstück „Killchord Pts I-III", das sich gekonnt in mäandernder Form aufzeigt und den Hörer wie bei einem spannenden Hörspiel vor den Lautsprecherboxen fesselt. Horchtheater. Mit dem wunderschönen „Crossing The Bar" kehrt das Flussschiff nach etwas mehr als einer Dreiviertelstunde wieder zurück in den Hafen.

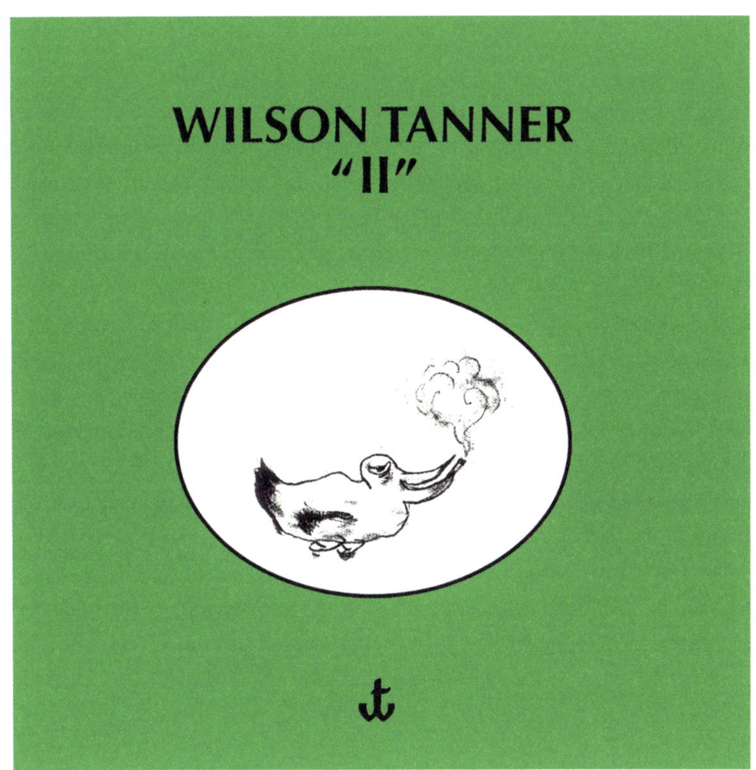

Album: Wilson Tanner – II
Erscheinungsjahr: 2019
Label: Efficient Space
Spielzeit: 00:46:06

Weiterhören:
69 (2016)

Meitei / 冥丁 – Komachi

Man würde den japanischen Produzenten Meitei Unrecht tun, seine Musik als bloße Lo-Fi-Beats abzutun, die im Hintergrund vor sich hinplätschern. Derer gibt es für Millionen Abonnenten auf Youtube zuhauf. Zwar kommt Meitei aus der Hip-Hop-Szene von Hiroshima, seine Musik spielt allerdings jenseits seiner Sozialisation mit Jazz, Ambient und auch Library Music. Mit dem 2019 auf Métron Records erschienenen *Komachi* beweist der Japaner, dass das „schwierige zweite Album" kein Problem für ihn darstellt, und verbandelt allerhand Ambient-Direktive zu einer packenden Soundlandschaft, ohne sich auf den insgesamt 12 Stücken monoton anzuhören. Der Titel des Albums leitet sich von Ono no Komachi ab, der Waka-Dichterin des 8. Jahrhunderts, deren mythische Schönheit und zutiefst wehmütiges Schreiben ihr unzählige Verehrer einbrachte. Die Musik von Meitei steht zum einen in der goldenen Tradition des japanischen Ambient der 1980er und 1990er Jahre (Yasuaki Shimizu, Nobukazu Takemura, Susumu Yokota), seine eigenen Samplekünste und die Verwendung von Feldaufnahmen lösen ihn wiederum aus dieser Tradition und haben ihm einen individuellen Trademark-Sound beschert. Seine hingetuschten Klangskizzen auf *Komachi* sind von dem Wunsch getrieben, Licht auf eine Epoche zu werfen, von der er glaubt, dass sie mit jeder neuen Generation droht, allmählich aus dem kollektiven japanischen Bewusstsein zu verschwinden. Der Japaner möchte nach eigenen Aussagen die verlorengegangene japanische „Gestimmtheit" mit seiner Musik nicht nur nachfühlen, sondern diese auch wiederbeleben. Das einprägsame Cover könnte daher nicht treffender ausgewählt worden sein. Und musikalisch kommen hier alle Gründe zusammen, warum wir das Albumformat weiterhin lieben sollten. Entdeckungsvielfalt, Abwechslungsreichtum und Tracks, die für sich stehen. Jedes der zwölf Stücke wurde so gestaltet, dass sie nicht nur durch den Einsatz von bspw. Tempelglocken, Wasserläufen oder Holz-auf-Holz-Klöppeln Gefühle der Nostalgie hervorrufen, sondern auch die Dichotomie von Alt und Neu in der modernen japanischen Gesellschaft erforschen. Die faszinierenden Ambient-Klangcollagen und Klangreisen durch wunderschön-düstere Erinnerungswelten der rätselhaften Seele Japans zeigen, dass Meteis Talent keine Sternschnuppe ist. Diese Liebe geht weiter.

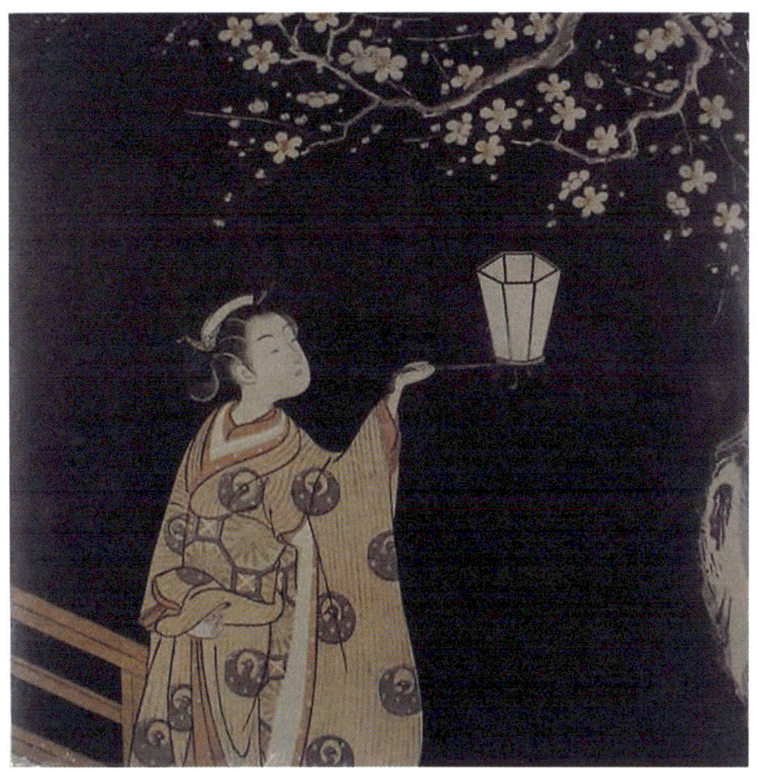

Album: Meitei / 冥丁 – Komachi
Erscheinungsjahr: 2019
Label: Métron Records
Spielzeit: 00:45:44

Weiterhören:
Kwaidan (2018)

Sean Curtis Patrick – The Best Driving Music in the World Ever

Um es gleich vorwegzunehmen: Dieses Album hält, was sein Titel verspricht. Dank einer Umfrage des Automobilherstellers Seat wissen wir, dass 90 % der Fahrer beim Hören von Musik im Auto Glücksgefühle empfinden. Ob bei der genussvollen Fahrt über kurvige Landstraßen, einer Nachtfahrt, beim Dahingleiten über die Autobahn oder bei einem Roadtrip – das Album *The Best Driving Music in the World Ever* des US-Amerikaners Sean Curtis Patrick beweist, dass Musik im Auto auch aktivierend für Herz und Kopf sein kann und sich damit positiv auf die Fahrleistung auswirkt, ganz gleich der ruhigen Soundflächen. Schließlich hängt es dann noch an dem eigenen persönlichen Aberglauben ab, ob man der Zahl 13 ein Unglückspotenzial bescheinigt – oder eben nicht. Die 13 Tracks von Sean Curtis Patricks fünftem Solo-Album wurden in nur zwei Tagen aufgenommen und genauso schnell veröffentlicht. Während der Aufnahmen begab sich Patrick in eine Art Selbstisolation und wollte erst wieder aus dem Haus gehen, wenn die Arbeiten an dem Album abgeschlossen waren. Das klingt unheimlich diszipliniert und streng, ist es jedoch nicht, wenn man sich mit einem Augenzwinkern die Titelliste genauer betrachtet und auf „Being Alone Never Hurt Anybody" und „The Feel Good Hit of the Summer" stößt. Alles in allem entfaltete Patrick mit diesem Album ein stilsicheres Werk, welches sich gar nicht erst auf Experimente einließ, sondern durch konsequente Perfektionierung des eigenen Ansatzes gefallen möchte. Zwar gibt es auf dem sehr gitarrenlastigen Album Krautrock-Ornamente und eine Verbeugung vor den Großmeistern wie Manuel Göttsching, Patricks Musik bildet jedoch ihren eigenen Nährboden und glänzt auf *The Best Driving Music in the World Ever* durch eine bemerkenswerte Reife und abgeklärte Souveränität. In der Flut von Albumveröffentlichungen ging 2019 in der Ambient-Szene ein Release mit Sicherheit nicht unter, und zwar dieses hier. Mit dem Label Past Inside The Present hat es ein verlässliches Zuhause gefunden. Kategorie: Pflichtanschaffung, mit der offenen Frage, warum so wunderschöne Musik heute noch ein Nischendasein fristet.

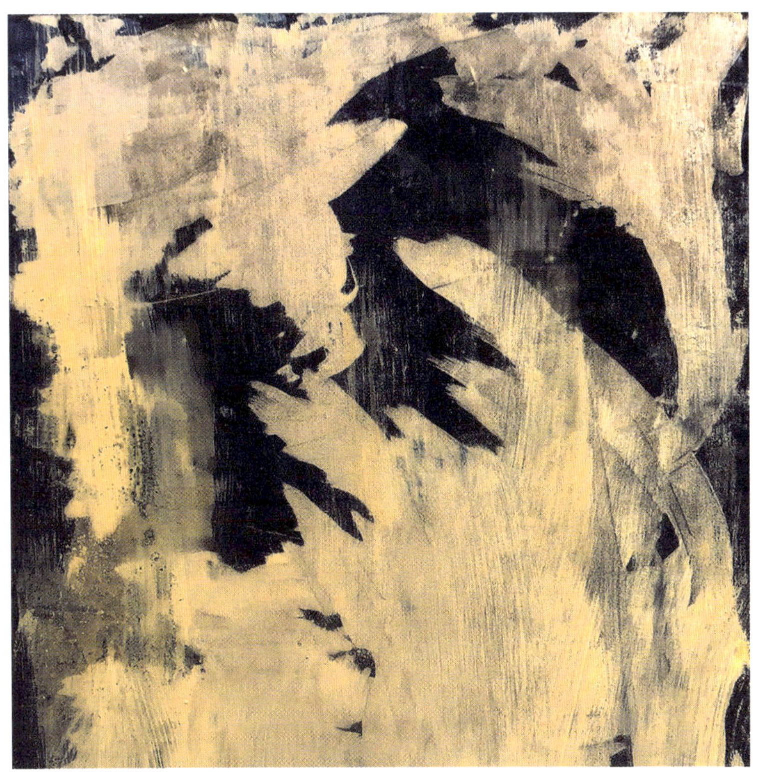

Album: Sean Curtis Patrick – The Best Driving Music in the World Ever
Erscheinungsjahr: 2019
Label: Past Inside the Present ↑
Spielzeit: 00:44:55

Weiterhören:
The Earth's Green Mantle (2018);
Benoît Honoré Pioulard/Sean Curtis Patrick – Avocationals (2019)

Kali Malone – The Sacrificial Code

Wirklich? Ein über 70-minütiges Drone-Album, geschaffen von einer jungen Frau, deren einziges musikalisches Alleinstellungsmerkmal eine Pfeifenorgel ist? Bitte jetzt nicht aufhören, weiter zu lesen, liebe Orgel-Allergiker, die Musik auf *The Sacrificial Code* hat nichts zu tun mit den üblichen Kirchen-Klischees. Die in Denver, Colorado, aufgewachsene Kali Malone arbeitet bereits seit ein paar Jahren in Stockholm und wird seit ihren ersten Veröffentlichungen von den Musikkritikern weltweit als musikalisches Wunderkind gefeiert. Nach ihrem Abschluss der elektroakustischen Komposition an der Königlichen Musikhochschule Stockholm schuf die Komponistin mit *The Sacrificial Code* ein scheinbar anachronistisches Meisterwerk, einen klanglichen Monolith der nicht-sakralen Orgelmusik, das den Hörer mit den ersten tiefen Timbre-Tönen sofort in seinen Bann zieht. Auch wenn man wie Malone selbst nicht mit den Traditionen der Kirche eng verbunden ist, ist die musikalische Erfahrung eher eine spirituelle als eine religiöse. Gegenwehr ist zwecklos. Mittels analoger und digitaler Synthese bewahrt Malones Minimalismus, nämlich die konzentrierte Reduktion auf die Orgel als einziges Instrument, eine Art innere Einkehr. Malone, die durch eine schicksalhafte Begegnung zur Orgelstimmerin wurde, stattet die Königin der Instrumente mit Mikrofonen aus und verräumlicht diese so gewissermaßen. Durch den Einsatz synthetischer und akustischer Instrumentierung und die ausgedehnten, reichen, harmonischen Texturen wird ein emotionaler Farbton mit fesselnder Wirkung und Tiefenschärfe erzeugt. Ästhetisch ist das Album der ein Jahr zuvor erschienenen EP Organ Dirges 2016–2017 recht ähnlich, da Malone auch hier auf langsame und meditativ dronige Kompositionen setzt. *The Sacrificial Code* ist jedoch im Umgang, in seiner Tiefe und erzeugten Wärme freilich ehrgeiziger als sein Vorgänger. Viel passiert bei Drones naturgemäß nicht, doch Malone lässt die erzeugten Schwingungen nie einfach so im Raum stehen, sondern variiert die Dichte, bringt unauffällig neue Obertöne ins Spiel, um die Dinge im Fluss und den Hörer in Atem zu halten. Qualität von Anfang bis Ende und eine Form von Ambient, die momentan ihresgleichen sucht. Jetzt schon ein Klassiker.

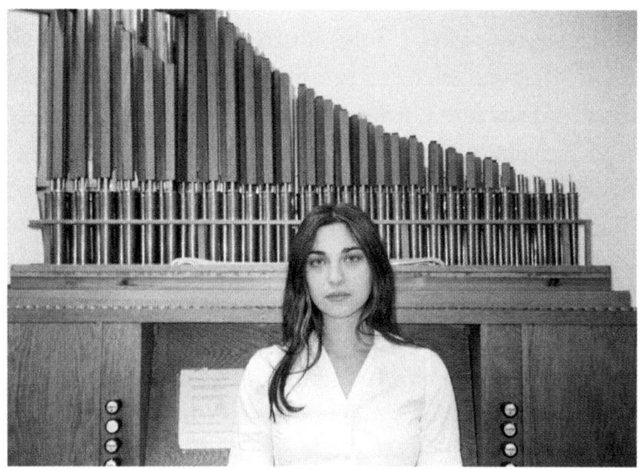

Album: Kali Malone – The Sacrificial Code
Erscheinungsjahr: 2019
Label: iDEAL Recordings
Spielzeit: 01:11:21

Weiterhören:
Velocity Of Sleep (2017);
Organ Dirges 2016-2017 (2018)

Music For Sleep – Infinite Tape Loops: From The Sea Of Changes

Die Coronakrise hat seit dem Frühjahr 2020 den Alltag von vielen von uns ziemlich eingedampft. Innerhalb kürzester Zeit haben sich die meisten von uns auf die wesentlichen Dinge des Lebens besonnen und sind aus der Hektik des Alltags ausgestiegen. Aber was bleibt, wenn alles aufs Elementare reduziert ist und Spontanitäten und Verspieltheiten auf einmal potenziell als lebensbedrohlich eingestuft werden? Die Antwort kann nur lauten: die Musik! Auch für den aus Sardinien stammenden Andrea Porcu, der hinter dem Projekt Music For Sleep steckt, scheint die Musik durch seine Bewegung (wenn auch der langsamen Art) und Trance vielleicht auch einen therapeutischen Aspekt zu haben. Denn *Infinite Tape Loops: From The Sea Of Changes* entstand in Selbstisolation wenige Wochen nach Ausbruch der COVID-19-Pandemie. Der Zeitpunkt der Veröffentlichung hätte nicht besser gewählt sein können. Während der Corona-Welle hat sich die Welt fast zeitlupenartig verlangsamt und wacht nur ganz sachte wieder daraus auf. Porcu liefert hierzu den Soundtrack. Mit klar erkennbarer stilistischer Linie führt der Italiener seine Grundvorstellung smoother Ambient-Loops während des persönlichen Lockdowns aus. Diese knüpfen nahtlos an seine vorherigen Produktionen auf seinem eigenen Label an. Das gleichnamige Titelstück besteht dabei primär aus einem einzigen Loop in gefühlter Endlosschleife, der jedoch nie langweilig oder unterfordernd wirkt. Dabei kultiviert Porcu keine Idiosynkrasien, sondern schafft mit seinem epischen Track eine intensive Atmosphäre, der man sich nicht entziehen kann. Mit immenser Kunstfertigkeit steckt er zwar bereits etablierte Koordinaten ab, fügt ihnen jedoch im Gegensatz zu einem William Basinski beispielsweise noch eine gehörige Portion Wärme hinzu. Das Lockdown-Album *Infinite Tape Loops: From The Sea Of Changes* ist ein fast einstündiges kontemplatives Stück, das in der beständigen Wiederholung eines einfachen Motivs so klingt, als ob es auf diese Weise einen Wandel herbeischwören wolle. Innerhalb von zwei Jahren kann Porcu bereits auf eine beachtliche Anzahl aufgenommener Langspieler zurückblicken. Und er scheint seinen ständig fließenden Output nicht anhalten zu wollen. Gut so. Denn Andrea Porcu macht kinematografischen Ambient aus der Zukunft, produziert mit wachem Blick auf die Gegenwart.

Music For Sleep

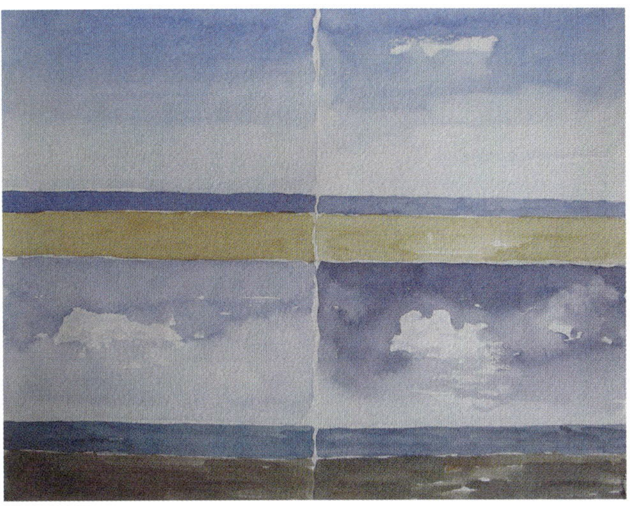

Infinite Tape Loops: ***From The Sea Of Changes***

Album: Andrea Porcu, Music For Sleep – Infinite Tape Loops: From The Sea Of Changes
Erscheinungsjahr: 2020
Label: MFS
Spielzeit: 00:59:03

Weiterhören:
Infinite Tape Loops: Vol.1 (2019);
Opere Sole (2020)

KMRU – Peel

Wenn es einen Künstler gibt, der die Absurditäten und Beschwernisse des absurden Seuchenjahres 2020 produktiv genutzt hat, dann war das der Soundkünstler Joseph Kamaru aka KMRU. Auch seine Musik kommt meistens ohne viele Worte aus, und deswegen ist das Cover auch hier das Medium, welches die Idee oder das Konzept dahinter transportiert. Und auf diesem sitzen in diesem Fall ein Mann und eine Frau, die ihre Blicke beide auf das dunkle, weite Meer werfen. Den Soundtrack für diese beruhigend wirkende Momentaufnahme lieferte Kamaru mit seinem Debutalbum *Peel* im Sommer 2020 und es ist eine einzige Umarmung. Ein Album, dessen Inhalt von so erschreckender Schönheit ist, dass die hier im Dutzend gestapelten Komplimente alle gerechtfertigt sind. Der mittlerweile in Berlin residierende Nairobier hat damit seine Visitenkarte bei dem Label Editions Mego hinterlassen, das seit 2006 eine verlässliche Adresse für Ambient und elektronische Experimentalmusik ist. Das Eröffnungsstück von *Peel* dauert zwar nicht wie beim Avantgarde-Provokateur John Cage mehrere Tage, aber die Sinus-Soundflächen des 15-minütigen „Why are you here“ könnten vermutlich ohne besondere Intensitätsverluste so lange stehen bleiben. Eine epische Offenbarung ist dieses Stück. Auch das fast ebenso lange „Solace“ ist tief wie der Marianengraben und beschwört durch seine repetitiven Elemente eine nahezu meditative Stimmung herauf. Auf dem Album reihen sich so viele kleine Perlen aneinander, die gar nicht zwingend den Anspruch erheben, etwas völlig Neues darzustellen, sehr wohl jedoch einen wertvollen Ansatz bilden, die Welt schöner zu gestalten. *Peel* offeriert einen Sound, in dem man sich einfindet, um auszuschweifen, still dazusitzen wie das Pärchen auf dem Cover und einfach nur zu genießen. Das wird sicherlich nicht das Letzte sein, was die Welt von KMRU zu hören bekommt, und es bleibt die Hoffnung, dass sich ein paar Leute mehr als die üblichen Verdächtigen dieses zeitlose Album anhören werden. Dem neuen Stern am Ambient-Himmel sollte man sagen, dass er einen zukünftigen Klassiker geschaffen hat.

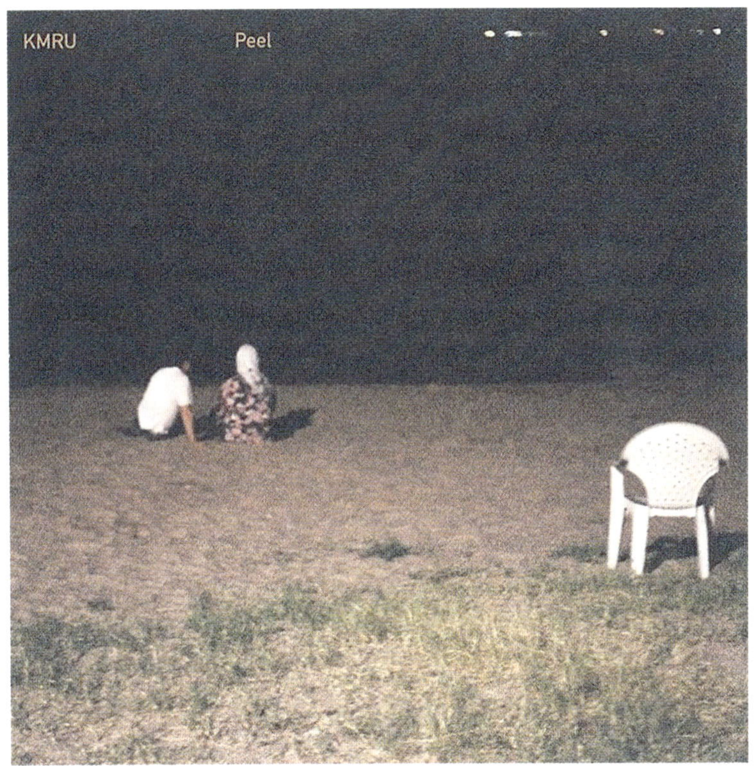

Album: KMRU – Peel
Erscheinungsjahr: 2020
Label: Editions Mego
Spielzeit: 01:15:33

Weiterhören:
Jar (2020)

The First Minute Of A New Day – The First Minute Of A New Day

Die beiden Frankfurter Lars Bartkuhn und Jan Hennig verbindet seit über 20 Jahren eine Freundschaft, dennoch begann erst 2017 ihre musikalische Zusammenarbeit. Vielleicht ist diese späte Zusammenkunft auch einfach dem Umstand geschuldet, dass beide Veteranen aus ganz unterschiedlichen Ecken der elektronischen Clubkultur sind. Jan Hennig agierte etliche Jahre unter dem Namen Kabuki als DJ und Produzent in der deutschen Drum-'n'-Bass-Szene und ist Mitbegründer des mittlerweile nicht mehr aktiven Drum-'n'-Bass-Labels Precision Breakbeat Research. Lars Bartkuhn spielte als Session-Musiker zunächst in Jazzquartetten, Funk-Crews, brasilianischen Bands und Fusion-Combos Gitarre. Mitte der 1990er Jahre verschrieb er sich dann in Gänze der House-Musik und gründete zusammen mit seinem Bruder Marek und DJ Yannick ebenso ein Label (Needs). Auf ihrem selbstbetitelten Album *The First Minute Of A New Day,* das 2020 auf dem renommierten Label Séance Centre erschien, ist weder Drum 'n' Bass noch Deep-House zu hören. In ihren gemeinsamen Sessions kombinierten Hennig und Bartkuhn jedoch ihre individuellen Stärken und verwebten Artefakte von Jazz und New Age zu einer ganz eigenen Mischung von traumwandlerischer Ambient-Musik. Alle Tracks auf dem Album sind nach dem Tag der jeweiligen Session benannt. Die ersten Stücke erinnern dabei an den klassischen Jazz-Katalog des EC-Labels, wobei mit „June 23rd“ der euphorische Höhepunkt des Albums erklommen wird. Die tiefe Mischung aus elektronischem Jazz, New Age und Ambient macht die Magie von *The First Minute Of A New Day* aus. Für das finale Stück „July 14th“ engagierte das Duo dann noch die New-Age-Legende Laraaji, der seine charakteristischen Zithertöne über die Soundskizzen legte. Eine sehr sinnliche Angelegenheit und wirklich großartig. Ein Album wie ein Meer, auf das man hinaussegeln möchte, ohne jemals wiederzukommen.

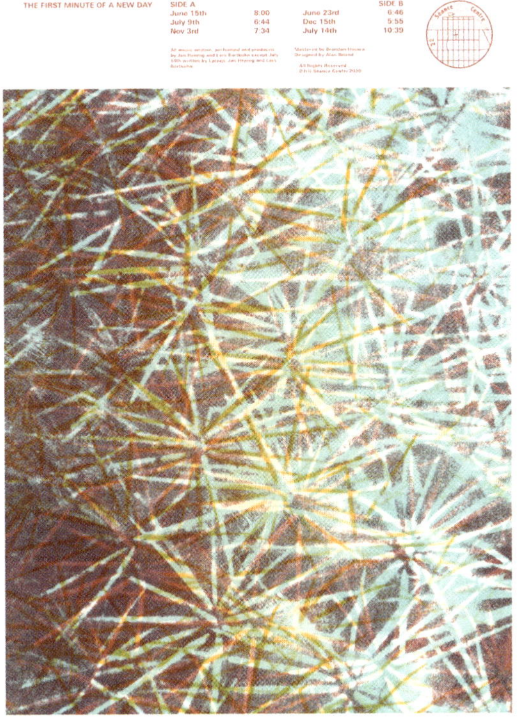

Album: The First Minute Of A New Day – The First Minute Of A New Day
Erscheinungsjahr: 2020
Label: Séance Centre
Spielzeit: 00:45:38

Verzeichnis der 100 Ambient-Alben nach Erscheinungsjahr

Abbildungsnachweise

Für alle Alben wurden die entsprechenden Künstler, Labels und Agenturen kontaktiert und ich möchte mich für die freundliche Genehmigung der in diesem Buch aufgeführten Cover herzlich bedanken. Sollte es dennoch zu unbeabsichtigten Unterlassungen oder Fehlern gekommen sein, bitte ich um Entschuldigung. Eventuell Betroffene mögen sich bitte melden und werden in der künftigen Auflage dieses Buches sehr gerne berücksichtigt.

Cover: William Thomas Long; 13: Universal Music GmbH; 15: Bianca Froese-Acquaye; 17: Manuel Göttsching; 19: Dieter Moebius; 21: Ragnar Grippe, Dais Records; 23: Universal Music GmbH; 25: Universal Music GmbH; 27: Hans-Joachim Roedelius; 29: Steve Hillage; 31: Celestial Harmonies; 33: Marc Barreca; 35: Michael Stearns; 37: Craig Leon; 39: Numero Group; 41: Important Records; 43: Les Giants; 45: Palto Flats; 47: Projekt Records; 49: Extreme Records; 51: Manuel Göttsching; 53: Jeff Greinke; 55: Light In The Attic; 57: Abstrakce Records; 59: Seance Centre; 61: Love All Day; 63: Aquamarin Verlag; 65: Grönland Deutschland GmbH; 67: WRWTWWW Records; 69: Important Records; 71: KLF Communications; 73: Sam Rosenthal; 75: TarArt GmbH; 77: Too Pure; 79: Familie Kuhlmann; 81: Morris Gould; 83: Familie Kuhlmann; 85: Astral Industries; 87: Ben Drury, Will Bankhead; 89: Paul Nicholson; 91: Jon Black; 93: Taylor Deupree; 95: Silent Records, Thad Jones; 97: Staalplaat; 99: Geir Jenssen, Harald Lervik; 101: Nick Brackney, Steve Baker; 103: Edition Minus; 105: KOMPAKT GBR; 107; Arman, Experimental Intermedia Foundation/XI Records; 109: Kevin Hayes, Kirk Marrison, Clark Rehberg III; 111: Erik Paul Kowalski; 113: Colin Fallows, Audio Research Editions; 115: Peter & Margot Benisch; 117: Sasu Ripatti; 119: Kranky, Craig McCaffrey; 121: Kranky, Robert Gallerani; 123: Stefano Musso; 125: Jan Jelinek; 127: Kranky, Craig McCaffrey; 129: Pieter Christophssen; Seite 131: Kranky, Emplus Creative Solutions; 133: Kranky, Tim Hecker; 135: Room40, Michael Bouquard; 137: Audika Records; 139: Kranky, Christine Kesler; 141: Cold Spring, Abby Helasdottir; 143: Glacial Movements Records, Bjarne Riesto, Alessandra Clini; 145: Barge Recordings, Conan Smith, Chemta; 147: Anticipate Recordings, Sarah Nelson; 149: Temporary Residence Limited, Jeremy deVine; 151: Kranky; 153: Type, Marc Richter; 155: Serein, Miguel Saavedra, Huw Roberts; 157: Lo Recordings; 159: Glacial Movements Records, Bjarne Riesto; 161: Ivan Seal 2010, happy in spite, 40cm x 30cm, courtesy of Carl Freedman Gallery and Monica de Cardenas Gallery, © Ivan Seal, all rights reserved; 163: Streamline, Christoph Heemann; 165: Room40; 167: Simon Scott; 169: KITCHEN. LABEL; 171: Prologue, Koto Hirai; 173: Temporary Residence Limited, Jeremy deVine; 175: Dunn Music; 177: Mika Tapio Vainio; 179: Sacred Phrases; 181: Room40, Sean Curtis Patrick; 183: Room40; 185: 12k, Dan Abrams; 187: Proibito; 189: A Strangely Isolated Place, Dennis Huddleston; 191: 12k, Lola Goldstein; 193: RVNG Intl., Karma Moffett, Will Work For Good; 195: Hospital Productions; 197: Recital, Alex Waber; 199: Efficient Space; 201: Meitei; 203: Past Inside The Present; 205: A.M. Rehm; 207: Andrea Porcu; 209: Editions Mego; 211: Seance Centre

Weiterführende Literatur

Adkins, Monty; Cummings, Simon [Hg.]: „Music Beyond Airports – Appraising Ambient Music. University of Huddersfield Press.

Albiez, Sean: Brian Eno: Oblique Music.

Bailey, Derek: Improvisation: Its Nature and Practice In Music. The British Library.

Behrendt, J. E.: „Nada Brahma – die Welt ist Klang". Suhrkamp.

Cage, John: „Silence: Lectures and Writings". Marion Boyars.

Cope, Julian: „Krautrocksampler. One Head's Guide to the Great Kosmische Musik. 1968 – onwards". Head Heritage.

DeNora, Tia: „Music Asylums: Wellbeing Through Music in Everyday Life". Farnham.

Demers, Joanna: „Drone and Apocalypse. An exhibit for the end of the world". Zero Books.

Eno, Brian: „A Year with Swollen Appendices: Brian Eno's Diary". Faber & Faber.

Eno, Brian: „Ambient Music". Linernotes von dem originalen Album Ambient 1: Music for Airports. EG Music.

Eno, Brian: Sleevenotes von Discreet Music. EG Music.

Froese, Edgar: Tangerine Dream - Force Majeure. Die Autobiografie.

Gottschalk, Jennie: „Experimental music since 1970". Bloomsbury Academics.

Hamel, Peter-Michael: „Durch Musik zum Selbst – Wie man Musik neu erleben und erfahren kann". Bärenreiter Verlag.

Honig, Ezekiel: „Bumping Into a Chair While Humming: Sounds of the Everyday, Listening, and the Potential of the Personal". Kindle Unlimited.

Holmes, Thom: „Electronic and Experimental Music. Technology, Music, and Culture". Routledge Chapman & Hall.

Hustedt, Harris: Tone and Atmosphere. Ambient Music.

Illife, Stephen: Roedelius – Painting with Sound. Meridian Music Guides.

Kivy, Peter: „Music Alone. Philosophical Reflections on the Purely Musical Experience". Cornell University Press.

Lane, Cathy and Carlyde, Angus: „In the Field. The Art of Field Recording." Uniformbooks.

Lanza, Joseph: „Elevator Music: A Surreal History of Muzak, Easy-Listening and Other Moodsongs". St. Martin's.

Lawrence, Tim: Hold On To Your Dreams. Arthur Russell and the Downtown Music Scene, 1973–1992. Duke University Press.

Lysaker, John T.: „Brian Eno's Ambient 1: Music for Airports". The Oxford Keynotes Series.

Mertens, Wim: „American Minimal Music". Kahn & Averill.

Norris, Richard: „Paul Oakenfold: The Authorised Biography". Transworld.

Nyman, Michael: „Experimental Music: Cage and Beyond". Cambridge University Press.

Oliveros, Pauline: „Deep Listening: A Composer's Sound Practice". iUniverse.

Oram, Daphne: „An Individual Note of Music, Sound and Electronics". Anomie Publishing.

Prendergast, Mark: „The Ambient Century". Bloomsbury Publishing.

Press, Kevin: „The Moderns: Electronic Ambient New Classical Jazz Noise Turntablism More“. Independent Release.
Revill, David: The Roaring Silence. Bloomsbury.
Reynolds, Simon: Energy Flash: a Journey Through Rave Music and Dance Culture. Faber & Faber.
Roedelius, Hans-Joachim: „Roedelius. Das Buch“. NOVA MD.
Roquet, Paul: „Ambient Media“. University of Minnesota Press.
Ross, Alex: The Rest is Noise. HarperCollins Publishers.
Schaffer, Murray R.: „Soundscape: Our Sonic Environment and the Tuning of the World“. Destiny Books.
Schaffer, Murray R.: „The Tuning of the World“. Alfred A. Knopf.
Sheppard, David: „On Some Faraway Beach: The Life and Times of Brian Eno“. Orion.
Siepmann, Daniel: „A Slight Delay: Agency and Improvisation in the Ambient Sound World“. In: Perspectives of New Music 48 no.1 (2010): 173-199.
Stone Blue Editors. William Basinski. Musician Snapshots (The Music You Should Hear Series Book 1). SBE Media.
Stockhausen, Karlheinz: Towards a Cosmic Music. Element Books.
Stubbs, David: „Mars by 1980: The Story of Electronic Music“. Faber & Faber.
Surhone, Lambert M.; Tennoe, Mariam T.; Henssonow, Susan F. (Hrsg.): „Rafael Anton Irisarri“. Betascript Publishing.
Toop, David: „Ocean of Sound: Ambient sound and radical listening in the age of communication“. Serpent‘s Tail Classics.
Toop, David: „Oceans of Sound: Aether Talk, Ambient Sound and Imaginary Worlds“.
Toop, David: „Haunted Weather: Music, Silence and Memory“. Five Star.
Toop, David: „Sinister Resonance. The Mediumship of the Listener“. Bloomsbury.
Warner, Daniel: „Live Wires: A History of Electronic Music“. Reaktion Books.
Weidenbaum, Marc: „Aphex Twin’s Selected Ambient Works Volume II“. 33 1/3.
Wheeldon, Christian: „Deep Distance - The Musical Life of Manuel Göttsching“.

Überblick der wichtigsten Ambient-Labels

Vergegenwärtigt sich man die Masse an Ambient-Alben, die alljährlich erscheinen, so verwundert es nicht, dass es eine ebenso große Anzahl an Musik Labels gibt. Die hier aufgeführte Liste an Labels erhebt nicht den Anspruch auf Vollständigkeit. Vielmehr soll sie allen Interessenten erste Anknüpfungspunkte liefern, um in Eigenregie sich eingehender mit den einzelnen Künstlern, Bands oder Labels auseinanderzusetzen. Eine Vielzahl letzterer widmen sich ausschließlich dem Genre Ambient und den diversen Sub Genres wie Modern Classical, Illbient, Drone, Minimal, Etheral, Dark Ambient, Ambient House/Dub/Techno, Minimalism etc., andere wiederum beheimaten unter ihrem Dach auch gänzlich andere Genres neben Ambient.

12k (USA); Musik: 12kmusic.bandcamp.com; Homepage: 12k.com; Formate: Vinyl, CD, Digital

1631 Recordings (Schweden); Musik: 1631recordings.bandcamp.com; Homepage: 1631recordings.net; Formate: Vinyl, CD, Digital

306 Recordings (Belgien); Musik: 306xrecordings.bandcamp.com; Formate: Tape, CD, Digital

A Strangely Isolated Place (ASIP) (USA); Musik: astrangelyisolatedplace.bandcamp.com; Homepage: astrangelyisolatedplace.com; Formate: Vinyl, CD, Digital

Abstrakce Records (Spanien); Musik: abstrakce.bandcamp.com; Formate: Vinyl, Digital

Acousmatique Recordings (USA); Musik: https://acousmatique.bandcamp.com; Formate: CD, Digital

ARCHIVES (Spain); Musik: https://greyfade-label.bandcamp.com; Formate: Vinyl, Tape, Digital

Astral Industries (England); Musik: https://astralindustries.bandcamp.com; Formate: Vinyl, Digital

Audio Gourmet Netlabel (England); Musik: audiogourmet.bandcamp.com; Homepage: audiogourmet.net; Formate: Digital

Aural Canyon (USA); Musik: auralcanyonmusic.bandcamp.com; Formate: Tape, Digital

Barge Recordings / Northern Plastics (USA); Musik: bargerecordings-northernplastics.bandcamp.com; Formate: Vinyl, Tape, CD, Digital

Baskaru (Frankreich); Musik: baskaru.bandcamp.com; Homepage: baskaru.com; Formate: Vinyl, CD, Digital

Composer Built (England); Musik: composerbuilt.bandcamp.com; Formate: Tape, Digital

Constellation Tatsu (USA); Musik: ctatsu.bandcamp.com; Homepage: ctatsu.com; Formate: CD, Tape, Digital

Cosmic Winnetou (Deutschland); Musik: cosmicwinnetou.bandcamp.com; Formate: Tape, Digital

Countersunk (Irland); Musik: countersunk.bandcamp.com; Homepage: countersunk.org; Formate: CD, Digital

Craven Faults (England); Musik: cravanfaults.bandcamp.com; Homepage: cravenfaults.com; Formate: Vinyl, CD, Digital

Crónica (Portugal); Musik: cronica.bandcamp.com; Homepage: cronicaelectronica.org; Formate: CD, Tape, Digital

Cryo Chamber (USA); Musik: cryochamber.bandcamp.com; Homepage: cryochamberlabel.com; Formate: CD, Digital

Cudighi Records (USA); Musik: cudighirecords.bandcamp.com; Formate: Tape, Digital

Cyclic Law (Deutschland); Musik: cycliclaw.bandcamp.com; Formate: Vinyl, CD, Digital

Dauw (Belgien); Musik: dauw.bandcamp.com; Formate: Vinyl, Tape, Digital

DRONARIVM (Russland); Musik: dronarivm.bandcamp.com; Homepage: dronarivm.com; Formate: CD, Tape, Digital

Eierdown Records (USA); Musik: eierdownrecords.bandcamp.com; Formate: Vinyl, Tape, Digital

eilean.rec (France); Musik: eileanrec.bandcamp.com; Formate: CD, Digital

Erased Tapes (England); Musik: erasedtapes.bandcamp.com; Homepage: erasedtapes.com; Formate: Vinyl, CD, Digital

Esc.rec. (Niederlande); Musik: escrec.bandcamp.com; Homepage: escrec.com; Formate: Vinyl, CD, Digital

ETER (Kolumbien); Musik: eterlab.bandcamp.com; Homepage: ediciones-eter-lab.net; Formate: CD, Digital

faith strange (USA); Musik: faithstrange.bandcamp.com; Homepage: faithstrange.com; Formate: CD, Digital

Feral Note (Deutschland); Musik: feralnote.bandcamp.com; Homepage: feralnote.de; Formate: Vinyl, Digital

First Terrace Records (England); Musik: firstterracerecords.bandcamp.com; Homepage: firstterracerecords.com; Formate: Vinyl, Tape, Digital

Flaming Pines (England); Musik: flamingpines.bandcamp.com; Homepage: flamingpines.com; Formate: CD, Tape, Digital

flau (Japan); Musik: flau.bandcamp.com; Formate: Vinyl, CD, Tape, Digital

Focused Silence (England); Musik: focusedsilence.bandcamp.com; Homepage: focusedsilence.com; Formate: CD, Digital

Forwind (Deutschland); Musik: forwind.bandcamp.com; Homepage: forwind.net; Formate: Vinyl, CD, Tape, Digital

g r a n v a t (Belgien); Musik: granvat.bandcamp.com; Homepage: granvat.com; Formate: Vinyl, CD, Digital

Gizeh Records (England); Musik: gizehrecords.bandcamp.com; Homepage: gizehrecords.com; Formate: Vinyl, CD, Digital

Glacial Movements (Italien); Musik: glacialmovements.bandcamp.com; Homepage: glacialmovements.com; Formate: CD, Digital

Glistening Examples (USA); Musik: glisteningexamples.bandcamp.com; Homepage: glisteningexamples.com; Formate: CD, Digital

Gold Timers Tapes (USA); Musik: goldtimerstapes.bandcamp.com; Homepage: goldtimerstapes.com; Formate: Tape, Digital

Granny Records (Griechenland); Musik: grannyrecords.bandcamp.com; Homepage: grannyrecords.org; Formate: CD, Tape, Digital

greyfade (USA); Musik: greyfade-label.bandcamp.com; Formate: Vinyl, Digital

gterma (Schweden); Homepage: gterma.blogspot.com; Formate: CD

Hallow Ground (Schweiz); Musik: hallowground.bandcamp.com; Homepage: hallowground.com; Formate: Vinyl, Tape, Digital

Hangover Central Station (Deutschland); Musik: hangovercentralstation.bandcamp.com; Formate: Tape, Digital

Hic Sunt Leone (Italien); Musik: aliodie.bandcamp.com; Homepage: aliodie.com; Formate: CD, Digital

Hibernate (England); Musik: hibernate.bandcamp.com; Homepage: hibernate-recs.uk; Formate: CD, Digital

Hidden Vibes (Russland); Musik: hiddenvibesmusic.bandcamp.com; Formate: Digital

Home Normal (Japan); Musik: homenormal.bandcamp.com; Homepage: www.homenormal.com; Formate: CD, Digital

Horisontal Mambo (Norwegen); Musik: horisontalmambo.bandcamp.com; Formate: Vinyl, CD, Digital

Hyperdelia (Deutschland); Musik: hyperdelia.bandcamp.com; Homepage: hyperdelia.com; Formate: Vinyl, Digital

Icarus Records (Belgien); Musik: icarusrecords.bandcamp.com; Homepage: icarus.fm; Formate: Vinyl, Digital

iikki (France); Musik: iikki.bandcamp.com; Homepage: iikii-books.com; Formate: Vinyl, CD, Books, Digital

Inner Islands (England); Musik: innerislands.bandcamp.com; Homepage: innerislands.com; Formate: Vinyl, Tape, CD, Digital

Karlrecords (Deutschland); Musik: karlrecords.bandcamp.com; Homepage: karlrecords.net; Formate: Vinyl, CD, Digital

Klanggold (Deutschland); Musik: klanggold.bandcamp.com; Homepage: klanggold.net; Formate: Vinyl, CD, Digital

Korm Digitaal (Niederlande); Musik: kormdigitaal.bandcamp.com; Formate: Digital

Kit Records (England); Musik: kitrecs.bandcamp.com; Homepage: kitrecords.com; Formate: Vinyl, Tape, Digital

Kranky (Canada); Musik: kranky.bandcamp.com; Homepage: kranky.net; Formate: Vinyl, CD, Digital

KrysaliSound (Italien); Musik: krysalisound.bandcamp.com; Homepage: krysalisound.com; Formate: Vinyl, CD, Digital

laaps (Frankreich); Musik: laaps-records.com; Formate: Vinyl, CD, Digital

Lagerstaette (Schweden); Musik: lagerstaette.bandcamp.com; Formate: CD, Digital

Leaving Records (USA); Musik: leavingrecords.bandcamp.com; Homepage: leavingrecords.com; Formate: Vinyl, Tape, Digital

les albums claus (Belgien); Musik: lesalbumsclaus.bandcamp.com; Homepage: lesateliersclaus.com; Formate: Vinyl, CD, Digital

Library Tapes (Schweden); Musik: librarytapes.bandcamp.com; Formate: Vinyl, CD, Digital

Light In The Attic (USA); Musik: lightintheattic.bandcamp.com; Homepage: lightintheattic.net; Formate: Vinyl, CD, Digital

LINE (USA); Musik: lineimprint.bandcamp.com; Homepage: lineimprint.com; Formate: CD, Digital

Linear Obsessional (England); Musik: linearobsessional.bandcamp.com; Homepage: linearobsessional.org; Formate: CD, Tape, Digital

Lo Recordings (England); Musik: lorecordings.bandcamp.com; Homepage: lorecordings.com; Formate: Vinyl, CD, Digital

Long Story Recording Company (Australia); Musik: longstoryrecordingcompany.bandcamp.com; Formate: CD, Digital

Lost Tribe Sound (USA); Musik: losttribesound.bandcamp.com; Homepage: losttribesound.com; Formate: Vinyl, CD, Tape, Digital

Low Point (England); Musik: lowpoint.bandcamp.com; Homepage: low-point.com; Formate: Vinyl, Tape, Digital

makrame records (Spanien); Musik: makramerecords.bandcamp.com; Formate: Tape, Digital

Malignant Records (USA); Musik: malignantrecs.bandcamp.com; Homepage: malignantrecords.com; Formate: CD, Digital

Melody As Truth (Niederlande); Musik: melodyastruth.bandcamp.com; Formate: Vinyl, CD, Digital

Métron Records (Deutschland); Musik: metronrecords.bandcamp.com; Formate: Vinyl

Midira Records (Deutschland); Musik: midirarecords.bandcamp.com; Homepage: midirarecords.com; Formate: Digital

Moderna Records (Kanada); Musik: modernarecords.bandcamp.com; Formate: CD, Digital

Moving Furniture Records (Niederlande); Musik: movingfurniturerecorcords.bandcamp.com; Homepage: movingfurniturerecords.com; Formate: Vinyl, CD, Digital

Musical Philosophy (Deutschland); Homepage: el-culto.com; Formate: CD, Digital

Muzan Edition (Japan); Musik: muzaneditions.bandcamp.com; Formate: Tape, Digital

n5MD (USA); Musik: n5md.bandcamp.com; Homepage: n5md.com; Formate: Vinyl, CD, Digital

Naviar Records (England); Musik: naviarrecords.bandcamp.com; Homepage: naviarrecords.com; Formate: CD, Tape, Digital

Nature Bliss (Japan); Musik: naturebliss.bandcamp.com; Homepage: naturebliss.jp; Formate: CD, Digital

Nichts (Polen); Musik: nichts.bandcamp.com; Formate: Digital

No. (USA); Musik: no-ware.bandcamp.com; Homepage: no-wa.re; Formate: Vinyl, CD, Digital

Oktaf (Deutschland); Musik: oktaf.bandcamp.com; Formate: Vinyl, CD, Digital

omnempathy (England); Musik: omnempathy.bandcamp.com; Formate: CD, Digital

Otomatik Muziek (Deutschland); Musik: otomatikmuziek.bandcamp.com; Formate: Vinyl, CD, Tape, Digital

Overlap (England); Musik: overlap-recordings.bandcamp.com; Homepage: overlap.co.uk; Formate: Digital

Palace Of Lights (USA); Homepage: palaceoflights.com; Formate: Vinyl, CD, Digital

Pantheophania (Russland); Musik: pantheophania.bandcamp.com; Formate: CD, Tape, Digital

Past Inside The Present (USA); Musik: pitp.bandcamp.com; Homepage: pastinsidethepresent.com; Formate: Vinyl, Tape, CD, Digital

Patient Sounds (USA); Musik: patientsounds.bandcamp.com; Homepage: patient-sounds.com; Formate: CD, Tape, Digital

Phantom Limb (England); Musik: phantomlimblabel.bandcamp.com; Homepage: phantomlimb.co-uk.com; Formate: Vinyl, Digital

PHINERY (Dänemark); Musik: phinery.bandcamp.com; Formate: Vinyl, Tape, Digital

Preserved Sound (England); Musik: preservedsound.bandcamp.com; Formate: Vinyl, CD, Digital

Projekt Records (USA); Musik: projektrecords.bandcamp.com; Homepage: projekt.com; Formate: Vinyl, CD, Digital

peak oil (USA); Musik: peakoil.bandcamp.com; Homepage: thisispeakoil.com; Formate: Vinyl, CD, Digital raubbau (Deutschland); Musik: raubbau.bandcamp.com; Homepage: raubbau.org; Formate: Digital

Room40 (Australien); Musik: room40.bandcamp.com; Homepage: room40.org; Formate: Vinyl, CD, Digital

Rottenman Editions (Spanien); Musik: rottenmaneditions.bandcamp.com; Formate: CD, Tape, Digital

Rural Colours (England); Musik: ruralcolours.bandcamp.com; Formate: CD, Digital

Rural Sounds (Norwegen); Musik: ruralsounds.bandcamp.com; Homepage: ruralsounds.com; Formate: Digital

Rusted Tone Recordings (England); Musik: rustedtonerecordings.bandcamp.com; Formate: Tape, Digital

SCI + TEC (USA); Musik: sci-tec.bandcamp.com; Formate: Vinyl, CD, Digital

Seattle Dott (Spanien); Musik: seattledot.bandcamp.com; Formate: Digital

Seil Records (Deutschland); Musik: seilrecords.bandcamp.com; Homepage: seil-records.com; Formate: Vinyl, Tape, Digital

Sequel (USA); Musik: sequel-label.bandcamp.com; Formate: CD, Digital

Serein (England); Musik: shop.serein.co.uk; Homepage: serein.co.uk; Formate: Vinyl, CD, Digital

sferic (England); Musik: sferic.bandcamp.com; Formate: Vinyl, Digital

Shelter Press (Frankreich); Musik: shelterpress.bandcamp.com; Homepage: shelter-press.com; Formate: Vinyl, CD, Digital

Shimmering Moods Records (Niederlande); Musik: shimmeringmoodsrecords.bandcamp.com; Formate: Vinyl, CD, Tape, Digital

Shitkatapult (Deutschland); Musik: shitkatapult.bandcamp.com; Homepage: shitkatapult.com; Formate: Vinyl, CD, Digital

SicSic Tapes (Deutschland); Musik: sicsic.bandcamp.com; Homepage: sicsic.de; Formate: Tape, Digital

Silent Records (USA); Musik: silentrecords.bandcamp.com; Homepage: silentrecords.us; Formate: Digital

Silent State Recordings (Deutschland); Musik: silentstaterecordings.bandcamp.com; Formate: Vinyl, Digital

Skire (England); Musik: skiremusic.bandcamp.com; Homepage: skire.net; Formate: Vinyl, Digital

Slowcraft Records (England); Musik: slowcraft.bandcamp.com; Homepage: slowcraft.info; Formate: CD, Digital

Solaire Records (Deutschland); Musik: solairerecords.bandcamp.com; Homepage: solairerecords.com; Formate: CD, Digital

Sonic Pieces (Deutschland); Musik: sonicpieces.bandcamp.com; Homepage: sonicpieces.com; Formate: Vinyl, CD, Digital

sound in silence (Griechenland); Musik: soundinsilencerecords.bandcamp.com; Formate: CD, Digital

Spotted Pecary (USA); Musik: ambientelectronic.bandcamp.com; Homepage: spottedpeccary.com; Formate: Vinyl, CD, Digital

Students Of Decay (USA); Musik: studentsofdecay.bandcamp.com; Homepage: studentsofdecay.com; Formate: Vinyl, Digital

Sundry Items (England); Musik: sundryitems.bandcamp.com; Homepage: touch33.net; Formate: Vinyl, CD, Digital

taalem (Belgien); Musik: taalem.bandcamp.com; Homepage: taalem.com; Formate: CD, Digital

Telephone Explosion (Kanada); Musik: telephoneexplosion.bandcamp.com; Homepage: telephoneexplosion.com; Formate: Vinyl, Digital

Temporary Residence Ltd (USA); Musik: temporaryresidence.bandcamp.com; Homepage: temporaryresidence.com; Formate: Vinyl. CD, Digital

Thisco (Portugal); Musik: thisco.bandcamp.com; Homepage: thisco.net; Formate: CD, Digital

Tigersushi Records (Frankreich); Musik: tigersushirecords.bandcamp.com; Homepage: tigersushi.com; Formate: Vinyl, Digital

Time Released Sound & Time Sensitive Materials (USA); Musik: timereleasedsound.bandcamp.com; Homepage: timereleasedsound.com; Formate: Vinyl, CD, Tape, Digital

Timeroom Editions (USA); Musik: steveroach.bandcamp.com; Homepage: Steveroach.com; Formate: Vinyl, CD, Tape, Digital

Touch (England); Musik: touch333.bandcamp.com; Homepage: touch33.net; Formate: Vinyl, CD, Tape, CD

Twin Paradox (Italien); Musik: twinparadoxrecords.bandcamp.com; Formate: CD, Digital

TXT Recordings (England); Musik: txtrecordings.bandcamp.com; Homepage: www.txtrecordings.co.uk; Formate: CD, Digital

Ultimae (Frankreich); Musik: ultimae.bandcamp.com; Homepage: ultimae.com; Formate: Vinyl, CD, Digital

Umor-Rex Records (Mexiko); Musik: umorrex.bandcamp.com; Homepage: umor-rex.org; Formate: Vinyl, CD, Digital

Unknown Tone Records (USA); Musik: unknowntonerecords.bandcamp.com; Homepage: unknowntone.com; Formate: CD, Tape, Digital

Unseen Worlds (USA); Musik: unseenworlds.bandcamp.com; Homepage: unseenworlds.com; Formate: Vinyl, CD, Digital

Unsounds Label (Niederlande); Musik: unsounds.bandcamp.com; Homepage: unsounds.com; Formate: Digital

VoxxoV Records (Frankreich); Musik: voxxov-records.bandcamp.com; Homepage: voxxov-records.com; Formate: CD, Digital

Wannamarchi (England); Musik: wannamarchi.bandcamp.com; Homepage: wannamarchi.club; Formate: Tape, Digital

Was Ist Das? (USA); Musik: wasistdas.bandcamp.com; Homepage: wasistdas.co.uk; Formate: CD, Tape, Digital

White Paddy Mountain (Japan); Musik: chiheihatakeyama.bandcamp.com; Homepage: chichei-mastering.com; Formate: Vinyl, CD, Tape, Digital

Whitelabrecs (England); Musik: whitelabrecs.bandcamp.com; Homepage: whitelabrecs.com; Formate: CD, Digital

Winter-light (Niederlande); Musik: winter-light.bandcamp.com; Homepage: winter-light.nl; Formate: CD, Digital

Zerokilled (USA); Musik: zerokilledmusic.bandcamp.com; Homepage: zerokilledmusic.com; Formate: Vinyl, Digital

Danksagung

Ich habe dieses vorliegende Buch im Laufe von etwa eineinhalb Jahren geschrieben. Tatsächlich aber brauchte ich mehr als 20 Jahre, um das Wissen, die persönliche Hörerfahrung und nicht zuletzt auch die kritische Distanz zu entwickeln, die dieses Buch ermöglichten. Mein Dank gilt: Meiner Familie für den stetigen Zuspruch und die Zeit, in der ich mich am Abend für Stunden zurückziehen konnte, um entweder in die Musik einzutauchen oder ein paar Zeilen zu schreiben. Besonderer Dank geht an meine Lektorin Katja Völkel, die die Arbeit an meinem Manuskript mit großem Engagement begleitet hat. Ihr Sachverstand und klugen Anmerkungen haben mir geholfen, mein Liebhaberprojekt in die Tat umzusetzen. Auch danken möchte ich dem Team des Wolke Verlages und Peter Mischung für die tolle Unterstützung. Danken möchte ich ferner den zahlreichen Autoren von Zeitschriften wie Spex, Intro, Groove, Mojo, Uncut und The Wire, die mein Verständnis von dem was Ambient war, ist und letzten Endes auch sein kann geprägt haben. Klaus vom tactile Plattenladen in Frankfurt für viele aufschlussreiche Gespräche rund um Ambient und seine wertvollen Tipps. Folgenden Personen, die mir entweder unmittelbar großzügig das Nutzungsrecht des jeweiligen Plattencovers eingeräumt haben, oder mich bei meiner teils abenteuerlichen Recherche unterstützt und an die richtigen Personen weitergeleitet haben:

Brian Foote, Jeremy deVine, Taylor Deupree, Hans-Joachim Roedelius, Ilona J. Ziok, Will Long, Simon Ballard, Christoph Becker, Sascha Voss, Mathias Grassow, Simon Lomax, Dirk Serries, Sam Rosenthal, Andrew Wilson. John Tanner, Kyle Bobby Dunn, Cornelia Kern, Ivan Seal, Leyland Kirby, Federico Durand, Jacob Gorchov, Pete Prezzano, Brandon Hocura, Tony Eckstat, Anthony Naples, Ricks Ang, Ina Kirilova, Günter Schlienz, Adam Meyer, Phill Niblock, Al Margolis, Richard Chartier, Irene Moebius, Stefano Musso, Sean McCann, Manuel Göttsching, Mark Clifford, Mareike Hettler, Cally Callomon, James Cauty , William Drummond, Terrence Budd, Huw Roberts, Miguel Saavedra, Kim Cascone, Jeff Greinke, Meitei, Chihei Hatakeyama, Alessandro Tedeschi, Marc Richter, Scott Morgan, Isaac Sparks, Sean Curtis Patrick, Adam Wiltzie, Keith Fullerton Whitman, Dominic Glynn, John Brien, Ragnar Grippe, Ryan Martin, Justin Mitchell, Abby Helasdottir, Douglas Mcgowan, George Svilich, Craig Leon, Eric Mast, Bianca Froese, Michael Stearns, Andrea Porcu, Kerry Leimer, Marc Barreca, Joni Kosmos, Guillermo Cerdá, Gavin O'Shea, Jan Jelinek, Ryan Griffin, Kai Fraeger, Sadie Shaw, Geert-Jan Hobijn, Geir Jenssen, Clark Rehberg III, Lawrence English, Stephen Vitiello, Paul Nicholson, Ezekiel Honig, Joseph Kamaru, Steve Knutson, Emilee Booher, Robin Rimbaud, Colin Fallows, Stephen Baker, Nick Brackney, Rafael Anton Irisarri, Steve Hillage, Giuseppe Tillieci, Theo Ellsworth, Uwe Schmidt, Ario Farahani, Robert Rich, Dominick Fernow, Tommi Grönlund, Peter Michel und Matt Werth.